海外中国研究书系·日本学人唐代文史研究八人集

主编 李浩 〔日〕松原朗

著者简介

石见清裕,现任早稻田大学教育综合科学学术院教授。研究领域为唐代政治史、国际关系史。著有《唐的北方问题与国际秩序》《唐代的国际关系》《粟特人墓志研究》等著作。

译者简介

王博,早稻田大学东洋史学博士,现任职于中国社会科学院古代史研究所,研究领域为唐代礼制史、军事史。

西北大学文学学科资助项目

唐代的民族、外交与墓志

〔日〕石见清裕　著
王博　译

西北大学出版社

著作权合同登记号：陕版出图字 25－2018－239

图书在版编目(CIP)数据

唐代的民族、外交与墓志／(日)石见清裕著；王博译.
—西安：西北大学出版社，2019.6(2022.5 重印)

(海外中国研究书系／李浩，松原朗主编.日本学人唐代文史研究八人集)

ISBN 978-7-5604-4298-3

Ⅰ.①唐… Ⅱ.①石… ②王… Ⅲ.①墓志—研究—中国—唐代 ②民族政策—研究—中国—唐代 ③对外政策—研究—中国—唐代 Ⅳ.①K877.454 ②D691.72 ③D829

中国版本图书馆 CIP 数据核字(2019)第 089081 号

本书由日本岩波书店、石见清裕授权出版

唐代的民族、外交与墓志

作　　者	：〔日〕石见清裕 著　王博 译
出版发行	：西北大学出版社
地　　址	：西安市太白北路 229 号
邮　　编	：710069
电　　话	：029-88302590　88303593
经　　销	：全国新华书店
印　　刷	：陕西博文印务有限责任公司
开　　本	：787 毫米×1092 毫米　1/16
印　　张	：16.25
字　　数	：250 千字
版　　次	：2019 年 6 月第 1 版　2022 年 5 月第 2 次印刷
书　　号	：ISBN 978-7-5604-4298-3
定　　价	：75.00 元

如有印装质量问题，请与本社联系调换，电话 029－88302966。

《海外中国研究书系·日本学人唐代文史研究八人集》

学术顾问

〔日〕池田温　袁行霈　张岂之　王水照　莫砺锋　陈尚君　荣新江

组织工作委员会

主　任　〔日〕松原朗　吴振磊
委　员　李　浩　马　来　张　萍　杨遇青　刘　杰　赵　杭　张渭涛
　　　　　谷鹏飞
日方联络人　张渭涛

编辑工作委员会

主　任　段建军
委　员　〔日〕松原朗　　〔日〕妹尾达彦　〔日〕埋田重夫　〔日〕冈田充博
　　　　　〔日〕石见清裕　〔日〕丸桥充拓　〔日〕古川末喜　〔日〕金子修一
　　　　　段建军　谷鹏飞　高兵兵　张渭涛　刘建强　何惠昂　马若楠

主　编　李　浩　〔日〕松原朗
副主编　高兵兵

总序一

记得四年前,老友松原朗教授将其新著《晚唐诗之摇篮——张籍·姚合·贾岛论》的书稿转我,嘱我推荐给西北大学出版社,希望唐诗故乡的中国学人能及时读到这部新著,并能给予全面的学术批评。我充分理解松原兄的诚挚愿望,彼时恰好我还在校内外的学术管理部门兼一点服务性的工作,也想给学校出版社多介绍一些好作品,于是"怂恿"松原兄把原来的计划稍微扩大,从翻译出版一位日本学者的一部作品,扩展到集中推出一批日本学者的最新研究成果。开始时,松原兄及其他日方学者并没有迅速回应,这其中既有对西北大学出版社和西北大学唐代文史研究团队的估量,也有对翻译力量、经费筹措等问题的担心。我很能理解朋友们的忧虑,毕竟,自我们与专修大学等日方学术机构和友朋合作以来,这是最大的一个项目。

出乎意料,等项目确定后,松原先生及其他相关作者表现出很高的学术热情和工作效率,他们自己和原书的日本出版方联系,主动放弃版权贸易中的版税,简化相关谈判手续,使得许多复杂的问题简单化。最后商定第一批推出的是以下八部著作:

《隋唐长安与东亚比较都城史》(妹尾达彦著,高兵兵、郭雪妮、黄海静译)

《中国古代皇帝祭祀研究》(金子修一著,徐璐、张子如译)

《唐代军事财政与礼制》(丸桥充拓著,张桦译)

《唐代的民族、外交与墓志》(石见清裕著,王博译)

《杜甫农业诗研究——八世纪中国农事与生活之歌》(古川末喜著,董璐译)

《白居易研究——闲适的诗想》(埋田重夫著,王旭东译)

《晚唐诗之摇篮——张籍·姚合·贾岛论》(松原朗著,张渭涛译)

《唐代小说〈板桥三娘子〉考》(冈田充博著,张桦、独孤婵觉译)

用中国学人的分类标准来看,前四部是属于史学类的,后四部是属于文学类的,第二部严格意义上说又不完全属于断代类的研究。故我们最初将丛书的名称模糊地称作"唐代文史研究八人集",也暗含对文史兼容实际的承认。最后确定为现在的名称,是因为在申报陕西省出版资金资助项目时使用了这个名称,故顺势以此命名。

依照松原先生的理解,他所选择并推荐给中国学界的是最能体现并代表当代日本学界富有日本特色的中国学研究成果,松原先生在与我几次邮件沟通中反复强调这一点,体现了他和他的日本同行的执着与认真,这一层意思松原兄在序中表达得更准确。当然,符合他这一标准的绝不止这八部著作,应该还有一大批,我熟悉的日本学界的许多朋友的著作也没有列入。按照初始计划,我们会与松原兄持续合作,推荐并翻译更多的日本中国学研究成果。

我们学界现在也开始倡导中国话语、中国风格和中国流派,看到日本同行已经捧出一系列能代表自己风格学派的成果,我们除了向他们表达学术敬意外,是否也应该省思自己的学术哲学和研究取向。毕竟,用自己的成果说话才是硬道理。

当下学术走出去的热情很高,而对境外学人相关研究成果的移译与介绍则稍显冷落。按照顾彬(Wolfgang Kubin,1945—)的解释,文学走出去相当于到别人家做客,主动权在他不在我;文学请进来,让友人宾至如归,则主动权在我不在他。我们能做的事,能做好的事,应尽量做充分、做扎实、做精深。方以学术史,法显求法译经,玄奘团队述译,严复不仅以译著《群己权界论》传世,更奠定"信、达、雅"的译事三原则。近代以来,中国重新走向开放,走向世界,实与大规模翻译、引进、介绍海外新思想、新理论、新学说密不可分。说"十月革命一声炮响,给我们送来了马克思主义",是一种谦逊的说法,其实是我们主动拥抱马克思主义,主动引进现代科学,翻译马克思主义原著和其他世界学术名著。这一文明交往的基本史实在当下不该被有意遗忘、无意误读。身处其间,以温故知新、继往开来为己任的当代学人,不知该说些什么,又该做些什么?

本丛书的翻译团队由两部分组成,一部分是由原书作者推荐的,另一部分是由出版社和高兵兵教授约请的。由于时间紧任务重,著者与译者分处境内外,天各一方,联系和对接未必都畅通,理解和翻译的错误在所难免,出版后恳请各方贤达不吝赐教,以便我们逐步完善。其中高兵兵教授此前曾组织翻译过两辑"日本长安学研究丛书",有组织能力,也有较丰富的翻译实践经验。张渭涛副教授既是译者,又身兼日方著者和中方出版者的信使,青鸟殷勤,旅途劳顿,多次利用返乡的机会,做了大量的沟通工作。

按照葛兆光教授等学者的解释,长期以来,我们习惯于由朝贡体制型塑的认知模式,而忽略甚至漠视从周边看中华的视角,好在现在大家已经认识到通观与圆照方可认识事物,包括认识我们文化的重要性。这样,翻译并介绍周边受到汉文化深刻影响的国家和地区的汉学研究成果,就有了三重意义:一是有助于我们深入了解周边地区的汉文化观,二是从传播和接受的角度勾画原典文化散布播迁的轨迹,三是丰富了相关专题研究的学术史。

当前,"一带一路"合作倡议正如火如荼,其中最富启示性的思想,我以为是"文明互鉴"理论,即各种文化宜互学互鉴。学术成果的翻译介绍,就是在两种文化之间架设桥梁,充当使者。自古以来,我们的民族认为,架桥铺路于承担者是一种救赎的苦行,但于接受者则是一件无量的功德。对于中外文化的互译也应作如是观。

李　浩

2018 年 5 月 30 日

于西北大学长安校区寓所

总序二

日本的中国学,也就是对中国文化的研究,由来已久。即便是将中国学之意仅限定为"中国古典文献的接受、解释、说明之学",也已经有一千几百年的历史了。而且,日本处于中国历代王朝册封体制的外缘,始终与中国保持着一定的距离,因而能远离权威,相对自由。这使得日本的中国学,不论是在过去还是在近年,都被赋予了独特的性格。

在属于以往册封体制内的诸地域,是以忠实于中国文化、对其进行完全复制为价值标准的。而日本却不同,它对中国文化反而采取了选择性接受的方式,并积极对其加以改变。其中最典型的事例,就是日本的文字创制。平安时代(794—1192)初期,日本以汉字为基础创制了"平假名"和"片假名",它们都是纯粹表音的文字,日本人从此确立了不借助汉语和汉字就能直接用日语表达的方法。相较于世界各地昙花一现的种种化石文字,日本独有的这种假名文字,至今仍然具有旺盛的生命力。而且,《源氏物语》(约1008年成书)之所以能成为反映日本人审美价值观的决定性文学作品,就是因为它是使用平假名书写的。那么,如果从中国本位的角度看,无论是假名的创制,还是《源氏物语》的问世,都是对中国文化的一种脱离。也就是说,日本以脱离中国文化为反作用力,确立了自身文化的独特性。

日本虽然从广义上说是中国文化圈(汉字文化圈)的一员,却有独立的文化主张,而且日本人对此持肯定立场。这样的倾向并非始于明治维新后的近代,而是有着相当长的历史。近代以前的江户时代(1603—1867),虽然因江户幕府的政策,汉学(特别是朱子学)一度占据了学术主导地位,但在江户时代后期,由于国学(日本主义)和兰学(以荷兰语为媒介的西学)这两个强劲对手的崛起,汉学便失去了独尊之位。

但是,以上这些并不意味着日本人轻视中国文化。反而应该说,至少在20世纪初之前的漫长岁月里,日本人都一直在非常真挚地学习中国古典,不仅解读文字,也解读其中的精神。日本知识界真正远离中国古典,是在二战结束以后。

福泽谕吉(1835—1901,庆应义塾大学创始人)被认为是一位致力于西学、倡导"脱亚"、堪称日本现代化精神支柱的思想家,然而他在十几岁不到二十岁的这段时期,却是一直在白石照山的私塾里攻读汉文典籍的。他在《福翁自传》里写道:

> 岂止《论语》《孟子》,我研习了所有经书的经义。特别是(白石)先生喜欢的《诗经》和《书经》,常得先生讲授。此外诸如《蒙求》《世说》《左传》《战国策》《老子》《庄子》等,也经常听讲,后又自学《史记》、两《汉书》《晋书》《五代史》《元明史略》等史书。我最为得意的是《左传》,大多数书生仅读完十五卷中的三四卷便会放弃,而我则通读全书,且共计复读了十一遍,有趣之处都能背诵出来。

应该说,福泽谕吉并非摒弃中国文化而选择了西方文化,他是以从中国古典中学到的见识与洞察力作为药捻,而后才得以大成其思想的。在当时包括福泽谕吉在内的日本知识界人士看来,中国古典并非一大堆死知识,而是他们从中汲取人生所需智慧的活的"古典"。就这样,日本文化一边尝试无限接近中国文化,一边又试图从中国文化中脱离,形成了具有双向动力的内部结构。

由中国文化或中国统治权威中脱离的倾向,甚至在处于日本中国学核心位置的儒学中也有发生。江户时代,幕府将朱子学尊为官学,这也反映了朱子学在明清两代的权威性。不过,江户时代的两位代表性儒学家伊藤仁斋(1627—1705)和荻生徂徕(1666—1728)却例外,他们两人,前者提倡"古义",后者提倡"古文辞",都还原了儒学的本来面目,超越朱子学成为具有独创性的思想家。伊藤仁斋的《语孟字义》比戴震(1724—1777)《孟子字义疏证》的主张早了一个世纪。而荻生徂徕将道德思想从儒学中排除,认为圣人只是礼乐刑政等客观制度的设计者。荻生徂徕本来是出于对儒学的忠实,去探索儒学的真面目的,但结果几乎与儒学传统背道而驰。也就是说,荻生徂徕的儒学已经达到了非儒学的境地。荻生徂徕的这些主张,超越了儒学的界线,给当时整个思想领域都带来了巨大的冲击,致使江户后期的思想界,摆脱了朱子学的桎梏,并诱发了国学和兰学的兴起,呈现出百花齐放的态势。应该说,无须等待西方的冲击,近代日本就已经完成了它的内部准备。

上文说过,日本文化的内部,具有一边尝试无限接近中国文化,一边又试图从中国文化中脱离的双向动力。在这一点上,我们有必要认识到,看似舍弃中国文化而选择了西学的福泽谕吉,以及原本乃是中国文化忠实者后来却成了一位破天荒思想家的荻生徂徕,两位都是此种日本文化特征的体现者。

从宏观上看,日本属于中国文化圈,是不争的历史事实。因为从根本上说,日本受其地理条件所限,也不可能有机会与强大到足以与中国文化抗衡的其他先进文化发生接触。即便是印度的佛教,也是通过经中国文化过滤的汉译佛典,即作为中国文化的一部分而被接受的。但在这种状况下,日本没有被强大的中国文化同化,而得以贯彻其独自的文化体系,这几乎就是个奇迹。日本所处的特殊位置,与太阳引力作用下的地球不无相似之处。如果离太阳再近一些,就会像金星一样被灼热的太阳同化;而若是离太阳再远一些,就又会像火星那样成为一个冰冻的不毛之地。地球就是在趋向太阳的向心力与反方向的离心力的绝妙平衡之下,得以悬浮在太阳系中的一颗明珠。

如果以中国的视角重新审视的话,这样的日本文化反倒是显示中国文化普遍性及包容性的绝好例证,中国文化绝不是仅有忠实者顶礼膜拜、悉心呵护的单一僵死之物。日本的文化,从其具有脱离中国权威的反作用力这点来说,就算不是叛逆者,也无疑是个不忠者。但能够产出这样的不忠者,也是因为中国文化具备卓越的包容力与普遍性。也正是因为这一点,我们为了加深对中国文化的理解,将包括日本文化在内的多样性思考纳入视域,也会是一个有效的方法。

日本的中国学,绝非中国文化的忠实复制,也并不是像一个不了解中国文化的人初见新大陆般的、出于一片好奇心的结果。我们便是基于上述认识,想尽可能地提供一些新的见解和观点,所以策划了这套《日本学人唐代文史研究八人集》。书目选择的主要原则,并不是仅以学术水平为准绳的,而是优先考虑了具备日本独特视角的研究成果。广大读者如果对我们的主题设置、探讨方式等有一些微妙的不适应,我想说,那正是我们这套书的策划宗旨,希望大家理解这一点。此外,我还热切期待这套小小的丛书能为日中文化交流发挥出大大的作用。当然,也真诚期望得到各位专家、学者及广大读者的批评和指正。

松原朗

2018 年 4 月 8 日

自序

我的祖国日本在形成古代国家之际曾向隋唐时期的中国借鉴了大量经验,吸收了律令制、佛教教义与佛教体系、汉字、文学、绘画、音乐等方面的诸多先进思想,这些思想通过遣隋使、遣唐使的传播,或经由朝鲜半岛的百济、新罗传入日本。

对日本人来说,唐代的中国是一个极富亲切感的国家,即便是在朝代更迭后的很长一段时间里,日本人仍习惯冠以"唐"一字来称呼中国人及从中国传来的物品,日语单词里的"唐人、唐人街、唐歌、唐绘、唐物"等词即是这一现象的具体表现。即使到今天,在日语汉字的读音中依然留存着来自唐音的深刻烙印。因此可以说,日本的唐代史研究并非单纯将其作为外国历史进行的,其中还蕴含了观察及了解本国文化原始形态的一面。这使得唐代这段历史在日本很早便受到关注,其研究领域涉及文化、土地制度、法制、官僚制度、税制、兵制、东西文化交流史(丝绸之路贸易)等诸多方面。

日本因受到唐文化的熏陶而得以重塑本国文化,并由此深刻改变了本国的历史进程。当然,这一现象并不仅限于日本一国,比如在文字上,日语的书写方式"假名文字"就是在汉字传入日本后,对其形态加以改造设计出来的。同样,西夏、契丹、女真文字也是在汉字的基础上形成的。这一现象的产生正反映出这些国家、民族都积极地对唐代中国文化进行了吸收与消化。换言之,可以说唐代东亚诸国在一定程度上共同拥有着相通的文化背景,而且这一文化背景通用于当时的国际社会,如此种种都让我们认识到唐朝是一个高度国际化的国家。

那么,作为国际化帝国的大唐王朝是怎样形成的,其实际状态又如何呢?只有对这一点加以正确理解,才有可能拨开笼罩于当时东亚上空的层层历史迷雾。本书便从这一问题意识出发,对民族问题、各国间外交状况及在唐外国人的史料加以分析,展开研究。全书共分三部,概要大致如下:

第一部,从欧亚史的视角探讨唐王朝的建立过程及其背景,分析唐代民族管理及边境治理的结构。所谓"边境",虽然是指相对于中心地带的周边外缘地区,但其中所蕴含的问题不仅是地理上的,也涵盖了社会意识这一方面。此外,作为多民族国家,处于支配地位的民族与被支配民族间的关系也值得关注。

第二部,通过文书的交换解析当时唐王朝的外交状况。作为世界性帝国,其国际性越强,所面临的外交事件及问题便越多。在唐代实施外交过程中,经常通过"国书"这种形式传达国家意志和具体想法,其实际状况如何呢?

第三部,首先对近年来大量公开的唐代墓志加以分析,考察墓志文化的特性,这也是正确将墓志作为史料来灵活应用的前提条件。其次,选取若干方具体的外国人汉文墓志,探讨其中的一些问题。

接下来,按照章节依次展开探讨。

石见清裕
2019年2月4日

目录

总序一 ························· 李　浩(1)

总序二 ························· 松原朗(4)

自序 ····························· (1)

第一部　唐代的边境与民族问题

第一章　唐与内亚
——从民族迁徙、移民的角度看东亚史

绪　论 ····························· (3)
第一节　李唐王朝的身世 ····························· (4)
第二节　隋唐帝国的建立与民族迁徙 ····························· (6)
第三节　玄奘记录下的内亚 ····························· (8)
第四节　固原史氏家族 ····························· (11)
第五节　长安及其他地区的粟特人墓葬 ····························· (13)
第六节　"粟特裔突厥"的概念 ····························· (15)
第七节　唐代后半期东亚的变化 ····························· (18)
结　语 ····························· (21)

第二章　唐代内附民族规定再考
——以《天圣令》、开元二十五年令为中心

绪　论 ····························· (24)
第一节　唐代《赋役令》中对内附民族的三条规定 ····························· (26)
第二节　《天圣令》"没落外藩"条 ····························· (28)

I

第三节 "夷獠"与"夷狄" …………………………………… (32)

第四节 《天圣令》中输羊、银钱的规定及其他条文的

处理 …………………………………………………… (42)

结　语 …………………………………………………………… (47)

第三章 拉铁摩尔的 Reservoir 理论与汉至唐的中国北部边境

绪　论 …………………………………………………………… (49)

第一节 拉铁摩尔的 Reservoir 理论 ………………………… (50)

第二节 汉魏晋南北朝隋唐时期的中国北部 ………… (54)

结　语 …………………………………………………………… (63)

第四章 中国史上的中央和边境
——以唐代的内陆边界地带为例

绪　论 …………………………………………………………… (65)

第一节 唐王朝经营边境的好处 …………………………… (66)

第二节 国际帝国唐王朝的成立过程 ……………………… (68)

第三节 边境带来的冲击 …………………………………… (69)

第四节 立足于边界理论进行审视 ………………………… (70)

结　语 唐的 frontier 与 boundary ……………………………… (71)

第二部　国书与外交

第五章 唐朝颁送国书一览

绪　论 …………………………………………………………… (75)

第一节 关于使用文书 ……………………………………… (85)

第二节 关于文书的内容 …………………………………… (88)

第三节 国书在外交礼仪中的定位 ………………………… (90)

第六章 唐代的国书授予仪式

绪　论 …………………………………………………………… (92)

第一节　关于唐代的国书授予仪式 …………………… (95)

第二节　《皇帝遣使诣蕃宣劳》仪式的复原 ………… (104)

第三节　关于仪式会场的问题 ………………………… (107)

第四节　诸仪式在外国使节活动中的定位 …………… (111)

结　语 …………………………………………………… (114)

第七章　唐太宗时期朝鲜半岛三国与中国外交交涉史料

第一节　《文馆词林》残卷所见对百济、新罗诏 …… (116)

第二节　关于《抚慰百济王诏》 ……………………… (118)

第三节　关于《抚慰新罗王诏》 ……………………… (123)

第四节　国际关系背景 ………………………………… (128)

第八章　关于唐代外交中的私觌

绪　论 …………………………………………………… (131)

第一节　私觌的含义 …………………………………… (132)

第二节　唐代史料中所见私觌的事例 ………………… (134)

第三节　使节成员的私觌与唐代私觌正员官 ………… (139)

结　语 …………………………………………………… (144)

第三部　墓志文化与外国人墓志

第九章　唐代官员丧葬礼仪与开元二十五年《丧葬令》

绪　论 …………………………………………………… (149)

第一节　《大唐开元礼》凶礼篇名 …………………… (150)

第二节　《大唐开元礼》凶礼的仪式结构 …………… (152)

第三节　唐开元二十五年《丧葬令》 ………………… (156)

第四节　传递丧葬礼仪真实情况的墓志史料 ………… (160)

结　语 …………………………………………………… (163)

Ⅲ

第十章　概观唐代墓志史料
——以唐前半期官撰墓志、志石规格及墓志与行状的关系为对象

　　绪　论 ………………………………………… （166）
　　第一节　官撰墓志——以亡宫、亡尼墓志为例 … （167）
　　第二节　志文与志石——以三代突厥人墓志为例 … （172）
　　第三节　志石的规格 …………………………… （176）
　　第四节　墓志志文与行状、列传 ……………… （179）
　　结　语 ………………………………………… （194）

第十一章　从唐史研究的角度看入唐日本人井真成墓志的性质

　　绪　论 ………………………………………… （196）
　　第一节　对墓志志文的解读 …………………… （196）
　　第二节　墓志的特征 …………………………… （199）
　　第三节　与相似墓志的比较 …………………… （200）
　　结　语 ………………………………………… （204）

第十二章　羁縻支配时期的唐与铁勒仆固部
——以《仆固乙突墓志》为中心

　　绪　论 ………………………………………… （205）
　　第一节　从墓志、墓葬来看仆固乙突 ………… （206）
　　第二节　墓主及当时的仆固部 ………………… （209）
　　第三节　铁勒诸部的地理分布 ………………… （215）
　　结　语　墓主与仆固怀恩 ……………………… （217）

第十三章　唐代墓志对古代经典的引用

　　绪　论 ………………………………………… （223）
　　第一节　唐代墓志的概况 ……………………… （224）
　　第二节　唐代墓志志文的惯用句 ……………… （226）

第三节　关于《诗经》解释的例子 …………………（230）
　　结　语　志文与《蒙求》的关系 ……………………（234）

后　记 ……………………………………………………（236）
译后记 ……………………………………………………（238）

第一部
唐代的边境与民族问题

第一章

唐与内亚
——从民族迁徙、移民的角度看东亚史

绪 论

在人类漫长发展的历史长河中，人们以民族为单位远距离迁徙并定居于当地，由此给社会结构与地球环境带来极大变化，引发了数次影响人类历史进程的重大事件。如公元前20世纪以降，向巴尔干半岛、意大利半岛、伊朗高原迁徙的印欧语族形成了古希腊、罗马欧洲文明的原型，最终由波斯建立了横跨亚非欧大陆的庞大帝国。此外，公元9世纪，以游牧系民族回纥的崩溃为契机，突厥开始向西方大规模迁徙，对中亚、西亚、北非的伊斯兰世界国家体制及社会结构带来了深刻影响，并为蒙古统治欧亚大陆大部分地区埋下了种子。16世纪之后，欧洲人开辟新航路引起的人口迁徙和定居，颠覆了旧有的世界经济格局，加速世界经济向一体化发展的历史进程。此后，轰轰烈烈的工业革命对人类社会及地球环境带来了决定性改变。

从影响力来看，开始于公元4世纪的北方游牧民族的迁徙与定居活动，无疑可以与上述这些对人类历史进程带来重大改变的人口迁徙相媲美。此时，生活于欧亚大陆北方草原地带的游牧民开始南下，他们突破了畜牧业与农业的界线，使之前畜牧业与农业截然分明的疆域开始转为复合型地带，并由此对当时的世界结构带来剧烈冲击，揭开了新时代的帷幕。这次北方游牧民族的活动在欧洲引起了日耳曼民族大迁徙，导致希腊罗马式古典社会的坍塌，形成了中世纪的欧洲。在东亚，则引发了秦汉时期以来形成的中国古典文明社会的崩溃，并形成了五胡十六国这一新时代。

需要指出的是，4世纪北方游牧民族的大迁徙并非短暂且一蹴而就的，而是一次跨越了数世纪、断断续续发生的漫长历史过程。在中国历史上，这次大迁徙中的某一次波涛演变为北魏末期爆发的六镇之乱，拍打在中国华北地区，绽放出隋唐王朝这一绚丽无比的浪花。古代日本与东亚的交流也与这种欧亚民族迁徙及其对原有社会结构的冲击所引起的变化有着千丝万缕的联系。

第一节　李唐王朝的身世

据正史记载，李唐家族是南北朝时期的名门陇西李氏后裔，开国的高祖皇帝李渊是五胡十六国之一西凉的建立者李暠的第七代孙。《旧唐书·高祖本纪》在一开始便对李氏系谱做了介绍，据其内容可整理如下：

李暠—李歆—李重耳—李熙—李天锡—李虎—李昞—李渊

按照《新唐书·高祖本纪》的记载，李唐家族在李熙时迁往北方的武川镇，到北魏末年六镇之乱爆发时，又与武川镇人一同南迁。到李虎这一代，因跟随宇文泰建立西魏立下赫赫功劳而被赐姓"大野氏"，但之后又恢复了李姓。虽然西凉并非大国，但其始祖李暠作为一国之主，史书中自然对其有专门记载，即《晋书》卷八十七《凉武昭王李玄盛传》（玄盛是李暠的字）。据其内容可知，西凉在第二代李歆时灭亡，其子李重耳逃亡至南朝，并出仕北魏。因此，"李暠—李歆—李重耳"这一环节是合理的。奇怪的是，关于李重耳之子是李熙这一点却不见于任何史料，也就是说，李唐家族系谱中的"李重耳—李熙"这一层关系得不到任何证明，而疑点重重的李熙此后又突然移居武川镇，从中可见，该系谱存在人为篡改之处。

据《通典》卷四十七《礼典七·天子宗庙》、《唐会要》卷十二《庙制度》、《旧唐书》卷二十五《礼仪志五·太庙制》记载，高祖李渊在刚刚即位的武德元年（618），曾将宣简公、懿王、景皇帝、元皇帝四祖的神主祔于太庙，并首次祭祀四室。同样内容也见于《资治通鉴》卷一百八十五"武德元年六月"条，胡注认为宣简公、懿王、景皇帝、元皇帝分别是李熙、李天锡、李虎、李昞。又据《旧唐书·高祖本纪》，李唐建国后，对高祖的祖父李虎以景皇帝、父亲李晒以元皇帝身份进行祭祀,到第三代高宗时期,又对李熙以宣皇帝、李天锡以光皇帝身份进行祭祀。从对先祖的皇帝配祀来看,祭祀对象止于李熙,未追溯至李重耳及更早的先祖。

据《通典》及《唐会要》记载,唐代第二代皇帝太宗于贞观九年(635)崇祔高祖李渊与弘农府君,并增修太庙四室为六室。弘农府君是担任过弘农太守的李重耳,此时虽然首次将配祀追溯到了李熙之前,但《唐会要》该条注云:

> 初议欲立七庙,以凉武昭王为始祖。太子左庶子于志宁以为武昭远祖,非王业所因,不可为始祖。竟从之。

从中可以看出,在唐初对庙制的议论中,欲立的七庙中竟只字未提武昭王与李重耳之间的李歆(六室与七庙的问题),而且当时在朝廷内也充斥着对将凉武昭王作为唐皇室始祖这一做法的质疑声。

如前所述,在李唐的家族系谱中,李重耳到李熙之间存在断层,无法有效连接。这样的话,假如我们将李重耳之前的三人从该系谱中抽离出来看李唐家族的话,这个家族很有可能原本便居住于武川镇,本姓"大野氏",在六镇之乱时随北方民族南移定居长安,在建立李唐王朝后始自称为名门李氏,并伪造了前述系谱,如此理解,当无大错。

事实上,相似的情况在隋代皇族杨氏身上也同样存在。《隋书·文帝纪》在一开始便称其出身于汉代名门弘农杨氏,其后暂居武川镇,又于六镇之乱时归于中原,在西魏建国时因功被赐姓"普六茹氏",随后恢复了杨姓,整个过程与李唐皇室如出一辙。也就是说,隋唐皇室家族都是在北魏末六镇之乱爆发时移居而来的武川镇民。

六镇是北魏首都尚在平城(今山西省大同市)时,为防备来自北方势力侵袭而于今内蒙古自治区东西部设置的军镇。自迁都洛阳后,六镇镇民的存在价值与社会地位迅速大幅度降低,因此招致他们的不满而爆发了六镇之乱,这或许可被看作是引起六镇之乱的原因,但从其发生时间与西方日耳曼民族以来诸民族迁徙活动几乎一致来看,其背后应该还存在如欧亚平均气温下降等更为深层次的原因。

关于六镇之一的武川镇的具体位置,目前学术界有诸多看法,其中最具说服力的是位于今天武川县西北部的二份子古城遗址,以及达茂旗希拉穆仁的圐圙古城遗址,日本的中国考古学会认为后者可能性更大①。

怀抱大青山的阴山山脉与其说是一座山脉,更像是一座由北向南倾斜的巨大山崖,其南北落差为400—500米,北侧为蒙古高原南端,而武川镇所在之处正是一片苍茫的草原地带。如果说隋唐皇室家族来自这一地区,当可以断定他们应该不是汉族的名门望族,而是世代从事畜牧业的北方游牧民。

第二节　隋唐帝国的建立与民族迁徙

沃野镇是北魏在阴山山脉一带至河北长城北部设置的北方军镇之一。公元523年,该镇镇民破六韩拔陵杀镇将起兵,随后,对北魏一直心怀不满的柔玄镇镇民杜洛周、怀朔镇镇民鲜于修礼等也纷纷起兵响应,爆发了六镇之乱。然而,各镇叛军之间关系错综复杂,远非铁板般牢不可摧,在他们南下过程中,敌对势力、汇入叛军的势力、当地守备势力等纷纷被卷入,他们多次与北魏军发生冲突,导致华北陷入混乱不堪的局面。在此乱局中,北秀容(山西省朔州附近)的大牧场主、当地豪酋尔朱荣击破叛军,逐步发展壮大并趁机进入首都洛阳。虽然尔朱荣在进入洛阳后被暗杀,但尔朱氏家族的专横仍极大地加剧了北魏统治力的衰退。终于,手握北魏实权、出身于怀朔镇的高欢建立东魏(之后的北齐),出身于武川镇的宇文泰则在西部以长安为中心,拥立北魏皇族建立西魏(之后的北周)。在辅佐宇文泰建立西魏的功臣里,有一位同样来自武川镇且出身于北族的人,名为普六茹忠,他的儿子便是隋朝开国皇帝杨坚。还有一位名为大野虎的人,其孙便是唐朝开国皇帝李渊。

那么,以六镇之乱为契机自北方军镇迁往华北的这群人有着怎样的文化背景呢?《北齐书》卷十五《厍狄干传》记载了如下一则轶事:

---

① 佐川英治《北魏六镇史研究》(佐川英治编《大青山一带的北魏城址研究》,2010—2013年度科学研究费补助金研究成果报告书,东京大学),盐泽裕仁《大青山北麓的六镇遗迹》(同上)。

>（厍狄）干不知书，署名为"干"字，逆上画之，时人谓之穿锥。

其后又载：

>又有武将王周者，署名先为"吉"，而后成其外。

又《北史》卷五十四《斛律金传》载：

>斛律金字阿六敦，朔州敕勒部人也。……金性质直，不识文字。本名敦，苦其难署，改名为金，从其便易，犹以为难。司马子如教为金字，作屋况之，其字乃就。

恐怕此后司马子如又分别以房梁、天井、柱子、夫妻、地板依次为喻对其进行汉字教育吧。有可能斛律金的本名相当于阿六敦的突厥语，因为在突厥语中，金读作 altun，阿六敦是其汉字音译，改名后的金则是其本名的意译。由以上可知，在六镇之乱时，迁至华北的部族在文化上相对落后。

在华北陷入六镇之乱之际，北方的蒙古高原也发生了一件大事，即游牧系帝国柔然的坍塌，取而代之的则是另一个游牧帝国突厥的崛起。此时北魏的华北防线因六镇之乱而形同虚设，新兴的突厥自然不会坐失良机，他们趁势将势力触角伸向华北。《周书》卷五十《异域传·突厥》载：

>他钵（可汗）弥复骄傲，至乃率其徒属曰："但使我在南两个孝顺，何忧无物邪。"

这里的"两个孝顺儿子"分别指北齐与北周。当时的状况是，若北周与突厥联手，则北齐有被两者夹击的危险，因此北齐也须交好突厥，两国为此争相向突厥纳贡以示好。

隋统一中原后，实力日益强盛，而蒙古高原的东突厥内部则发生了激烈的权力斗争，中原与突厥之间的强弱关系顿时发生逆转。但随后的隋炀帝因开凿大运河，并数次发动远征高句丽之役，导致民生疲敝不堪，各地烽烟四起，中原再度陷入群雄割据的乱局，这也导致双方强弱关系再次发生逆转，华北群雄竞相向突厥进贡，因进贡行为过于频繁，以至各方派出的使节常常在途中相遇，其背后原因与当年"两个孝顺儿子"如出一辙。不久之后，唐朝终结混乱局面统一全国，不可避免地与突厥产生正面冲突。太宗贞观四年（630），蒙古高原遭遇寒潮，造成家畜大批死亡，唐王朝抓住这一绝佳战机向突厥发动总攻,将其一举消灭,将蒙古高原纳入自己支配范围。伴随着突厥的灭亡,约120万突厥人迁徙华北,他们中的许多人都加入了唐王朝的骑兵部队。此后,太宗皇帝被突厥人拥戴为天可汗,唐王朝正式确立了在军事上的优势地位。

可以说,唐朝的建立是在南蒙古高原与华北平原形成的游牧与农耕地带结合后的产物,是自五胡十六国至北朝这一历史过程中逐步形成的畜牧业与农业文化相互交融的结果,其势力范围到达长江中下游流域,绝非仅仅是对农耕中国的统一。在唐朝前期,今天的福建、广东、广西壮族自治区等南海沿岸地区尚未完全纳入唐政权之中。

第三节　玄奘记录下的内亚

那么,在唐朝建立时,西方世界处于怎样的状况呢?就当时外部世界对中国的影响而言,影响最深的是北方,其次是西方。在唐朝初期,南部沿海地带尚未与唐王朝在政治上建立直接联系,东方则被东海阻隔。因此,对于唐这一建立于蒙古南部及华北这一广阔地带的强有力政治统一体来说,与之保持密切关系的只有位于西边的中亚世界。

幸运的是,因四大名著之一的《西游记》中的唐僧形象而广为人知的玄奘三藏法师为我们留下了描述唐代初期中亚状况的珍贵记录,即他的印度留学游记《大唐西域记》及其弟子所撰写的《大慈恩寺三藏法师传》。这两部著作都是作为当时第一流知识分子的玄奘法师所见所闻的真实记录,无疑是了解当时中亚的绝好史料。

玄奘是在太宗朝初年离开中国向印度出发的,于贞观十九年(645)归国回到长安,往返中亚均选择了陆路。虽同为陆路,其去程、返程所走路线却不相同,因而提供的信息弥足珍贵。

首先看去程,经河西走廊西行的玄奘自瓜州(今甘肃省瓜州县)向西北的哈密前进,再往西到达高昌国(今新疆维吾尔自治区吐鲁番市),之所以未从敦煌到楼兰,如后所述原因非常重要。

虽然高昌王麹文泰希望将来自中国的年轻法师留在本国,但在知道玄奘坚定的求法信念后不得不放弃这一想法。为确保玄奘能够平安顺利抵达印度,他向西突厥叶护可汗赠送五百匹绢与两马车水果,并附有如下一封信:

> 法师者是奴弟,欲求法婆罗门国。愿可汗怜师如怜奴,仍请敕以西诸国给邬落马递送出境。(《大慈恩寺三藏法师传》卷一)

同时,麹文泰还分别向高昌国以西诸国国王写信,并各自赠送绫绢一匹,请求许可玄奘通过。就这样,玄奘沿途一路向西,经由焉耆、库车到达今天的阿克苏,由此向北越过天山山脉,途经伊赛克湖,到达其西边的碎叶城,在此与西突厥叶护可汗会面。对碎叶城的情况,玄奘描述如下:

> 自清池西北行五百余里,至素叶水城。城周六七里,诸国商胡杂居也。……素叶已西数十孤城,城皆立长,虽不相禀命,然皆役属突厥。自素叶水城至羯霜那国,地名窣利。(《大唐西域记》卷一)

这里的"诸国商胡"是指从索格底亚那来到碎叶城的粟特商人。其时碎叶以西的粟特绿洲国家均处于西突厥统治之下,从那里前来的商人们在叶护可汗的大本营过着杂居生活。此后,玄奘接着从碎叶城出发,抵达塔什干,他对当地情形描述如下:

> 赭时国,周有千余里,西临叶河。……城邑有数十,名别君长。既无总主,役属突厥。(《大唐西域记》卷一)

从中可知,塔什干当时也处于西突厥统治之下。另外,关于塔什干西南的撒马尔罕,《唐会要》卷九十九《康国》载:

> 其人土著,役属于突厥。……深目高鼻,多须髯。生子必以蜜食口中,以胶置手内。欲其成长口尝甘言,持钱如胶之粘物。习善商贾,争分铢之利。男子二十,即送之他国,来过中夏。利之所在,无所不至。

这段文字告诉我们,粟特人生来便具有得天独厚的从商禀赋,同时也再次向我们传递了撒马尔罕处在西突厥统治之下的事实。

原本内亚干燥沙漠地带的绿洲城市是以农业为基本生业的,但仅靠农业则物资不足,因此需要进行过境贸易及远途交易加以弥补。布哈拉

(安国,安姓)、撒马尔罕(康国,康姓)、塔什干(石国,石姓)、竭石(史国,史姓)等绿洲城市的粟特人正代表了从事这一贸易的人群。他们组成驼队,在骆驼背脊上堆满贵重财物,出发前往贸易区,这使得他们成为盗贼眼中绝佳的掠夺目标。在《大慈恩寺三藏法师传》卷二中,便记载有粟特商人在焉耆近郊遭到盗贼袭击的事件。因此,能够平安顺利地完成交易是粟特商人最大的心愿,这需要有足够强大的武力保护。在当时来看,实力最强大的莫过于北方草原地带的游牧民,因此,绿洲城市才纳入了西突厥统治之下。

对于生活在北方草原的游牧民来说,他们无法像农耕文明那样积蓄财富,为解决物资不足的困扰,也需要进行交易,连突厥也不例外。《周书》卷五十《异域传·突厥》中对新兴的突厥有如下记载:

> 其后曰土门,部落稍盛,始至塞上市缯絮,愿通中国。大统十一年,太祖遣酒泉胡安诺盘陀使焉。其国皆相庆曰:"今大国使至,我国将兴也。"

如实地体现出游牧民族深知商业贸易活动对发展游牧国家的必要性[①]。事实上,在回纥的牙帐城(黑虎城哈拉巴勒嘎斯),以及蒙古的哈拉和林等城市所居住着的并不只是回鹘人与蒙古人,这些游牧帝国的首都更多的是外国使节与外国商人,玄奘所描述的各国商胡杂居的碎叶城无疑也属于这样一座城市。在史料中我们发现了公元630年东突厥灭亡时,自蒙古草原迁徙到唐的突厥人中混杂有聚落首领层面粟特人的存在,据此可以想见粟特人与东突厥的核心圈有所联系。游牧民族为发展游牧帝国需要将欧亚大陆的商业权控制于己手,而绿洲的商人们则通过他们的庇护得以安全顺利地完成交易。游牧帝国的可汗通过自诸国获得的财富形成权力,并通过将财富分给有功者巩固权力,这一点在研究日本天皇或贵族权力时也有借鉴意义。

那么,在玄奘的描述中,其从印度归国时的返程又是怎样一种状况呢?玄奘通过今天的巴基斯坦、阿富汗,向东越过帕米尔高原,途经喀什,

---

① 松田寿男《关于绢马交易的史料》(《松田寿男著作集》第2卷,六兴出版,1986年)。

由昆仑山脉北麓抵达楼兰,他的游记也至此结束。在从尼雅到安得悦时,玄奘记载道:

> 行四百余里,至睹货逻故国。国久空旷,城皆荒芜。(《大唐西域记》卷十二)

此后往东通过折摩驮那时又记载:

> 自此东行六百余里,至折摩驮那故国,即沮末地。城郭岿然,人烟断绝。

可见,在玄奘的时代,昆仑山脉北麓的通道(西域南路)已完全陷入了一片沉寂。在当时,内陆丝绸之路贸易主要是沿天山进行的。

从事丝绸之路贸易的是粟特人,控制他们商业利权的则是突厥。这一局面在蒙古高原的东突厥为唐所灭,天山北部的西突厥也迅速衰落而进入唐王朝的支配之下后发生了彻底的改变,失去商业安全保障的粟特人转而开始寻求唐王朝的庇护,如此一来,粟特商业圈开始与长安建立了直接联系①。

第四节　固原史氏家族

长期以来,学术界普遍认为,粟特商业圈与长安的联系是唐代中国得以形成浓厚国际色彩和丰富文化的重要原因,但近些年来的出土史料证明我们对粟特人的这一固有印象并不全面。

自1981年开始,宁夏固原博物馆考古队、中日原州联合考古队就对宁夏回族自治区固原县南郊村墓葬群进行了考古发掘,发现了六座粟特人墓葬,从中出土了七方汉文墓志②。之所以会有七方,是因为其中的一座墓中

---

① 荒川正晴《关于唐对西域的布帛输送与客商活动》(《东洋学报》第73卷,1992年第3、4号);荒川正晴《欧亚的交通、交易与唐帝国》(名古屋大学出版会,2010年)。

② 宁夏回族自治区固原博物馆、罗丰编著《固原南郊隋唐墓地》(文物出版社,1996年);宁夏回族自治区固原博物馆、中日原州联合考古队编《原州古墓集成》(文物出版社,1999年);原州联合考古队编《唐史道洛墓》(勉诚出版,1999年)。

存在夫妻双方均有墓志的情况。这六座墓的墓主为六名男性,均姓史,从志文可知是出身于竭石的粟特人,夫妻合葬墓中夫人的姓则为安氏,为布哈拉出身的女性。六方男性墓志中有一方是与夫人的合葬墓志,从其内容来看,其夫人是康氏、安氏的粟特姓,从中可以确认男性墓主与粟特女性的通婚关系。至此,固原曾经存在粟特人聚落的事实已经可以确定了。

当初在看到考古报告时,许多研究者都产生了一个疑问,即墓葬群为什么在固原。由于今天已开通了连接西安与河西方面的铁路与高速公路,人们往往下意识推测唐代粟特人去长安时会选择经由兰州这条路线。但从史氏墓志可知,他们并未途经蒙古高原,而是从河西地区迁徙至固原,经兰州这条路线太过于偏离固原。如果是徒步、乘马车或骑马的话,从武威(凉州)向兰州出发,途中则须经过海拔超过 2500 米的乌鞘岭。而如果从武威向东,在银川南部的中宁附近横渡北流的黄河,自此朝东南方向的长安进发的话,沿着清水河自然会经过固原。发现于固原附近、现藏于宁夏固原博物馆的五胡十六国之前秦时期(380)的一方墓志可以证明这条路线的存在,其背面刻有①:

> 碑表及送终之具,于凉州作致。

此外,《旧唐书》卷六十四《隐太子建成传》载:

> 时凉州人安兴贵杀贼帅李轨,以众来降。令建成往原州应接之。

凉州的粟特人安兴贵杀死隋末群雄之一的李轨、归顺建都于长安的唐王朝时,皇太子李建成专程赴原州(固原)迎接,由此可见固原的确位于连接凉州与长安之间的通道上。

在这七方墓志中,年代最早的是刻于隋炀帝大业六年(610)的《史射勿墓志》。据志文记载,墓主早在北周时期便已作为都督数次参与到军事活动中,到隋代又被任命为右领军下的骠骑府将军,他率领的军队应当是设于粟特人聚落里军府的乡兵。从墓志中对其先祖的记述来看,他们是在北魏末期移居至中国的。至此,我们有必要对长期以来所认为的粟特人是在

---

① 宁夏固原博物馆编著《固原历史文物》(科学出版社,2004 年),第 114 页。

东、西突厥灭亡后,因其商圈与中国相连而移居过来的商人这一看法予以修正。

再看史射勿长子的《史诃耽墓志》,墓主在隋末混乱之际便已赴长安,加入到建立唐政权的行动中,他曾与长安西边的薛举交战,并在唐平定关中时立下战功。此后,史诃耽因在唐高祖武德年间(618—626)受命在长安城北门玄武门管理马匹而参与武德九年(626)六月四日太宗为夺权而发动的玄武门之变,并在太宗朝宿直于中书省,担任朝廷翻译官①。

而从史诃耽外甥的《史铁棒墓志》,可知墓主肩负固原国营牧场的监督之责。唐建国初期因军马不足,很早便在固原设立了国营牧场以补充马匹②。

第五节 长安及其他地区的粟特人墓葬

1999年在太原市晋源区王郭村古墓中出土了隋代《虞弘墓志》,据志文可知该墓为粟特人墓葬③。虞弘的父亲曾在突厥兴起前统治蒙古高原的柔然任官,并作为柔然使节出使北齐、吐谷浑等国。后从蒙古高原迁徙至太原附近,可见该家族移动范围之广。迁至中国后,虞弘本人出仕北齐,在右丞相府率领并、代、介三州乡团,检校萨保府。"萨保"也被写作"萨宝",是粟特语 sartpaw 的音译④,原意为驼队队长。在隋代以前,"萨保"或"萨宝"是粟特人聚落首领的官职名,唐代之后则成了拜火教的司祭⑤。换句话说,太原在北齐、隋代时便存在粟特人的聚落。当时虞弘率领的乡团兵,除驻

---

① 粟特人墓志研究班《粟特人汉文墓志译注(2)固原出土〈史诃耽夫妻墓志〉(唐·咸亨元年)》(《史滴》第27号,2005年)。

② 粟特人墓志研究班《粟特人汉文墓志译注(4)固原出土〈史铁棒墓志〉(唐·咸亨元年)》(《史滴》第29号,2007年)。

③ 山西省考古研究所等编著《太原隋虞弘墓》(文物出版社,2005年)。

④ 吉田丰《粟特语杂录(Ⅱ)》(《东方》第31号第2卷,1989年,收入荒川正晴《欧亚的交通、交易与唐帝国》)。

⑤ 荒川正晴《关于北朝、隋、唐代"萨宝"的性质》(《东洋史苑》第50、51号,1998年)。

扎并州（今山西省太原市）外，还驻扎于代州（今山西省代县）、介州（今山西省汾阳市）两地，可见这些地区很可能也存在过粟特人聚落。虞弘墓石椁中雕刻着粟特胡旋舞、波斯传统的狮子狩猎及与动物搏斗的纹饰，保留了粟特美术的华美形象。

2000年，考古人员对位于西安市大明宫遗址北边的北周安伽墓进行发掘，发现了带有鲜艳色彩雕刻的石椁床①。石椁床板上除刻有胡旋舞外，还有在帐中与貌似突厥人的游牧民交谈的粟特人形象。墓门上部有三头骆驼、背部有燃烧的火焰与下半身为鸟的斯拉欧加神（Sraosha）等拜火教元素图案。据出土墓志记载，墓主安伽的官职为"同州萨保"，可见在北周时期的同州（今陕西省大荔县）也存在粟特人聚落。

2003年，大明宫遗址北边的井上村发现的北周时期的史君墓中，出土了带有粟特人形象、雕刻精美的石椁及类似于石椁匾额形状的墓志，上有粟特文33行，汉文18行②。

2004年，依然是在大明宫遗址北边，发现了北周时期的康业墓及其汉文墓志③，墓主同样是出身于撒马尔罕的粟特人。

除上述新出土史料外，2005年，山下将司指出《文馆词林》卷四百五十五所载文献应为《安修仁墓志》残卷④。据其中内容，安修仁的祖父在西魏时任雍州萨保，安修仁本人在河西地区的凉州统率粟特人乡兵，又在隋代历任武官，虽然在隋末曾支持过河西的李轨，但之后倒戈转而与长安的唐王朝携手。

安修仁的外甥安元寿陪葬太宗昭陵，其墓志现藏于昭陵博物馆。据志文记载，安元寿在唐建国后进入秦王幕府，并于武德九年玄武门之变时，加强巩固了连接长安城宫城与掖庭宫之间嘉猷门的防守⑤。

---

① 陕西省考古研究所编著《西安北周安伽墓》（文物出版社，2003年）。
② 西安市文物保护考古所《西安北周凉州萨保史君墓发掘简报》（《文物》，2005年第3期）。
③ 程林泉、张翔宇《第七座有围屏石榻的粟特人墓葬——北周康业墓》（《文物天地》，2005年第3期）。
④ 山下将司《关于隋、唐初的河西粟特人军团——天理图书馆藏〈文馆词林·安修仁墓碑铭〉残卷》（《东方学》第110号，2005年）。
⑤ 昭陵博物馆编《昭陵碑石》（三秦出版社，1993年）第73页、第201页。

长期以来,粟特人这一群体都是以商人形象出现的,这是由于在中国出现了唐这样安定的大国,粟特人有寻求与其通商的需求这一惯性思维所造成的。对粟特人的这一固有看法自然没错,但上述新发现的粟特人相关史料也告诉我们,他们中的部分人群在唐开国很早以前,有可能早在北魏末期便已迁居至中国各地并形成了聚落,这些粟特人多从事武官等活动。因此,以往我们对于粟特人的看法并不够全面。在这些聚落的粟特人中,有人与柔然来往密切,有人在北周、隋的军事行动中扮演了重要角色,也有人在隋末的混乱局面下以军事手段呼应唐政府,甚至还有人在唐初的玄武门之变中发挥作用。可以说,在自北魏灭亡至唐建国的这段历史时期中,他们是一股不可忽视的重要力量。

　　至此,我们对于五胡十六国至唐朝的历史,不能仅仅聚焦在华北和南蒙古高原动向这一点上,应该用更广阔的视野将其看作欧亚东半部的大规模民族迁徙,定居浪潮逐步收缩,最终形成唐王朝的历史过程,并有必要对此加以探讨。

第六节　"粟特裔突厥"的概念

　　如前所述,在唐建国以前,粟特人便已移居中国并形成聚落,他们频繁参与到当时的军事活动中。另一方面,也有大量粟特人因东、西突厥政权的消亡而移居中国。那么,这群粟特人在自突厥移居至唐后是否依旧从商,抑或转而从事其他生计?由于人们在潜意识里早已习惯性地将粟特人看作是天生的商人,因此至今没能真正把握其具体形象。在这种情况下,借助于近年来学术界倡导的所谓"粟特裔突厥"这一概念,我们才获取了探索这一问题的重要线索。

　　所谓"粟特裔突厥"是一种类似西班牙裔美国人、日裔巴西人的称谓,指代血统与身体特征虽为粟特人,但在语言及生活习惯等方面则更多吸收了突厥文化的人群。有一个例子很好地诠释出"粟特裔突厥"这一概念,《元和郡县图志》卷四《新宥州》载:

　　　　调露元年(679),于灵州南界置鲁、丽、含、塞、依、契等六州,以处突厥降户。时人谓之"六胡州"。

这里的灵州位于鄂尔多斯西部,治所在今天的宁夏回族自治区吴忠市,六胡州应在其东南部,但具体位置由于缺乏史料无从得知。1985年,在宁夏回族自治区盐池县西北48公里的沙漠中,对六座开凿岩石而成的唐墓进行了考古发掘①,从中出土了武则天时期《何府君墓志》(部分因磨损而无法判读),其中镌刻有如下内容:

> 粤以久视元年(700)九月七日,终于鲁州如鲁县□□里私第。君春秋八十有五。以其月廿八日迁窆于□城东石窟原。

这里出现了六胡州之一的鲁州,位于墓葬群西边,也就是说,六胡州应该分布在今天吴忠与盐池交界处②。墓主的"何"姓是出身于贵霜匿粟特人的中国姓,在该墓葬群中,墓葬石门雕刻有胡旋舞,可见当属粟特人墓群无疑。但史书中却将六胡州居民记载为"从突厥而来的降户",这样便产生了居住于六胡州的人们究竟是突厥人还是粟特人这一问题,应当将他们定义为粟特裔突厥人最为恰当。此后,六胡州隶属于神龙三年(707)设置的兰池州,玄宗开元九年(721)四月,兰池州民发动叛乱,叛军的核心人物除首领康待宾外,还有康氏、安氏、何氏、石氏等,均为粟特姓,属于"粟特裔突厥",从其居住区域来看,他们应当主要从事畜牧业。

安史之乱中也有粟特人的身影,《资治通鉴》卷二百二十二所引《蓟门纪乱》在记载范阳的战斗时提到"高鼻梁的外国人死亡惨重"。有人认为这支部队与因康待宾之乱而从兰池州被迫转移的六州胡叛军相呼应③。如果是这样的话,他们也应是"粟特裔突厥"的一部分。

将"粟特裔突厥"这一概念导入历史学的重要意义之一便是其对探讨

---

① 宁夏回族自治区固原博物馆《宁夏盐池唐墓发掘简报》(《文物》,1988年第9期)。

② 森部丰《唐末五代时代期北的粟特系突厥与沙陀》(《东洋史研究》第62卷第4号,2004年,后收入森部丰《粟特人的东方活动与东欧亚世界的历史性展开》,关西大学出版部,2010年);中田裕子《唐代六州胡的粟特系突厥》(《东洋史苑》第72号,2009年)。

③ 王义康《六胡州的变迁与六胡州的种族》(《中国历史地理论丛》,1998年第4期)。

沙陀历史极为有效。关于沙陀,史书上虽然将其作为西突厥的一个种族,但从其种族名源于天山山脉东部沙漠来看,应是分布在该地区铁勒系的杂居民族的总称。这个种族于公元九世纪初始移居中国,随后其核心向山西北部迁徙,沙陀首领朱耶赤心于九世纪后半期平定庞勋之乱,并因功被朝廷赐名李国昌,到其子李克用时期,沙陀在山西北部已然发展成为唐末一大地方势力。朱全忠即位建立了五代第一个王朝后梁,李克用之子李存勖将其消灭,建立了后唐。其后五代的后晋、后汉皇帝也出身于沙陀系谱,沙陀在唐末至宋初的历史舞台上扮演了重要角色。

唐代末期,沙陀在山西北部时,史书常将其势力称作"沙陀三部落",即指沙陀、萨葛、安庆这三个部落。其中的萨葛也被写作索葛、薛葛,被认为是粟特语不同的音译写法。森部丰(提倡"粟特裔突厥"概念的学者之一)通过分析五代后晋时期的粟特人墓志,说明了萨葛的具体情况①,其中的一方《安万金墓志》中记载了墓主的曾祖、祖父、父亲、墓主本人、墓主之子五代人均担任过索葛府长官,其夫人何氏墓志里也记载了长子安元审就任索葛府官职一事,可见索葛这一部落长官职务是世袭的,该部落由粟特人安氏、何氏相互通婚产生,直到五代时期依然存续。可以说,即便萨葛不是粟特语的汉字音译,也应该是粟特语中某些语言的汉字音译。

如此可见,在被统称作沙陀的种族中混杂有不少粟特人,这些人应当属于粟特裔突厥人。

在此之后,沙陀族的核心势力向洛阳、开封方向迁移,并作为中原王朝的一个分支出现在五代史中,但在北宋时期的史书中便鲜有关于他们的记录了,这也标志着五胡以来南蒙古高原与华北形成的融合势力对中国历史发挥影响的时代暂时告一段落。

五代时期,后晋将燕云十六州(河北、山西、内蒙古的一部分)割让给契丹。此后,迎来了由契丹、女真、蒙古这些"外部势力"决定中国历史进程的所谓"征服王朝时代"。从这一点来说,唐代后半期、五代、北宋这段时期无疑是中国史上的一个重大转折期。那么,这种转折究竟是通过怎样的社会

---

① 森部丰《后晋安万金、何氏夫妻墓志铭及何君政墓志铭》(《内亚语言研究》第16卷,2001年,后收入森部丰著作《粟特人的东方活动与东欧亚世界的历史性展开》)。

性变容来具体表现的呢?

第七节　唐代后半期东亚的变化

　　桑原隲藏曾对中国史上数个朝代的户籍状况进行统计,并分作华北、江南加以对比,其列举的南北人口对比率如下所示①。

〔年代〕	〔华北的户数〕	〔江南的户数〕
西汉·元始二年(公元2年)	965万户(不足九成)	111万户(一成多)
西晋·太康元年(280年)	149万户(七成)	659户(三成)
唐·天宝元年(742年)	493万户(六成半)	257万户(三成半)
宋·元丰三年(1080年)	459万户(三成半)	830万户(六成半)
明·隆庆六年(1572年)	344万户(不足三成半)	650万户(六成半多)

　　此外,李济将中国分为A区域(河北、山东、山西、江苏、安徽、河南、湖北、陕西、宁夏、甘肃)、B区域(浙江、江西、湖南、四川、云南)、C区域(福建、广东、广西、贵州)三个区域,根据《古今图书集成》统计了各区域修建城郭城市的时代(从春秋至明朝),并考察了汉族人口的分布情况,认为:A区域修建的城郭城市比率虽然在春秋、战国时期数值很高,但在其他时期变化不大。B区域的城郭城市到唐、五代时期筑城比率上升,到明代占整体的40%多。C区域的城郭城市自宋代起逐步上升,在明代其数值跃至整体的54%多②。

　　根据这两个统计结果,我们可以看出随着时代推进,汉族呈现出从华北向江南及南方沿海地区迁移的趋势,而这一趋势的转折点便在唐后半期至宋之间。

　　那么,唐宋时期的这种人口迁移变化在别的领域是如何体现出来的呢?松井秀一对唐宋两个王朝的国家岁入(税收)中的布帛量加以比较,列

---

① 桑原隲藏《从历史观察南北支那》(《东洋文明史论丛》,弘文堂书房,1934年)。
② 李济《支那民族的形成》(生活社,1942年)。

举出如下数值①：

〔唐·天宝年间的岁入〕(《通典》卷六《食货·赋税下》)

产出丝锦郡县丁庸调之绢……740万匹

产出丝锦郡县丁庸调之锦……185万屯(1屯约为6两,总计1110万两)

产出布郡县丁庸调之布……1035万端

租的折纳布(江南)……570万端

租粟300万石的折充绢布……200万(端、匹)

〔宋·元丰年间末期的岁入〕(《宋会要辑稿·食货六四》)

锦绮、罗、绫……57万匹

绢……1226万匹

䌷……356万匹

绝……12万匹(以上共计1651万匹)

丝、锦……2029万两

布……485万匹

从这个统计可以看出,玄宗时期麻布的岁入多于绢帛,而到了宋代,麻布岁入则迅速跌落至唐时的四分之一,绢帛类岁入则增加了约两倍。松井秀一通过地图表示宋代之所以绢帛纳税额增加,是因为唐代之前绢的主要生产地为黄河下游地区及四川,到五代、宋初逐渐扩大至长江下游南侧,这一地区在北宋末期发展成为绢的主要产地。

若根据《唐六典》卷三《户部·贡》、《通典》卷六《食货·赋税下·贡》、《元和郡县图志·开元贡·元和贡》、《太平寰宇记·土产》的记载,将唐末、五代、北宋初绢帛类的贡献地列为地图的话,便可以掌握绢产地的变动。因为贡献是地方官购买其管辖范围内特产、并将特产送往中央集中财物的系统,因此其基本上与产地重合。这样一来,便可看出在唐到宋期间,绢织物(特别是高级绢织物)的贡献地由长江下游逐渐向浙江方向大幅度扩大、

---

① 松井秀一《关于唐代蚕桑的地域性——以律令制时期的蚕桑关系史料为中心》(《史学杂志》第85编第9号,1976年)。松井秀一论文中对宋代的统计借鉴了梅原郁《北宋时代的布帛与财政问题——以和预买为中心》(《史林》第47卷第2号,1964年)一文。

移动,从而得到与松井秀一相一致的结论①。

这些都表明,从唐代后期至宋代,中国人口自华北迁徙至江南的比率逐步升高,与之相应的是作为中国代表性产品及贸易主流产品的绢织物产地的南移。

五胡十六国时期,在新兴的绢产地上建立了一个叫吴越的地方政权。日本平安朝汉诗文选集《本朝文粹》卷七《书状》采录了两封日本致吴越王(公)的国书,分别发送于天历元年(947)、七年(953),后者内容如下:

> 为右丞相赠大唐吴越公书状　菅三品
>
> 蒋丞勋来,投传花札。苍波万里,素意一封,重以嘉惠,欢畅集怀。抑人臣之道,交不出境,锦绮珍货,奈国宪何。然而,志绪或织丛竹之色,德馨或引沈檀之薰。受之则虽忘玉条,辞之恐谓嫌兰契,强以容纳。盖只感君子亲仁之义也。今抽微情,聊寄答信。以小为遗,到愿检领。秋初,伏惟动履清胜。空望落日,长飜私恋而已。勒丞勋还,书不尽言。谨状。
>
> 天历七年七月　日　　　　日本国右大臣藤原朝臣谨言

《日本纪略·后篇二》"承平五年(935)九月"条载:

> 大唐吴越州人,蒋承勋来,献羊数头。

同书"六年七月十三日"条又载:

> 大宰府申,大唐吴越州人蒋承勋、季盈张等来著之由。

国书中的蒋丞勋与此两条史料中的"蒋承勋"似为同一人或亲属关系。他带到日本的"锦绮"应当是吴越(上述新兴绢产地)所织之物。考虑到九世纪以后,新罗、唐的海商多次往来于东海②,蒋丞勋很可能是一位从事贸易

---

① 石见清裕《唐的绢贸易与贡献制》(收入《九州大学东洋史论集》第33号,2005年)。
② 吴玲《九世纪唐日贸易中的东亚商人群体》(《亚洲游学》第3号,1999年);山内晋次《九世纪东亚的民众迁徙与交流——以寇贼、叛乱为主要素材》(《奈良平安期的日本与亚洲》,吉川弘文馆,2003年)等。关于吴越的对外贸易,参见日野开三郎《五代吴越国对中原的朝贡与海上贸易》,特别是第七章《海上贸易》(《日野开三郎东洋史学论集》第10卷,三一书房,1984年);酒寄雅志《探索九、一〇世纪的国际关系》(《新视角日本的历史》第3号,古代编〈奈良、平安时代〉,新人物往来社,1993年)。

的商人。在成寻所撰《参天台五台山记》末尾"延久五年（1073）六月十二日"条，记载了由孙吉的船捎带大宋皇帝发往日本的御笔文书一事，表明在宋代，国书的传递有时也借民间商人之手进行。

宁波天一阁藏有三方记载了居住在日本福冈县博多的中国人为修整参拜宁波佛寺道路而进行捐赠的石刻，其中一方记载如下①：

> 日本国太宰府博多津居住弟子丁渊，舍身十贯文砌路一丈。功德奉献三界诸天、十方智圣、本宅上代、本命星官、见生眷属、四总法界众生、同生佛果者。　乾道三年四月　日

乾道是南宋孝宗的第二个年号，乾道三年为公元1167年。另有一方记载如下（该碑原文方向为从左向右）：

> 建州普城县寄日本国孝男张公意，舍钱十贯明州礼拜路一丈。功德荐亡考张六郎、妣黄氏三娘、超升佛界者。

此两方都是迁居至博多的中国商人为整修明州（宁波）佛寺参拜道路进行捐赠的纪念碑，他们往返于博多与宁波之间从事海上贸易，特别是来自福建建州的捐赠者，其活动范围之广超乎想象。

在博多近郊，诸如栉田神社、筥崎宫、善导寺等地保存有曾作为船上碇石的长约两米的大石。这些碇石一度被看作遣唐使船只所用之物，之后又被认为来自元寇的船上，到今天通行说法认为其是中世时期贸易船所用之物②。

结　语

开始于四世纪的北方游牧民族的迁徙在东亚世界引起五胡十六国的出现，其余波又相继引发了北魏统治华北、六镇之乱、唐代建国、唐击败突

---

① 王勇《现存于宁波的生活在博多的宋人石碑——其发现、转藏、解读》（《亚洲游学》第3号，1999年）。

② 柳田纯孝《海里出土的碇石》（川添昭二编《苏醒的中世1——东亚的国际都市博多》，平凡社，1988年）。

厥成为世界帝国、安史之乱、沙陀王朝诞生等一连串关联性重大历史事件,并在安史之乱与沙陀的中原王朝化后戛然而止,此后历史进入全新的征服王朝时代。通过近年发现的粟特人相关史料可知,在这种连锁反应中,唐之所以得以发展成为世界性帝国,并不仅仅是由于击溃了突厥,其中也有自北魏末期以来粟特人迁徙带来的深刻影响,这种影响也是产生唐这种国际化国家的催化剂之一。对于这一问题,今后需要做更进一步的探索。

在这样的历史浪潮中,唐后半期至宋代,汉族逐渐南迁,工商业中心区域的重心也逐渐向江南倾斜,这与海上贸易的兴盛不无关系。换句话说,这一时期,欧亚贸易体制由以内陆丝绸之路为中心开始向海上贸易倾斜,而唐代正处在这一历史过渡期内。这一变化也促进了此后江南人口的增加与产业的进一步发展。

对于日本古代及中世时期的对外关系,也应站在上述东亚历史进程下加以考察。在派送遣唐使的时代,唐王朝最为看重的是政府出席国际舞台以及由此获取彰显其威信的财物以强化王权。这与西突厥可汗通过控制粟特商业权彰显其威信如出一辙,显然日本王权也同样受到了类似的影响。体现贵族权威的唐朝财物,供天皇观赏用的唐物,包括对唐物的分配便是其中的一个重要环节[①]。十世纪以降,中国海商蜂拥而至,唐物更为广泛地流通于日本贵族阶层之间,促成了唐风文化与国风文化的形成[②],其背景是中国江南绢织物、陶瓷器等商业的兴盛及港口城市的发展。《竹取物语》中"火鼠的皮衣"等故事便发生在海商时代。《源氏物语·梅枝卷》中描述有如下一个场景:

源氏命人配制熏衣用的香剂,看到太宰府大式奉赠的香料后,觉得品质不及以前的好,便命人打开二条院御仓,取出以前中国舶来的种种物品,比较后说道:"不但香料如此,绫罗缎匹也是从前的更加优良。"因为当年高丽人所进贡的锦、绫都是当世之物所不能媲美的珍品,于是他便把太宰府大式所赠绫罗赏赐给众侍女。

[①] 皆川雅树《九——十世纪的唐物与东亚》(《人民的历史学》第 166 号,2005 年);河添房江《源氏物语与东亚世界》(日本放送出版协会,2007 年)。

[②] 榎本淳一《"国风文化"与中国文化——文化引进中的朝贡与贸易》(收入池田温编《思考古代 唐与日本》吉川弘文馆,1992 年。)

在过去,优良的锦、绫多是由遣唐使带回国的回赐品或是通过渤海使节带到宫中的唐代最高级的绢织品,而大式献上的绫、罗则是由海商带来之物,其背景折射出两个时代的差异。

第二章

唐代内附民族规定再考
——以《天圣令》、开元二十五年令为中心

绪 论

纵观中国史,虽然存在不同程度的差异,但大多数王朝都具有"多民族复合国家"这一特性。"多民族复合国家"的判断标准有许多,其中最重要的一点就是:为掌握境内居民情况,而根据他们的生活、文化及习惯差异实施多元化管理方式。管理方式的差异充分反映了其国家的性质,当中也蕴含着这些当时被统治的对象与今天中国少数民族间的关系等重大问题。

笔者曾经从唐代行政法中的课税规定《赋役令》里选取针对汉族(这里指课以租、调、役的百姓)以外人群的条文,对这些条文所规定的对象究竟是怎样一类人群进行了考察(以下简称作"旧稿")[①]。之所以选择唐代,是因为大量出土文物告诉我们,唐深受外来文化影响,因此自然可将其作为多民族统治王朝的典型。而之所以选择分析行政法,则是由于唐代描述民生状况的史料并不多,相较而言,转而分析政府的管理规定更具有可行性。

在笔者撰写旧稿时,学界往往利用《唐令拾遗》及该书刊行后相关唐令的补充研究来分析散佚唐令。其时,《唐令拾遗补》尚未刊行[②],因此,笔者在旧稿中使用的《赋役令》条文出自《唐令拾遗》。然而,1998年上海师范大学戴建国发表论文,指出浙江省宁波市天一阁藏明钞本《官品令》实际上

[①] 拙稿《围绕唐对内附异民族的规定》(堀敏一先生古稀纪念《中国古代的国家与民众》,汲古书院,1995年,后收于拙著《唐的北方问题和国际秩序》,汲古书院,1998年)。

[②] 仁井田陞著,池田温编《唐令拾遗补——附唐日两令对照一览》(东京大学出版会,1997年,为阅读方便,将此书简称为《唐令拾遗补》)。

是北宋仁宗朝《天圣令》的一部分①。2006年，经中国社会科学院历史研究所同行的努力，又刊行了同钞本的影印版及校录本、清本、唐令复原研究②。这样一来，我们才得以见到以往几乎无法想象的部分唐令原文。

天一阁旧藏《天圣令》中收录有《田令》《赋役令》《仓库令》《厩牧令》《关市令》《捕亡令》《医疾令》《假宁令》《狱官令》《营缮令》《丧葬令》（附丧服年月）《杂令》。各篇目中所列条文前以"诸"字开头，末尾记有"右并因旧文以新制参定"，其后还列有以"诸"字开头的条文，在最末尾记有"右令不行"。即前半部分是天圣年间据唐令纂定的宋令条文，后半部分是对纂定《天圣令》时未使用唐令条文的摘录。

唐代初次编纂令文是在高祖武德七年（624），此后太宗朝的《贞观令》、高宗朝的《永徽令》都对其有所继承。日本《大宝令》则被认为是基于《永徽令》编纂完成的，后来被《养老令》沿袭。玄宗开元七年（719），唐令经历了一次改订，开元二十五年（737）再次进行了改订。现在一般认为，自开元二十五年令发布以来，唐、五代时期均未对其进行过大幅度改订。因此，《天圣令》前半部分末尾的"旧文"及后半部分末尾的"右令"主要是指开元二十五年令中的条文，将之与《唐令拾遗》开元二十五年令条文进行对比，也基本可以印证这一点③。从另一个角度来说，由于《天圣令》的出现，我们可以认为，日本《养老令》中与《天圣令》几乎相同的条文规定应该是自唐初武德七年令至开元二十五年令一贯继承下来的。近来，学界通常将《天圣令》各篇后半部分"右令不行"的条文群称作"不行唐令"，本文也沿用此

---

① 戴建国《天一阁藏明钞本〈官品令〉考》（《历史研究》，1999年第3期）；戴建国《天一阁藏〈天圣令·赋役令〉初探（上）（下）》（《文史》，2000年第4期、2001年第1期）。

② 天一阁博物馆、中国社会科学院历史研究所《天圣令》整理课题组《天一阁藏明钞本天圣令校证——附唐令复原研究》（中华书局，2006年）。关于《天圣令》的发现经过及中国、日本的研究状况，参见冈野诚《关于北宋天圣令——其发现、刊行、研究状况》（《历史与地理》第614号"世界史研究"，2008年）。

③ 最近，卢向前、熊伟通过分析《田令》条文，指出《天圣令》中不行唐令并非开元二十五年令，而有可能是唐建中年间的令文。对此，戴建国认为，虽然唐后半期发布诏敕对令文进行了增补，但总的来说不行唐令是以开元二十五年令为基础的。参见卢向前、熊伟《〈天圣令〉所附〈唐令〉是开元二十五年令吗？——〈天圣令〉所附〈唐令〉当为建中令辨》（《国学研究》第22卷，2008年）；戴建国《〈天圣令〉所附唐令为开元二十五年令考》（《唐研究》第14卷，2008年）。

称呼。

可以说,通过学者们的不懈探索,特别是2006年天一阁钞本的公开,唐令研究进入了一个新的发展阶段。以往必须依据《唐令拾遗》《唐令拾遗补》等来复原条文的情况发生了改变,虽然只是一部分,但已因此得以窥见唐令、宋令的原文。这不仅丰富了中国法制史研究及日唐律令制的比较研究方面的史料,也为财务保管、家畜管理研究(《仓库令》《厩牧令》)、医疗制度研究(《医疾令》)、官僚制度的运营(《假宁令》)、丧葬礼仪研究(《丧葬令》)等多方面研究提供了第一手史料,可以期待这些领域今后有飞跃性的研究进展①。

这也意味着笔者有必要对在旧稿中曾经分析过的《天圣令·赋役令》条文重新加以探讨。本章参照《天圣令》条文,对唐令中针对内附民族的规定进行再考,并尽可能地还原唐代的内附民族统治原貌。

第一节　唐代《赋役令》中对内附民族的三条规定

为论述方便,在此先将笔者在旧稿中讨论过的唐《赋役令》条文列举如下:

〔史料A〕《唐令拾遗·赋役令》第十六条(开元二十五年令)

　　诸没落外蕃得还者,一年以上复三年,二年以上复四年,三年以上复五年。外蕃人投化者,复十年。

〔史料B〕《唐令拾遗·赋役令》第十七条(开元七年令)

　　夷狄新招慰,附户贯者,复三年。

〔史料C〕《唐令拾遗·赋役令》第六条(武德七年令、开元七年令)

　　诸(国)蕃胡内附者,亦定为九等,四等已上为上户,七等已上为次户,八等已下为下户。上户丁税(银)钱十文,次户五文,下户

---

① 作为其中的部分研究成果,可参见大津透编《日唐律令比较研究的新阶段》(山川出版社,2008年)。

免之。附(贯)经二年(已上)者,上户丁输羊二口,次户一口,下(户)三户共一口(无羊之处,准白羊估,折纳轻货。若有征行,令自备鞍马,过三十日已上者,免当年输羊)。(作者按:括号内是依据《唐六典》卷三《户部》作的补充)

此三条中,〔史料A〕是据《通典》卷六《食货典六·赋税下》、《文献通考》卷十三《职役考二·复除》记载复原的条文,仁井田陞根据《通典》将其作为开元二十五年令进行了复原。条文规定,离开唐境在外,因某种原因没落后归国者,依其没落年数决定免除赋税的时间。其后记载了对"外蕃人投化者"复十年的规定。

〔史料B〕是日本《令集解》"没落外蕃条"(在唐令中对应〔史料A〕)所引"古记"中作为"开元令云"而引用的唐令,该条不见于唐代的史料中。仁井田陞认为"古记"中的"开元令"应是开元七年令,但坂上康俊对《集解》所引"开元令"加以分析,得出其应是开元三年令的结论,《唐令拾遗补》也在坂上康俊的观点上进行了补订①。本条规定"夷狄招慰者"复三年。

以上两条是关于给复的规定,〔史料C〕则规定了"诸(国)蕃胡内附者"应当缴纳的纳税品目及纳税额。据其内容可知,蕃胡内附者被分作不同户等,以银钱为单位课税,对附户贯两年以上者以羊为单位课税。还规定若当地没有羊,则需折纳以同等价值的布帛。当军事远征时需自备鞍马从军,如在军队服役超过30天可免除当年输羊。由于此规定载于《旧唐书》卷四十八《食货志》"武德七年,始定律令",《册府元龟》卷四百八十七《邦计部·赋税》"唐高祖武德……七年,始定均田赋税",此外还载于《唐六典·户部》,因此仁井田陞认为该条应存在于武德七年令及开元七年令中。《旧唐书》《册府元龟》中课税单位写作"钱",《唐六典》中作"银钱",如果解释作在武德七年令中征收铜钱,到开元七年令中改为银钱,则征收开元通宝钱的十文、五文令人费解,并不合理。此外,从《旧唐书》《册府元龟》省略的其他字句来看,《唐六典》的记载应更接近于《赋役令》原文。

关于此三条史料的实施年代,虽然仁井田陞将〔史料A〕作为开元二十

---

① 坂上康俊《关于〈令集解〉所引唐令》(《九州大学史学》第85号,1986年),收入仁井田陞著,池田温编《唐令拾遗补》第774页。

五年令进行了复原,但因《养老令·赋役令》中存在与之对应的几乎同内容的"没落外蕃"条,可见该条自武德七年令时起便已存在。因此,无论将〔史料B〕解释作开元七年令,或依照坂上康俊的观点将其看作开元三年令,此三条在某一时期同时存在。如此一来,〔史料A、B〕在给复年数上存在不同,〔史料C〕关于银钱与输羊的规定中,究竟纳税品目是在附贯两年后由银钱变为羊,还是在银钱的基础上追加羊,与此同时又规定复三年、复十年,显得内容混乱。因此,此三条只可能是针对三种不同对象的规定,换句话说,在唐代法令中,"外蕃人投化者""夷狄招慰者""诸(国)蕃胡内附者"是被作为不同形态的人群受到管理的。

在旧稿中,笔者认为〔史料A〕的对象是因个人原因归化至唐的外国个人或家族,该群体人数较少。〔史料B〕的对象是曾生活于唐境外,到唐后重新组合并接受唐统治的聚落或组织,〔史料C〕的对象则是在生活形态上理所应当以银钱或羊纳税的人群,即粟特人或游牧系羁縻州民这两种人群。那么,在新发现的《天圣令》中,这些条文是如何记载的?又会产生什么新问题呢?

第二节 《天圣令》"没落外蕃"条

在《天圣令·赋役令》条文中,首先需要探讨的是不行唐令第十二条,其内容如下(权且将其划分为a—e五段。括号内为订正内容):

> (a)诸没落外蕃得还者,一年以上复三年,二年以上复四年,三年以上复五年。(b)各给赐物十改(段)。(c)外蕃之人投化者,复十年。(d)其夷僚(獠)新招尉(慰),及部曲、奴被于(放)附户贯者,复三年。(e)应给赐物,于初到州给三段,余本贯给。

首先来看段落(d)中的"夷僚",在唐代并没有"夷僚"一词,此处的"夷僚"显然是"夷獠"的笔误。此条中:(a)对没落于外蕃回归唐者,以3—5年复除,(c)对外蕃人投化者以10年复除,(d)对新招慰夷獠及从部曲、奴解放并附于户贯者以3年复除,设定了四种不同人群及三种复除年数。此外,还规定给予这些人群赐物充作其临时生活费。其中,(b)(麻布)十段所针对的人群至少包含(a)当无疑问,但对于(e)的赐物对象则产生了如下两种解释:即①(b)所针对的对象只有(a),因此,(e)的对象为(c)(d);②(b)(麻布)十段赐物的对象不仅是(a),也包含(c)(d),由没落归还者或外蕃投化者最初抵达的边境州负责提供十段中的三段,余下七段由此后定居地的本贯提供。这两种解释中,①略显死板,由于(e)作"余本贯给",可见其额度是固定的,且只可能是十段。由于赐物对象是"到"者,因此①的解释可以排除,至少可以认为(b)(e)的对象是(a)(c)。关于(d),难以解释对于从部曲、奴身份解放后的人群做"初到州"的设定,对于"夷獠",如果不判定其是否为"到"者,也就无从作最终判断。

上面的《赋役令》条文正是在论述古代日本国家体制时常作为材料使用的"没落外蕃"条,由于《天圣令》的发现,我们才得以了解开元二十五年令(或继承开元二十五年令的唐代后半期令)的原文内容。旧稿中列举的〔史料B〕《令集解》所引"古记"出典便在于此。

一直以为,本条的规定在《唐令拾遗》"赋役令"中被分作三条。即前揭〔史料A〕(第十六条)、〔史料B〕(第十七条)及第十八条"诸部曲、奴婢放附户贯者,复三年"。

此外,与之相对应的《养老令·赋役令》第十五条"没落外蕃条"载:

> 凡没落外蕃得还者,一年以上复三年,二年以上复四年,三年以上复五年。外蕃之人投化者,复十年。其家人、奴被放附户贯者,复三年。

复除对象中除没落归国者、外蕃人投化者外,还包括家人及从奴隶身份解放的人。因此,有一部分观点认为在唐令中这些都被规定于同一条文中,笔者曾经对这一看法持认同观点。然而,在仁井田陞复原条文时依据的《通典》卷六《食货典·赋税下》中,"开元二十五年定令"之后所列规定记载:

> 诸没落外蕃得还者,一年以上复三年,二年以上复四年,三年以上复五年。外蕃之人投化者,复十年。诸部曲、奴婢放附户贯,复三年。

其中明确写有"诸"字,因此很难断定是同一条文。然而,因发现了《天圣令》不行唐令第十二条,便可以不受限于《通典》中的"诸"字,至少可以认为,在唐令中,前揭(a)(c)与(d)的有关"部曲、奴"的部分被规定于同一条文中。那么,便应该对将《唐令拾遗·赋役令》第十六条至十八条作为各自独立的条文进行复原这一点予以订正,如此排列才较合理。第十八条《拾遗》注记认为,"部曲、奴婢"中的"婢"很可能是"被"的笔误,《唐令拾遗补》中也以女性不课,因此不可能有给复规定为由而将"婢"订正为"被"①,这种解释很妥当。在日本令中便依照原样抄写作"被"。

作为关于《天圣令》所载不行唐令"没落外蕃"条(a)部分的史料,大谷1417文书中有这样一件残片,内容如下②:

(前缺)
　　　　出请给复
　　牒准式者落蕃人张孝感
　　牒所由准式者牒至准状
[空一行]
□(开)元廿九年十月廿三日
　　　　佐
(后缺)

这件残片被认为是县官处理在外蕃没落后归国的张孝感申请给复案件的文书。据此可知,至少在开元二十九年(741),"没落外蕃"条(a)规定已被应用于实际事务中了。关于(d)"部曲、奴"部分的史料,吐鲁番出土的永徽二年(651)以后的"某乡户口帐(草)"中的(三)文书〔69TKM39:9/2(b),9/3(b)〕列举了一条给复事例,第六行载"□二放□(贱)从良给复"③,可见,(d)的"部曲、奴"规定在实际中也得到了应用。问题是(d)"其夷僚(獠)新招慰"部分,据《拾遗》的复原,该内容在开元七年令时便已有之,若按照坂

---

① 仁井田陞著,池田温编《唐令拾遗补》第774页。
② 《大谷文书集成》第一卷(法藏馆,1984年),图版九六。这件文书是县级政府向下传达的牒式文书,因此在第四行补充了"故牒"。关于吐鲁番行政文书的格式,参见赤木崇敏《唐代前半期的地方文书行政——通过探讨吐鲁番文书》(《史学杂志》第117编第11号,2008年),特别是图3的(3)(4)及第78页。
③ 《吐鲁番出土文书》(文物出版社,1985年)第六册第115页,仁井田陞著,池田温编《唐令拾遗补》第774—775页。

上康俊提出的开元三年令的看法,则这段文字在开元七年改订令文便已存在。这样的话,唐的"没落外蕃"条的给复规定在《永徽令》时其内容很可能已经与《天圣令》一样,因而日本的"没落外蕃"条是将唐令的(d)"其夷僚(獠)新招慰"部分删除后纂定的,其删除的部分被《令集解》"没落外蕃"条"古记"所引用。另外,(b)(e)的赐物规定有可能并不存在于《永徽令》条文中,因为该部分不见于《养老令》,如果《永徽令》中有的话,日本令应该不会特意只删除赐物规定。

与之相关联的《唐令拾遗·户令》第十九条(开元二十五年令)载:

> 诸没落外蕃得还,及化外人归朝者,所在州镇给衣食,具状送省奏闻。化外人,于宽乡附贯安置。落蕃人,依旧贯,无旧贯任于近亲附贯。

与之相对应的《养老令·户令》第十六条云:

> 凡没落外蕃得还,及化外人归化者,所在国郡给衣粮,具状发飞驿奏闻。化外人,于宽国附贯安置。没落人,依旧贯,无旧贯任于近亲附贯。并给粮,递送使达前所。

将这两条加以对比,日本令采用了唐令"所在州镇给衣食"部分,这样看来,其仅仅不采用前揭赋役令(b)(e)的赐物规定则有些难以理解。因此可以推断在唐令中,(b)(e)部分有可能是据《永徽令》以后的经验加入的规定。

虽然尚未发现《天圣令·户令》,但上面相当于《拾遗》第十九条的条文一定存在于不行唐令中。因为"化外人归朝者"与"没落外蕃得还者"是相配套的,其对象与《赋役令》的"外蕃之人投化者"相同。规定其对象按照《户令》附贯,按照《赋役令》复除,《户令》《赋役令》两条作为配套发挥作用。

关于附贯、复除的方式,在日本的规定中,《延喜式》卷二十五《主计下·大帐式》对"不输"时的情况定为:如下:

> □若干见不输
> □若干放人在役
> □若干仕丁
> □若干卫士

□若干使蕃
　　□若干放贱从良
　　□若干去狭就宽
　　□若干归化

关于这里的"归化",田中史生认为是《户令》附贯的"化外人归化者"在依照《赋役令》给复时所做的规定,其针对的对象应是:被认可"归化",且在附贯阶段,被视为百姓,于最初十年予以特别措施进行给复者①。由于《延喜式》"放贱从良"在前揭吐鲁番文书"某乡户口帐(草)"中可以得到确认,可见在唐也是以同样方法处理的。

如上面论述无误的话,唐"化外人归朝者(即外蕃之人投化者)"应该是在附贯十年后被课以租、调、役,其形态并非是以氏族等组织或聚落为单位内附于唐者,而是以个人或家族为单位的。而"夷獠新招慰"者虽然在《天圣令》中与"外蕃之人投化者"被规定于同一条文中,自然不能以两者时代不同来做解释,由于给复年数不同,因此,在法理上必须将其看作是与"外蕃之人投化者"完全不同的对象。

那么,对于"夷獠",该做何解释呢?

第三节 "夷獠"与"夷狄"

一、唐对于"夷獠"的招慰

初看《天圣令》"没落外蕃"条,此前一直以为《唐令拾遗·赋役令》第十七条(前揭〔史料B〕)是针对"夷狄"的规定,但实际上在唐令原文中却被写作"夷獠"。

被称作"獠"的民族初次在正史的"外国传"中立传是在《周书》卷四十

---

① 田中史生《律令制下的"归化人"与"复"》(《国学院大学大学院纪要》第26期,1995年3月),后收入于其著作《日本古代国家的民族支配和渡来人》(校仓书房,1997年)。

32

九《异域传上》，其开头载：

> 獠者，盖南蛮之别种。自汉中达于邛（今四川省邛崃县）、笮（今四川省成都市附近）、川洞之间，在所皆有之。

北周太祖宇文泰平定梁州、益州后对其进行抚慰，"其与华民杂居者，亦颇从赋役"。《异域传上》又载：

> 后有商旅往来者，亦资以为货，公卿逮于民庶之家，有獠口者多矣。

可见，部分獠于此时已开始与北周官民发生接触。在隋唐的史书中有诸如"獠""生獠""熟獠""地名＋獠""夷獠"等词，现试将《隋书》《旧唐书》中记载的"獠""夷獠"的区域置于地图中，则如图1（见下页）。通过图1可知，隋唐时代的獠、夷獠分布于中国西南部（今四川、贵州、云南等地）至南方（今广西、广东等地）。

《隋书》卷二十九《地理志上》"梁州风俗"条载：

> 傍南山（今四川省南部县南边）杂有獠户。富室者颇参夏人为婚，衣服、居处、言语，殆与华不别。

同书卷四十五《文四子传》"庶人秀"条记载隋文帝第四子杨秀被废越王身份，软禁于内侍省时的境遇如下：

> 不得与妻子相见，令给獠婢二人驱使。

可见在隋代，獠中应当已有深受汉文化影响的人。此外，还有对夷獠课税的史料，据《隋书》卷三十七《梁睿传》记载，益州总管梁睿因在蜀地有威信，夷獠纷纷归附，只有南宁（今贵州西部至云南一带）酋帅不降附，因此，梁睿为征讨南宁夷獠上疏云：

> 押獠既讫，即请略定南宁。自卢、戎（今四川省南部）已来，军粮须给，过此即于蛮夷征税，以供兵马。……计彼熟蛮租调，足供城防仓储。

并在此后施行了这一政策。獠也被称作"蛮夷""熟蛮"，《旧唐书》卷三十八《地理志一》"剑南节度使条"有"西抗吐蕃，南抚蛮獠"，该卷"岭南五府

33

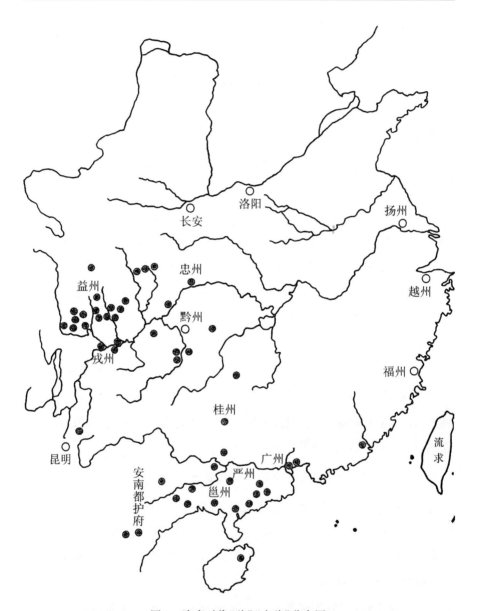

图1　隋唐时代"獠""夷獠"分布图

注：(1) ● 表示《隋书》《旧唐书》中明确记载有相关事例的地名。

(2) 难以确定的地名则依据《资治通鉴》胡三省注。

(3) 本图主要依据谭其骧《中国历史地图集》第五册绘制。

经略使"条又有：

> 绥静夷獠,统经略、清海二军(……轻税本镇以自给)。

记载了"夷獠"的轻税。在《隋书·四夷传》中虽然没有为獠或夷獠立传,但在《南蛮传》开头载:

> 南蛮杂类,与华人错居。曰蜒,曰獽,曰俚,曰獠,曰㐌。俱无君长,随山洞而居。古先所谓百越是也。

在记载岭南地区的史料中,这里的"俚"被称作"俚獠"。通过这些可以看出,"獠"指代某一特定种族,而"夷獠"则范围较广,与"蛮夷""蛮獠"及地方性的"俚獠"同义,是图 1 中分布于该区域民族的总称①。

但是即便如此,其与几乎和"化外人"同义的"夷狄"明显不是一个词,是一种半专业名词化的民族名称,在唐代史料中的"夷獠"称呼限定于某一特定民族。唐《赋役令》"复三年"所设定的对象不是"夷狄",而是这一民族。

---

① 在《天圣令》中《医疾令》"不行唐令"第十七条云:"诸州医博(博)士、助教,于所管户内及停家职资内,取医术优长者为之(军内者仍令出军)。若管内无人,次比近州有处兼取。皆州司试练,知其必堪,然后铨补,补迄申省。其学生取人,依太医署。若州在边远及管夷獠之处,无人堪习业者,不在置限。"这里的"夷獠"与"州在边远"并称,应是分布于图 1 中的种族。关于条文中的"夷獠",笔者曾在 2007 年召开的"东洋史研究会大会"上向冈野诚(明治大学)请教过,在此表示感谢。其所对应的《养老医疾令》第一条云:"医博士,取医人内法术优长者为之。按摩、咒禁博士,亦准此。"并未采用"夷獠"的相关规定。中国国家图书馆善本部藏敦煌写经周字 69 号"户部格残卷"第 35—43 行"开元二十年敕"云:
□(敕),如闻□(岭)南首领　　史上佐及
多因官置庄,抑买百姓田园,招诱
称是子弟,以为逋薮。夷獠户等,不胜
断。仍委按察使及经略使,捉
□庄园并收入,官给贫弱下　　(后略)
可见岭南道"置庄禁断"敕中存在对夷獠户的救济措置。池田温《唐朝开元后期土地政策的一个考察》(堀敏一先生古稀纪念《中国古代的国家与民众》,汲古书院,1995 年);T. Yamamoto, O. Ikeda, Y. Dohi, Y. Kegasawa, M. Okano, Y. Ishida, T. Seo co-ed., *Tun-hoang and Turfan Documents*, Concerning Social and Economic History Supplement, (A), pp. 4—5, Toyo Bunko, Tokyo, 2001.

现在看来,"夷狄"一词并不适合作为法令用语,但在当时只存在据《令集解》"古记"所引"开元令"复原的〔史料 B〕,因此在学术界引起了议论。在旧稿中,笔者聚焦于〔史料 B〕的"招慰"一词,参考了 S.1344 文书"开元户部格残卷"中的如下敕令①:

> 敕,化外人及贼须招慰者,并委当州及所管都督府,审勘当奏闻。不得辄即招慰,及擅发文牒。所在官司,亦不得辄相承受。如因此浪用官物者,并依监主自盗法。若别敕令招慰,得降附者,挟名奏听处分。
>
> 长安元年十二月廿日

据此可知,"招慰"是针对化外人及贼实施的一项政府政策。在《旧唐书·地理志》中检索对异民族实施招慰的事例,可找到江南西道四例、陇右道一例、剑南道五例、岭南道两例,共计十二例,均是为生獠、党项、羌、生蛮等设置州县的事例。

如对《地理志》以外的本纪、列传等中的"招慰"事例进行检索,可以看到该字眼经常出现于隋末唐初的叛乱期,现试举一例。河间王李孝恭是高祖从兄之子,《旧唐书》卷六十《宗室传》载:

> 高祖克京师,拜左光禄大夫,寻为山南道招慰大使。自金州(今陕西省安康市)出于巴蜀,招携以礼,降附者三十余州。

李孝恭作为山南道招慰大使招携巴蜀。其后,他出任荆州总管对付林士弘(势力范围在今江西一带),同书卷五十六《林士弘传》载:

> 荆州总管、赵王孝恭,遣使招慰之,其循、潮二州(今广东省东部)并来降。

李孝恭使岭南地区得以归附。关中方面,同书卷五十八《殷峤传》载:

> 时关中群盗往往聚结,众无适从。令峤招慰之,所至皆下。

---

① Tatsuro Yamamoto, On Ikeda, Makoto Okano, *Tun-hoang and Turfan Documents, Concerning Social and Economic History* Ⅰ, *Legal Texts*（A）（B）, Toyo Bunko, Tokyo, 1980.

记载了殷峤招慰群盗的事例。

此外,也有对夷獠进行招慰的记载。如《旧唐书》卷七十六《太宗诸子传》"李琨"(太宗之孙)条载:

> 圣历中,岭南獠反,敕琨为招慰使。安辑荒徼,甚得其宜。

同传"李胤"(太宗曾孙)条记载其叔父李备"招慰忠州(今四川省忠县)叛獠,没于贼"。同书卷九十四《李峤传》载:

> 时岭南邕(今广西壮族自治区南宁市)、严(今广西壮族自治区来宾市)二州首领反叛。……峤乃宣朝旨,特赦其罪,亲入獠洞以招谕之,叛者尽降。

据这些记载可知,所谓"招慰"是指将此前位于王朝支配领域之外或因叛乱等原因脱离支配的地区、聚落、民族编入王朝州县制中的行为。从其执行者由皇族来担任可以看出,这不是地方官员基于自身判断而擅自实施的行动,而是属于政府政策。其中还有招慰叛贼的事例,元和九年(814),为镇压淮河中游地区叛乱所发布的"招谕蔡州诏"(《唐大诏令集》卷一百一十八)载:

> 宜授兼申、光、蔡等州招谕使……百姓给复三年。

这里的"招谕"与前面《李峤传》中一样均为"招慰"之意,从中可以看出,招慰叛贼后给予其复三年的政策。如此一来,《赋役令》中的"招慰"应该也是同样政策,在招慰夷獠后将之编入州县,并在最初的三年免除其课税[①]。

前揭 S.1344 文书"开元户部格残卷"的长安元年敕中规定了招慰化外人的方法,在前一节引用的吐鲁番文书永徽年间"某乡户口帐"有"放贱从良"的给复事例,可见,唐《赋役令》"没落外蕃"条很有可能在开元七年改订令之前便如同《天圣令》中一样,是针对四种不同形态的条文。

《天圣令》"没落外蕃"条的"夷獠"虽然仅有两个字,但却向我们传递了上面这些信息。当在《天圣令》中看到"夷獠"二字时,笔者有一些个人见

---

① 《周书》卷六《武帝纪下》"建德四年(575)六月"条有北周对新划入其支配下的旧北齐地区给予复三年的记载。可见对于新附户"给复三年"的理念在北周时期就已存在。

解,到今天可以说,在旧稿中所得出的结论是正确的。然而,〔史料B〕的原文中并非作"夷狄",而是"夷獠",这也产生了新的问题。

二、日本对"夷狄"的解释

那么,如果《令集解》所引"古记"的作者所见唐《赋役令》"没落外蕃"条内容与《天圣令》相同,为何"古记"中不作"夷獠",而是"夷狄"呢?

关于这一点,因无法排除在抄写过程中发生笔误的可能,故首先需要对《集解》的古写本进行确认。《集解》古写本大多出自金泽文库本系谱,具体如下[①]:

　　①红叶山文库本(内阁文库藏,卷子本)庆长十九年前不久的抄写

　　②清家本(船桥本,国立国会图书馆藏)　庆长二年至四年间抄写

　　③田中本(国立历史民俗博物馆藏)　被认为在诸本中最接近金泽文库本

　　④鹰司本(宫内厅书陵部藏)　建治二年批注本摹本

　　⑤东山御文库本　建治二年批注本摹本

　　⑥榊原本(国立国会图书馆藏)　清家本系,中原(平田)职忠抄写校勘本(平田本)摹本,抄写于宽永十一年

虽然①中《赋役令》部分已缺失,但在其他版本的"古记"中该处均不作"夷獠",而作"夷狄",此外,出自上引诸本的东京各处研究机构及京都大学所藏近代写本也都一样。虽然"古记"原本引作"夷獠",但惟宗直本在编纂《令集解》时也并非没有笔误的可能,只是可能性较低。因为,《天圣令》宋赋役令第五条载:

---

① 参见水本浩典《〈令集解〉诸本的系统性研究》(后收入其著作《律令注释书的系统性研究》,墇书房,1991年)。在诸本中,田中本参见《国立历史民俗博物馆藏贵重典籍丛书》历史篇第六卷。此外,在获取鹰司本、东山御文库本照片时,得到了宫内厅书陵部编修课高田义人的鼎力帮助。

> 诸边远州有夷獠〔杂〕类之所,应有输役者,随事斟量,不必同
> 之华夏。

《唐令拾遗》赋役令第十二条(开元二十五年令)也有几乎相同的内容(在复原时依据的史料《通典·食货六·赋税下》中,"边远诸州"作"边远州"):

> 诸边远诸州有夷獠杂类之所,应输课役者,随事斟量,不必同
> 之华夏。

可见,宋令几乎原封不动地继承了唐令,在与之对应的《养老令·赋役令》"边远国"条中载:

> 诸边远国有夷人杂类之所,应输调役者,随事斟量,不必同
> 华夏。

此处"夷獠"作"夷人"(在前揭《集解》诸写本中也是这样)。

因此,"古记"的"夷狄"并非抄写时的笔误,而应该是日本在引入唐令时由于对唐所谓半专业名词"夷獠"较为陌生,而将之改写为"夷人"。

然而,将古代日本的律令国家体制定义为"东夷的小中华帝国"的石母田正对日本的秩序结构排列如下①:

> 化内
> 邻国(唐)
> 化外
> 蕃国(高句丽、新罗、百济、渤海等列岛外的国家,派遣朝聘使
> 的主体)
> 夷狄(虾夷、隼人等,列岛内未形成国家状态属隶属关系的集团)

其后,对于《令集解》职员令"玄蕃寮"条规定的"在京夷狄","古记"解释作:

> 古记云,在京夷狄,谓堕罗、舍卫、虾夷等。又说,除朝聘外,
> 在京唐国人等,皆入夷狄之例。

---

① 石母田正《天皇和"诸蕃"——与〈大宝令〉制定的意义相联系》(1963年,后收入《石母田正著作集》第四卷,岩波书店,1989年)。

石上英一认为"夷狄"中也包含唐人、泰国系、印度系移民,因此石母田正的观点并不完备,并将"夷狄"重新分类如下:

居住于列岛内的集体——虾夷、隼人、南岛人、国栖
由列岛外迁徙来的集体——中国系、朝鲜系、东北亚系、其他

对律令条文中的化内、化外、外蕃、夷狄等进行分析的今泉隆雄认为,夷狄并不包含在化外人(即外番人)内,其因招慰或受到征讨而向京城或地方朝贡(并非国与国之间的朝聘),处于最原始的"调""役"阶段,因此,夷狄无须承担令制中的课役,在法律上不可能是归化的主体[1]。对此,田中史生认为虾夷(夷狄)虽然在法理上没有被归化,但不能因此就否定其不是化外人,正是因为到九世纪日本王朝意识到虾夷的归化问题,才对夷狄与化外人的关系做了部分修正[2]。伊藤循则认为,夷狄指虾夷及南岛人,是日本律令体系为形成东、西、南、北的化外形态而创设出来的概念,虾夷的"俘囚"是化外人经过"化内人化"后的形态,而隼人即使居住于化内之地也未被划入夷狄的范畴[3]。同样对虾夷进行了分析的武广亮平认为,虾夷在律令上被设定为夷狄、化外人,是为了抚慰他们,由于虾夷社会对日本的抵抗行为,导致"俘囚"这一身份的产生,并因此逐渐被看作异类,古代日本对于虾夷的认识存在阶段性差异[4]。熊田亮介认为,虽然夷狄的核心是虾夷,但虾夷在法制上并非归化、外寇的主体,因此他们不是被律令国家附贯的对象,而始终是一种被教化的对象,从这一点来看,日本的夷狄并未形成实体族群,因此我们需要对虾夷即夷狄即化外人、归服虾夷即化内人、未归服虾夷即化外人等观点重新加以探讨[5]。大町健对这些论点加以整理,推测在日

---

[1] 今泉隆雄《律令中的化外人、外蕃人和夷狄》(收入羽下德彦编《中世的政治与宗教》,吉川弘文馆,1994年)。

[2] 参见田中史生论文《虾夷和"归化"》(收入其著作《日本古代国家的民族支配和渡来人》,校仓书房,1997年)。

[3] 伊藤循《古代王权和异民族》(《历史学研究》第665号,1994年)。

[4] 武广亮平《八世纪的"虾夷"认识及其变迁》(《国立历史民俗博物馆研究报告》第84号,2000年)。

[5] 熊田亮介《虾狄和北方城栅》(收入小林昌二编《越和古代的北陆》,名著出版,1996年)。

本古代确实存在外蕃与夷狄的区别,因为古代日本被视为中国的东夷,日本又根据自身的中华思想将虾夷视为东夷①。

关于日本对于夷狄的这种区分认识,河内春人认为,原先对于居住在日本东西两边的族群的单一观念在七世纪中叶至七世纪后半期之间开始转换为四夷意识,并借助引入律令制对四方周边进行差别化对待,从而完成了对"夷狄"的概念设定②。田中聪选取研究六至七世纪与倭国保持多样化关系的异种集团的具体事例(称之为"夷人"式关系),认为由于律令制新导入了空间上的华夷观,这些族群因此被划分进"夷狄""外蕃""公民"这样的结构之内,"夷狄"是在此前"夷人"式关系的基础上经过改造而形成的观念③。

通过上述论述可以看出,在探讨古代日本的"民族"及其统治理念时,在石母田正提倡的结构中,对于"夷狄"的看法成了一个核心问题。

然而,实际上唐令中并不存在"夷狄"这一概念,而存在作为实体的"夷獠"这一聚落。也就是说,在唐令的理念里,"外蕃人"与"夷狄"都是以百姓化为前提而存在的形态,唐令中的"夷狄"也是以其承担课役为前提的,因而以此考虑日本"夷狄"的形态并不合理,因为在唐令的理念中,并不存在所谓"夷狄"这一身份或形态。今泉隆雄认为唐令"夷狄新招慰,附户贯者,复三年"(前揭〔史料 B〕《唐令拾遗·赋役令》第十七条)是夷狄因受招慰而归服、迁徙,但其地尚未设置边远州时的规定,唐令"诸边远诸州有夷獠杂类之所"条(前揭《唐令拾遗·赋役令》第十二条)则是移居边远州复三年结束时的规定④。但是,如熊田亮介所指出的⑤,并不一定非要将其看

---

① 大町健《位于东亚的日本律令国家》(收入日本史讲座二《律令国家的开展》,东京大学出版会,2004 年)。

② 河内春人《日本古代礼仪秩序的成立——华夷秩序的结构与方位认识》(《明治大学人文科学研究所纪要》第 43 号,1997 年,后收入其著作《日本古代君主号的成立——倭国王·天子·天皇》,八木书店,2015 年)。

③ 田中聪《夷人论——律令国家形成期的自他认识》(《日本史研究》第 475 号,2002 年)。

④ 今泉隆雄《律令中的化外人、外蕃人和夷狄》,收入羽下德彦编《中世的政治与宗教》,第 167 页。

⑤ 熊田亮介《虾狄和北方城栅》(收入小林昌二编《越和古代的北陆》,第 194 页)。

作两个阶段的内容,即便夷獠的聚落被编入唐的州县,边远州的课役也与内地百姓的租调役不同,而且于起初的三年给复。

另外,在日本令的解释中,日本令导入了与"诸蕃"所不同的"夷狄"概念,将两者加以区分,删掉了"夷狄给复三年"的内容,给复统一为针对"诸蕃"归化人的十年制,因此在概念上,"夷狄"不太可能归化的这种看法有商榷余地①。因为有可能相较于日本导入"夷狄"概念而言,更有可能是由于唐令中的"夷獠"不符合本国情况,才将其换作了"夷人""夷狄"这样的语言。原本,在《养老令》条文中仅有《职员令》"玄蕃寮"条"在京夷狄"一处使用"夷狄"一词。如果日本《赋役令》"边远国"条的"夷人"或"没落外蕃"条所引"古记"的"夷狄"只是为了避开唐令"夷獠"一词的话,便几乎可以断定"在京夷狄"是对"夷狄身份""夷狄形态"的规定。其不可能仅仅意为"在京城的外国人",或许在将"夷獠"改为"夷狄"时,在"狄"这个字上有所考虑。只是这样一来,该怎么看待"边远国"条的"夷人"呢?

日本古代王朝称列岛之外的地方为"化外",并将在那里居住的人们看作"化外人""外蕃人"。而且事实上,在列岛内部,也的确存在着不服从王朝教化或即使服从教化却仍保持与原住百姓不同生活方式的人们。然而,熟知唐令的《大宝令》《养老令》的编纂者及明法家们是否创造了本不存在于唐令的"夷狄"概念及范畴,并据此管理列岛内有这样属性的人群,又属于另外的问题了。虽然具体情况需要跟日本古代史的专家做进一步讨论,但至少随着《天圣令》的出现,有必要从根源上对"夷狄"的身份形态重新加以审视。

第四节 《天圣令》中输羊、银钱的规定及其他条文的处理

一、删除输羊、银钱规定条文

那么,在旧稿中讨论的唐《赋役令》三条中剩余的一条,即对前揭〔史料

---

① 如熊田亮介《虾狄和北方城栅》(收入小林昌二编《越和古代的北陆》,第193页、第197页)。

C〕"诸国蕃胡内附者"的输羊、银钱规定(《唐令拾遗》"赋役令"第六条)在《天圣令》中又是怎么处理的呢？事实上,该条文并不存在于《天圣令》的宋令、不行唐令中。现在看来,被认为是基于《通典·食货典六·赋税下》的开元二十五年令的课役规定中没有输羊、银钱的规定,这已提示我们在开元二十五年令中不存在该条规定。但是,由于不能完全排除杜佑在编纂时将这一特殊税制予以省略的可能,因此很难对其进行确定。现在因为《天圣令》的出现,可以确定该条不存在于开元二十五年令(或继承了开元二十五年令的唐后半期的令)中。

但是,输羊、银钱的规定并非不存在于之前的唐令中。《旧唐书》卷四十八《食货志上》载：

> 武德七年,始定律令。……赋役之法……蕃胡内附者,上户丁税钱十文,次户五文,下户免之。附经二年者,上户丁输羊二口,次户一口,下三户共一口。

"赋役之法"后的省略部分分别记载了租调规定、岁役规定、岭南税米规定及灾害课役免除规定(《册府元龟》卷四百八十七《邦计部·赋税一》也有同样内容;《通典》卷六《食货典·赋税下》没有租调、岁役规定,其余内容则相同)。从这个写法来看,上面的条文应该存在于武德七年《赋役令》中。而且,《唐六典》卷三《户部郎中员外郎》"赋役之制"条中也有前揭〔史料C〕的记载,由于史学界一般认为《唐六典》是基于开元七年令编纂的,那么,开元七年令中应该也有输羊、银钱规定。然而,关于〔史料C〕九等户规定,有人认为唐的九等户制始于贞观九年①,因此不会存在于武德七年令条文中,而是适用于此后的规定。这样的话,因为《天圣令》不行唐令的条文中也不存在这条规定,输羊、银钱的规定应该是在编纂开元二十五年令之时被删除的。

然而,上面提到的《旧唐书·食货志》的岭南税米规定在《唐六典·户部》"赋役之制"中也有记载,在〔史料C〕后载：

---

① 船越泰次《关于北朝、隋、唐代的户等制》(唐代史研究会编《中国律令制的展开及其与国家、社会的关系》,刀水书房,1984年)。

> 凡岭南诸州税米者,上户一石二斗,次户八斗,下户六斗。若夷獠之户,皆从半输。

这里的"夷獠之户"是前文提到的居住于岭南道的因受到招慰而被纳入唐户口中的夷獠,虽然岭南道的居民据其平常的生业而被课以税米,但规定夷獠户的纳税额为普通百姓的一半。因为岭南道的税制很特殊,才有了这样的规定,岭南道夷獠的税米半输基本上属于前揭《赋役令》"边远诸州有夷獠杂类之所……不必同之华夏"的规定,因此岭南道被列入租调役中负担较轻的"轻税州"范畴[①]。

由于上面的规定也记载于《旧唐书》与《唐六典·户部》"赋役之制"中,可以看作其与输羊、银钱规定一样存在于武德七年令与开元七年令的《赋役令》之中。然而,在《天圣令》中也看不到这一条。下面这条规定也有同样的问题,在《唐六典》中上述岭南税米规定后载:

> 轻税诸州、高丽、百济应差征镇者,并令免课役。

此条文规定,移居于中国边境的轻税州,以及被编入唐的户口中的高句丽人、百济人在被军镇征兵时免除其课役。由于《旧唐书·食货志》"赋役之制"之中看不到此规定,因此,虽然不能说武德七年令中存在此条,但因载于《唐六典·户部》中,因此应当存在于开元七年令中。然而,虽然《唐令拾遗》将此条与上面的岭南税米规定合起来作为《赋役令》第七条进行复原,但无法断定在开元七年令中这两条规定是记在同一条文中,抑或是分开记载的。不管怎样,此条也不存在于《天圣令》中。不仅如此,在被看作基于《通典·食货典六·赋役下》的开元二十五年令的课役规定中也完全看不到上面的岭南诸州税米规定及高丽、百济应差征镇规定。

这样一来,我们是否该做如下考虑,即:唐代在建国之初使用武德七年

[①] 熊田亮介认为在"夷獠杂类"中,即使是相同的附贯对象,也与因投化、招慰而百姓化的四夷有所差异(熊田亮介《虾狄和北方城栅》,收入小林昌二编《越和古代的北陆》,第195页)。外蕃投化者的情况确实如此,但招慰附贯者也在"夷獠杂类"之中。此外,关于轻税州,参见李锦绣《唐前期"轻税"制度初探》(《中国社会经济史研究》,1993第1期,后收于其著作《唐代财政史稿》上卷第二编第一章《对少数民族地区的特殊税制——轻税》,北京大学出版社,1995年)。仁井田陞著,池田温编《唐令拾遗补》第768页。

令统治诸族,之后追加了各式各样的方法,并由此制订了开元七年令,在制订开元二十五年令时,将这种对待"外蕃"的特殊税制进行了删除。

关于删除的手续,《唐六典》中在〔史料C〕输羊、银钱规定后载:

> 凡内附后所生子,即同百姓,不得为蕃户也。

这里的"蕃户"等同于输羊、银钱规定的对象,抑或其中也含有边远诸州的夷獠杂类或轻税州蕃户,但从其载于〔史料C〕后来看,至少可以确定输羊、银钱规定的对象含在蕃户之中。如此一来,在开元七年令中,内附后生于唐的蕃户第二代不再输羊及银钱,而是改为课以租调役。另外,如前所述,"边远州"条存在于《天圣令》宋令和日本令中,因此,此条文应该始终存在于唐令中。我们可以大致判断,唐对于内地羁縻州民、轻税州民、从事商业的非本国百姓的外国人等的课税,从他们的二代起,通过百姓化的形态编入租调役范畴中,边远州的课役则根据其地区性予以保留,通过这两种方式并行而让税制简单化。也就是说,以前负担非百姓式课役的内附民族自开元二十五年令后分成百姓或边远州民两种。这也体现出建国百年的唐王朝在此时迎来了向多民族统治王朝新时代迈进的转换期。

二、关于"蕃域""绝域"规定

在上一节列举了对古代日本多民族政治中"夷狄"概念的若干疑义。换句话说,当今学界对于日本古代王朝的国家结构理念的基础是否为"华夏""夷狄""外蕃"这三重构造仍持有疑问。事实上,由于《天圣令》的出现,在唐代史研究领域也出现了类似的问题,即"蕃域""绝域"的问题,因为关系到唐代中国的天下观及化内、化外结构理念,因此在此进行探讨。

《唐令拾遗》"杂令"第十四条被复原如下:

> 诸官人缘使,诸色行人请赐讫,停行并却征。已发五百里外征半,一千里外停征。已造衣裳听兼纳。东至高丽,南至真腊,西至波斯、吐蕃及坚昆都督,北至突厥、契丹、靺鞨,并为入蕃,余为绝域。(开元二十五年令,依据史料《白氏六帖事类集》卷十六《和戎》)

文中记载"四至",在这些国家、民族范围内为"入蕃",其外则被称为"绝域"。为方便与"绝域"作对比,在此权将"入蕃"称作"蕃域",一般认为唐将化外之地分为"蕃域""绝域"二重结构进行管理①。然而,《天圣令》的《宋·杂令》第二十条有如下记载:

> 诸官人缘使,及诸色行人请赐讫,停行者,并却纳。已发五百里外者纳半,一千里外者勿纳。应纳者,若已造衣物,仍听兼纳。其官人有犯罪追还者,但未达前所,赐物并复纳。

与《拾遗》的条文不同,本条内容中未对"征""纳"区分使用,意思略难以理解,而且也看不到"四至"的记载及"入蕃""绝域",甚至在包含不行唐令的其他条文中也完全看不到。

与之相对应的《养老令·杂令》内容如下:

> 凡官人等因使得赐,使事停者,所赐之物,并不在追限。其有犯罪追还者,所赐物并征纳。

从内容来看,相较于《拾遗》复原条文而言,其与《天圣令》条文相当接近。也就是说,日唐《杂令》的这一条文是关于官员作为使者被派遣之际的赐物规定,该条文内容有可能在唐令中自武德七年令起便存在并被后来令文所继承。这条规定其实并不仅限于派遣至外国的使者,之所以造成这种误解,是因为在复原《拾遗》时所依据的史料《白氏六帖事类集》中有关于"四至"及"入蕃""绝域"的规定。

关于"入蕃""绝域"规定的来源,《唐会要》卷一百《杂录》中有如下一道敕:

> 圣历三年(700)三月六日敕:东至高丽国,南至真腊国,西至波斯、吐蕃及坚昆都督府,北至契丹、突厥、靺鞨,并为入番,以外

---

① 参见仁井田陞《中国法制史研究——法与习惯、法与道德》(东京大学出版会,1964年,1980年增补)第一部第一章《东亚诸国的固有法和继授法》;金子修一《唐代册封制一斑——周边诸民族的"王号"与"国王号"》(1984年,后收入其著作《隋唐的国际秩序和东亚》,名著刊行会,2001年);堀敏一《中国与古代东亚世界》(岩波书店,1993年)第243—249页;石见清裕《唐代的国家和"异民族"》(《历史学研究》第690号,1996年)等。

为绝域。其使应给料,各依式。

也就是说,《白氏六帖事类集》的记载,前半部分(到"已造衣裳听兼纳")引用了开元二十五年令,后半部分引用了圣历三年三月六日敕,是一篇缀合而成的文章。

《唐会要》杂录所采录的圣历三年三月六日敕前后分别有如下敕:

> 证圣元年(695)九月五日敕:蕃国使入朝,其粮料各分等第给。南天竺、北天竺、波斯、大食等国使,宜给六个月粮;尸利佛誓、真腊、诃陵等国使,给五个月粮;林邑国使,给三个月粮。
>
> 开元四年(716)正月九日敕:靺鞨、新罗、吐蕃,先无里数。每遣使给赐,宜准七千里以上给付也。

这两道敕是规定了外国派遣至唐的使节归国时,唐支给其回国所需旅费、粮食额度的条令。而圣历三年三月六日敕则是唐的使者赴国外时对旅费、粮食的规定,两者都是具有实质意义的条令。这三条诏敕发布于七世纪末至八世纪初,即则天朝末期至玄宗朝初期。经历了太宗、高宗两朝与东、西突厥、高句丽的战争后,处理外交事务日益成熟的唐王朝,在此时有必要制订对外国及本国使节往返粮料支给的规定了。

再看圣历三年敕,该敕的末尾"其使应给料,各依式"是一个值得关注的要点。虽然不知该式内容,但记载有"依式"的这道诏敕未被采录于开元二十五年令条文,而是被引用在后来的《白氏六帖事类集》里,我们可以认为,圣历三年敕被采录于"格"中并流传下来。

通过如上论述,我们认识到,基于《白氏六帖事类集》的记载,便认为在唐的天下理念中,化外之地被划分为"蕃域""绝域"这种"二重结构"并不可取。

结　语

本章结论结下:

一、在旧稿中选取的唐《赋役令》的三条规定中,"外蕃人投化者复十年"的规定(《唐令拾遗·赋役令》第十六条)与"夷狄招慰者复三年"的规定(同第十七条)在唐令中属于同一条文,后者的原文并非是"夷狄",而是"夷獠"。

二、所谓"夷獠",是指分布于今天四川、贵州、云南、广东、广西等地的诸民族,是带有实体的特定民族的称谓,《赋役令》条文则是将他们划入唐的户籍中时的规定。

三、日本法制史史料中的"夷狄""夷人",是将唐"夷獠"进行转换后的书写表现形式,因此,据此假设的作为身份形态的"夷狄"这种看法,具有重新探讨的余地。

四、"输羊、银钱"规定(《唐令拾遗·赋役令》第六条)与"岭南诸州税米"规定(同第七条)等特殊税制,一并在开元二十五年令中被删除。

五、"蕃域、绝域"规定并非始终是唐令中的条文,不应将其看作天下理念结构的体现,而只是对程粮的规定,圣历三年敕作为规范被《白氏六帖事类集》所继承。

在本章中提到的诸规定的关系参见表1。

表1 内附民族对象规定继承表

规定内容	武德七年令	开元七年令	开元二十五年令	天圣令
化外人归朝者附贯	○	○	○	×
外蕃投化者复十年	○	○	○	×
夷獠招慰者复三年	?	○	○	×
输羊、银钱规定	○	○	×	×
岭南税米、夷獠半输规定	○	○	×	×
高丽、百济征镇者之课役免除	×?	○	×	×
内附后出生之百姓赋税规定	?	○	×	×
边远州夷獠杂类税	○	○	○	○
入蕃、绝域之程粮	×	×	×	×

第三章

拉铁摩尔的 Reservoir 理论与汉至唐的中国北部边境

绪　论

我们对一个国家、一个文化圈进行历史性考察时,极少会将其作为一个单一民族的历史进行把握。因为其历史必定会因各民族的接触、融合而发生变化。中国也一样,甚至可以说,如果抛开民族的接触、融合,就无法探讨中国的历史。

在思考这样一种民族的接触、融合时,首先要设定各民族之间的边界。然而,用一条线对边界进行刻画这种做法只是概念上的行为,在边界地带往往横亘混杂着两种民族文化与生活方式,对这一地带加以分析研究,是正确考察民族融合的有效方法之一。

带着这种观点,笔者在整理关于唐代中国贸易形态以及在中国的外国人问题之际,为叙述方便,权将环绕在中国北方、西方、南方边境的非汉族群体所居住的带状地区称作"(非汉族居住,或汉族与非汉族杂居)带状地带"。其中,特别对北方"带状地带"在自汉至唐这一历史时期所发挥的作用进行了概述[1]。但当时只是进行了很简略的叙述,在此拟对该地带的意义作更为详细的探讨。

笔者曾主要围绕汉至唐这一时期北方"带状地带"的动向进行过探讨,而对于此后中国北方边境地区所发挥的历史作用,美国著名东洋史学家欧

---

[1] 拙稿《关于唐代外国贸易及居留外国人诸问题》(后收入拙著《唐的北方问题与国际秩序》,汲古书院,1998 年)。

文·拉铁摩尔业已发表过十分富有启发的见解。接下来首先对拉铁摩尔的相关学说进行回顾。

第一节 拉铁摩尔的 Reservoir 理论

一、对拉铁摩尔著作的摘译

在中国史与蒙古史研究方面，欧文·拉铁摩尔（Owen Lattimore，1900—1989）所取得的成就无须赘言。虽然拉铁摩尔分析近代东亚历史时曾指出，中国北方以及东北地区边境地带在近代东亚历史发展进程中发挥了重要作用，这一观点也是他本人研究成果的重要部分，但至今围绕该观点进行探讨的人却很少。

对于万里长城之外的中国北方和东北方边境，拉铁摩尔将其称作"Reservoir"。关于这一词语的含义以及他对边境的理解，在其著作 Manchuria: Cradle of Conflict, New York, 1932 第二章 The "Reservoir" of Tribal Invasions 中的 The Trives and the "Reservoir" 一节里叙述最为详尽。在此，试摘译其中最能体现拉铁摩尔"Reservoir"理论的部分片段。为了最大程度地还原拉铁摩尔在"Reservoir"中所体现的含义，摘译中仍沿用"Reservoir"来表达。

在笔者进行摘译的部分前面，拉铁摩尔首先概述了辽、金、元对中原的征服，认为其中蕴含有一定的规律性，在此基础上他描述道：

通过这种对中原进行征服的动向，万里长城——内蒙古——外长城线——戈壁——外蒙古，这种地域性层次清晰地浮现出来。虽然很难完全弄清楚长城的深远意义，但由长城形成的边界线横亘在单一的高度文明与虽文明程度不高却单一永存的游牧文明之间，长城无疑是最古老且具根本性的分界线。长城北边不远处的地带也是历史学者现在必须加以关注的地方。一般认为，该地带是中国文化在向外扩张之际，得以发挥最大效力的地带。从这样的视角来看，该地区的意义已然十分重要。但另一方面，该地带对于中国获取外部事物来说同样具有重要意义。这一地带是从北方相继入侵中原者的"Reservoir"之地。

显而易见,满族(清)征服中原的过程是在此前所有征服基础上完成的。由于内蒙古地处高原,长城线基本由外民族所支配,在这个"Reservoir"中,此后持续不断地形成了征服中原的部族居民。即便他们在征服中原王朝后仍部分滞留于支配版图之外,但这一部分滞留者仍将自己与入侵到长城内的人们看作同一类人。该地区不仅提供了管理中原王朝的官员和军人,同时还以向族长支付报酬这一形式从中原王朝夺取巨额财富。在其东边,一直到分布于辽宁省西部的内蒙古旗人部族,都只是这种"Reservoir System"的残存。

在"Reservoir"的北方还横亘着另一广袤区域。其中的一部分位于今天的外蒙古地区。居住在这里的人们,生活自古以来很少发生变化,此地的部族既没有联合北方边境部族试图征服中国,也没有对北方边境部族的征服行为进行过任何助力,两者间完全没有关联。自西向东横跨的戈壁和自南向北延伸的兴安岭成了"Reservoir"与这一"不变"区域之间的天然分界线。但是,这种地理上的区分,是立足于中国一侧立场上强调边境防御的区分,直到今天,这种区分仍可见于将戈壁南侧、兴安岭东侧归属中国所有的看法中。把这条防卫线纳入中国的观点,本身也意味着这些在中国被看作属于长城防卫系统外部的问题。事实上,在中国人处于优势的时代,其属于外部问题。但在征服王朝支配时期,其往往便成了"背部防御"。落在"Reservoir"居民身上最重要的任务之一,同时他们之所以没有全部进入中国的原因,就是为了尽力避免别的部族对没有并入新王朝的"不变"的地区进行入侵。

事实上,并不是从一开始就面向中国边界设定了针对外部的防御。显而易见,"Reservoir"地带的居民之所以得以成为带有特权性的部族居民,是其部族领土和社会特殊性导致的。许多被破坏后得以残存的中国型城市都带有"Reservoir"地带的特征,或许有助于思考中国领域最大化问题,即这些都不是中国处于优势时期所建的城市,而是部族长为从中国掠夺物品而产生的"奢侈之物"。如果部族长受中国影响较深,将首领特权转换为固定的世袭贵族权力,为建设中国风格的城市,招揽中国的手艺人与商人,使得被置入"Reservoir System"的部族居民的生活变得安定,逐渐脱离游牧生活方式,这样一来,部族居民在自身与"不变"的地区间建设中国型静态防御,他们很有可能会将新的静态姿态加以明确化。

当然,在中国的力量处于优势时,这些中国型城市即随着部分中国居民,而开始呈现出向周边传播中国文化的趋势。但不久,当蒙古、满洲,乃至东突厥的居民注意到中国人是如何通过其独断性表现以都市化这一形式将中国文化普及至远方时,这也便成为未来他们探求如何在中国周边亲自掠夺从而将其据为己有的最初契机。此时,用中国人的手取得不可或缺的物品这一要素,以及由异民族决定掠夺对象的要素,很有可能是完全不同的。

从这样的考察可以归纳出一条非常重要的原理。那就是,无论是在中原王朝处于优势的时代,还是其他少数民族处于优势的时代,"Reservoir"的手中都时常握有中国北方或者整个中国统治权的钥匙。因此,其重要性超越了民族与文化。无论中国的势力如何向北方扩张,相较于向更北方地区发动征服行为而言,流入"Reservoir"的中国人都必然会产生倾向于在那里统治中国的意识。

二、对 Reservoir 理论的评价

上述拉铁摩尔书中的引用部分可大致概括如下,他首先将长城北侧地带看作征服中原王朝的人群所 Reservoir 的地区,指出即使是在清朝征服中原时,Reservoir 也发挥了重要作用。接下来分析了该地区自身带有的防卫中原的特性和对中原的向心性,指出其特殊的地域重要性。

那么,在上面的论述中,拉铁摩尔的"Reservoir"这一用语究竟是作为何种意思使用的?原本,"Reservoir"是指用来储备之物及场所、器皿,如果直译过来,则为"蓄水池""蓄水槽""储藏所(器)""盛液体的壶""储存"等。然而,这些译语如今都显得不太合适,拉铁摩尔所说的"被储存"之物是指征服中国的北方民族,"Reservoir"意为其居住的地带。进一步说,"Reserve"一定伴随着"for future use(供将来所用)"的构想,因此,"Reservoir"应该被理解为"能够存储将来征服中原并左右下一代中国历史的能量的场

所"。拉铁摩尔将这一地区称作"Reservoir",认为该地带从中国一侧来看带有对外部的防御意味,但对于征服中原后建立的王朝来说,作为自己的故地,发挥了抵御来自第三方势力威胁的作用。"Reservoir"带有双重特征,即便中原王朝的势力支配了该地带,结果也是产生在后世将外民族吸引至中原的作用,拉铁摩尔因此将该地区看作手握支配中国钥匙的地方。

这样一来,拉铁摩尔的 Reservoir 理论与日本的"南北抗争论"[①],以及"绢马交易论"所代表的通过农耕中国世界与北方游牧世界的关系对东亚加以阐释的传统二元论式史观有所不同[②],它是对在农耕与游牧之间发挥联系作用的中间地带进行诠释的非常崭新的见解。

而拉铁摩尔早在 20 世纪 30 年代便已提出了这一见解。那么,为什么如此优秀的见解在此之前并未引起大家足够的关注呢?关于这一点,可能有如下三点原因。第一,拉铁摩尔的多数著作虽然已经被翻译引进到日本,但他描写 Reservoir 理论的关键部分"Manchuria"在此之前并未有日文翻译,因此该内容被阅读的机会与其他著作相比要少很多;第二,在被译为日语的其他著作中,拉铁摩尔虽然也提到了"Reservoir",但在翻译中,其被译作"蓄水池"[③],这一译语显然不合理,因而很难成为讨论的对象;第三,也是最为重要的一点,即日本的中国史研究者并未像拉铁摩尔那样设定中间地带,其思维始终被基于中华思想的二元论式历史观所支配并受其影响。

另外,拉铁摩尔的"Reservoir"分析仅限于当中国出现所谓征服王朝的时代,特别是以清朝为中心。在抄译中的"中国处于优势的时代",相较于唐之前的一些固定的时代而言,不如说拉铁摩尔自身将其设定为明代。也就是说,他完全没有提及有关唐以前的情形。那么,在唐以前,是否能看出类似于"Reservoir"式的功能呢?

现在,再次将拉铁摩尔所谓 Reservoir 的本质和功能整理如下,即所谓

---

① 白鸟库吉《东洋史中的南北对立》《亚洲史论》(均收入《白鸟库吉全集》第八卷,岩波书店,1970 年)。

② 松田寿男《绢马交易论书》(《历史学研究》第 6 卷第 2 号,1936 年);松田寿男《绢马交易相关史料》(《内亚史论集》,内陆史学会,1964 年)。

③ 拉铁摩尔著,后藤富男译《农业中国与游牧民族》(生活社,1940 年),第 108—110 页。

"Reservoir"是指：①积蓄未来支配中国的民族和势力的场所；②他们将征服中原王朝者看作是与自己相同的人群；③"Reservoir"地带对中原王朝而言除了有防卫外国的作用，也带有防御外敌入侵蒙古、满洲的功能；④该地区为中国提供官员和军人，同时也从中原王朝带走了大量财富；⑤依赖这样的财富，"Reservoir"的游牧民生活日益安定，从而变得更加依赖中原王朝，并在该地区和其外侧之间产生了明确的界线；⑥在这种"Reservoir"的变化中，移居于此的中原人也发挥了一定作用。

边境的这种性质和功能在唐以前的时代是否存在，以下将对史料进行考察研究。

第二节　汉魏晋南北朝隋唐时期的中国北部

一、汉至唐时期对北方民族的接纳及其领域

通过史料可以知道，在中国，将自己作为"华""夏""华夏""中华"等加以称呼以与他人进行区分的意识是在春秋末期的中原诸邑制国家之间出现的①。于是，接下来的"战国七雄"割据局面就很有意思了。因为，天下一统这样的意识在韩、魏、赵这样的中原诸国中很难产生。相较这些国家支配夷狄之地的意识而言，周边国家征服中原的意识显然更为强烈。因此，统一天下才由西方的秦来进行，并由汉接下来完成统一事业。这样，中华较中原扩大为更为广阔的范围，开始与外侧的民族产生接触，也就自然地产生了指代其外侧民族的东夷、西戎、北狄、南蛮这样的用语。在当时的北方，其称呼对象是匈奴。

在西汉末宣帝、元帝时期，匈奴呼韩邪单于归顺汉朝，缔结盟约，成为汉的客臣②。到东汉光武帝时期，匈奴陷入内乱，大量部落民众南

---

① 堀敏一《中国与古代东亚世界》（岩波书店，1993年）。

② 栗原朋信《文献所见秦汉玺印研究》（后收入其著作《秦汉史的研究》，吉川弘文馆，1960年）。

迁①。汉朝廷内部对于是否接纳他们进行了讨论,最后光武帝听从了耿国的建议,接纳了这些南迁的匈奴部族。有关这一经过,《后汉书》卷十九《耿国传》"建武二十四年(48)"条云:

> 及匈奴薁鞬日逐王比自立为呼韩邪单于,款塞称藩,愿扞御北虏。事下公卿。议者皆以为天下初定,中国空虚,夷狄情伪难知,不可许。国独曰:"臣以为宜如孝宣故事受之,令东扞鲜卑,北拒匈奴,率厉四夷,完复边郡,使塞下无晏开之警,万世(有)安宁之策也。"帝从其议,遂立比为南单于。由是乌桓、鲜卑保塞自守,北虏远遁,中国少事。

从这段记载可知,此时朝廷接纳匈奴降附民的主要着眼点在于希望以此来防备东边和北边民族的入侵,率厉四夷,完复边郡。

那么,具体来说,降附民被允许居住于哪些区域呢?《后汉书》卷一下《光武帝纪下》"建武二十六年(50)"条云:

> 南单于遣子入侍,奉奏诣阙。于是云中、五原、朔方、北地、定襄、雁门、上谷、代八郡民归于本土。遣谒者分将施刑补理城郭。发遣边民在中国者,布还诸县,皆赐以装钱,转输给食。

其中,将边民(中国人)"布还诸县"与同书《光武帝纪》"建武十五年(39)"条"二月,徙雁门、代郡、上谷三郡民,置常(山)关,居庸关以东"的政策相矛盾。也就是说,东汉为恢复西汉领土,虽一度将内地民众迁往边郡,但随着对匈奴采取接纳政策又将他们迁回,而将匈奴民填充边郡,并令其担负边境防备任务。这一地区应该位于今天内外长城线之交。从《后汉书》卷八十九《南匈奴传》(建武二十六年)的记载可以看出,居住于这些地区的匈奴仍然一定程度上保留着其固有的社会组织:

> 南单于既居西河,亦列置诸部王,助为扞戍。使韩氏骨都侯

---

① 关于东汉内迁异民族的境遇,参见小林聪《关于后汉少数民族统御后的考察》(《九州大学东洋史论集》第7卷,1989年);熊谷滋三《关于后汉异民族官爵授予》(《东方学》第80号,1990年);冈安勇《后汉时期北边防备官的任用政策——以护羌校尉为中心》(《史滴》第14号,1993年)。

屯北地，右贤王屯朔方，当于骨都侯屯五原，呼衍骨都侯屯云中，郎氏骨都侯屯定襄，左南将军屯雁门，粟籍骨都侯屯代郡，皆领部众为郡县侦罗耳目。

另外，《三国志》卷三十《乌丸传》裴松之注所引王沈《魏书》中记载道：

> 建武二十五年，乌丸大人郝旦等九千余人率众诣阙，封其渠帅为侯王者八十余人，使居塞内，布列辽东属国辽西、右北平、渔阳、广阳、上谷、代郡、雁门、太原、朔方诸郡界，招来种人，给其衣食，置校尉以领护之，遂为汉侦备，击匈奴、鲜卑。

这段记载告诉我们不仅是匈奴，在辽东至山西北部，东汉还接纳了乌丸作为"汉之侦备"这一事实。

在唐初也有和东汉初期接纳匈奴、乌丸非常类似的事例，其对象是突厥。贞观四年（630）突厥第一帝国坍塌后，逾百万突厥人避乱南迁，唐朝廷内部曾对是否接纳他们有过激烈的意见冲突。当时主张接纳的是温彦博，而魏徵则提出了不同意见，两人的主张都被记载于《贞观政要》卷九《安边》：

> 温彦博："请于河南处之（突厥人）。准汉建武时，置降匈奴于五原塞下，全其部落，得为捍蔽，又不离其土俗，因而抚之，一则实空虚之地，二则示无猜之心，故是含育之道也。"
>
> 魏徵："匈奴自古至今，未有如斯之破败，此是上天剿绝，宗庙神武。且其世寇中国，百姓冤雠，陛下以其为降，不能诛灭，即宜遣还河北，居其旧土。匈奴人面兽心，非我族类，强必寇盗，弱则卑服，不顾恩义，其天性也。秦、汉患之若是，故时发猛将以击之，收其河南以为郡县。陛下以内地居之，且今降者几至十万，数年之间，滋息过倍，居我肘腋，甫迩王畿，心腹之疾，将为后患，尤不可处以河南也。"
>
> 温彦博："天子之于物也，天覆地载，有归我者则必养之。今突厥破灭，余落归附，陛下不加怜愍，弃而不纳，非天地之道，阻四夷之意，臣愚甚谓不可，宜处之河南。所谓死而生之，亡而存之，怀我厚恩，终无叛逆。"

>　　魏徵："晋代有魏时，胡落分居近郡，江统劝逐出塞外，武帝不用其言，数年之后，遂倾瀍、洛。前代覆车，殷鉴不远。陛下必用彦博言，遣居河南，所谓养兽自遗患也。"
>
>　　温彦博："臣闻圣人之道，无所不通。突厥余魂，以命归我，收居内地，教以礼法，选其酋首，遣居宿卫，畏威怀德，何患之有？且光武居南单于于内郡，以为汉藩翰，终于一代，不有叛逆。"

温彦博主张应该效仿东汉接纳匈奴的做法，将突厥降附民置于北方空虚之地以为唐的屏障，而魏徵则以五胡造成华北混乱为由加以反驳。通过《旧唐书》卷一百九十四上《突厥传上》的记载可以知道，太宗采纳了温彦博之计，在"自幽州至灵州"这一区域安置突厥降附民居住①。

如此可见，无论是汉还是唐，都将蒙古高原民族移居至尚未完全成为自己领地的北方地区，在安置的同时也让他们肩负防备任务。而且，唐在东北边境安置了高句丽、契丹、奚等降附民，大致范围是从今天的辽宁省经由北京方向，沿着现在的长城线至山西省北部、鄂尔多斯一带，与拉铁摩尔的所谓"Reservoir"地带几乎相重合。

二、中国财政向北部边境的分配

在构建并维持北方民族居住地带之际，汉、唐不仅只是对其进行接纳，其中还伴有对其财货的赐予。对待匈奴，《晋书》卷九十七《北狄传·匈奴》云：

>　　前汉末，匈奴大乱，五单于争立，而呼韩邪单于失其国，携率部落，入臣于汉。汉嘉其意，割并州北界以安之。于是匈奴五千余落入居朔方诸郡，与汉人杂处。呼韩邪感汉恩，来朝，汉因留之，赐其邸舍，犹因本号，听称单于，岁给绵绢钱谷，有如列侯。子

---

① 关于唐代对突厥降附民的待遇，参见拙稿《唐对突厥遗民的安置》(日野开三郎博士颂寿纪念论文集《中国社会、制度、文化史的诸问题》，中国书店，1987年)，及《关于唐的内附异民族对象规定》(堀敏一先生古稀纪念论集《中国古代的国家与民众》，汲古书院，1994年)，均收录于拙著《唐的北方问题和国际秩序》。

孙传袭,历代不绝。

这是对待王族级别的措施,对待一般部族民则有如下鲜卑的例子,《后汉书》卷二十《祭肜传》云:

> 二十一年秋,鲜卑万余骑寇辽东,肜率数千人迎击之。……自是后鲜卑震怖,畏肜不敢复窥塞。肜以三虏连和,卒为边害,二十五年,乃使招呼鲜卑,示以财利。其大都护偏何遣使奉献,愿得归化,肜慰纳赏赐,稍复亲附。

关于唐初接纳突厥降附民,可见于《册府元龟》卷一百七十《帝王部·来远》:

> 沙漠之人,素爱锦罽。帝既招来遐域,将赐其所好者,因锦文所用旧缕,而错综其色,花叶翔走,事各殊形。或将班赐近蕃,酋首大为荣宠。

可知唐对突厥人班赐给绢帛。唐朝政府自然知道实施接纳北方民族这一政策的背后需要承担相当一笔费用,事实上,在《贞观政要》卷九《安边》中记载了时任凉州都督李大亮的上奏文,其云:

> 每见一人初降,赐物五匹,袍一领,酋帅悉授大官,禄厚位尊,理多糜费,以中国之租赋,供积恶之凶虏,其众益多,非中国之利也。

李大亮是站在接纳突厥降附民的一线管理者的立场,对财货的浪费进行反对的,然而,太宗并没有采纳他的意见。另外,章群曾制作过《唐代藩将表》,据其可知,当时藩将总数超过两千五百人[①]。通过给他们发放的俸禄数额,也不难看出负担维持边境的异民族地区开支,对中国来说是一笔莫大的财货损失。

这样看来,在前文的摘译中,拉铁摩尔所说的"Reservoir 地带给中国提供官员、军人的同时,也从中国取走大量财富",结果,"这些财富使得被置入'Reservoir System'的部族居民的生活变得安定,他们在自身与'不变'的

---

① 章群《唐代蕃将研究》(台北联经出版事业公司,1986 年)。

地区间建设中国型静态防御,他们很有可能会将新的静态姿态加以明确化",这一点着实有趣。这也不免令人想起古贺登曾经指出,鲜卑拓跋部的北魏之所以开始施行中原王朝的俸禄制,其背景正是北魏的国家防卫理念由之前游牧的"移防"制转为中原王朝的"城防"制这一政策变化①。这些都是显示移居至中国北部的民族因对中国财货产生依赖倾向,而在自己和曾经的故地之间建立起中原型静态防卫的绝佳事例。

拉铁摩尔将"Reservoir"北方的蒙古高原、满洲称作"自古以来不变的地区",但这种"不变的地区"的民众也注意到南迁的本族人身上所发生的"变化",认识到他们和自己固有生活方式的差距。关于这一点,西汉时期,曾在匈奴单于身边任职的中行说就提出过因担心匈奴依赖中国财货而改变固有生活方式并由此引发危机的看法,《史记》卷一百一十《匈奴列传》载:

> 初,匈奴好汉缯絮食物,中行说曰:"匈奴人众不能当汉之一郡,然所以强者,以衣食异,无仰于汉也。今单于变俗好汉物,汉物不过什二,则匈奴尽归于汉矣。其得汉缯絮,以驰草棘中,衣袴皆裂敝,以示不如旃裘之完善也。得汉食物皆去之,以示不如湩酪之便美也。"

虽然时代有所不同,但道理却是一样的,这一点颇值得关注。

关于唐与突厥的关系,《阙特勤碑》南面第七行刻有如下文字②:

[主语(a)ñ(i)γ kisi] ir(a)q (a)r s(a)r: y(a)bl(a)q: (a)γi bir ür: y(a) γuq:

【译】(邪恶的人会说)若远离而居便只供给粗劣的绢。

(a)r s(a)r: (a)dgü: (a)γi birür : ti p (a)nca: bosγur ur: (a)rm(i)s:

若靠近则提供优良的绢,如此进行暗示。

bil(i)g: bil m(a)z: kisi: ol s(a)b (i)γ: (a)l (i)p: y(a)γ

---

① 古贺登《北魏俸禄制施行研究》(《东洋史研究》第24卷第2号,1965年)
② Talat Tekin, *A Grammar of Orkhon Turkic*, Bloomington, 1968. 小野川秀美《突厥碑文译注》(《满蒙史论丛》第4号,座右宝刊行会,1943年)。

(u)ru:b(a)r(i)p:

　　没有智慧的人,听从了这样的话去接近他们,

ök(ü)s kisi: öl t(ü)g:

　　(他们中的)大多数,死去了。

这是复兴后的第三代突厥毗伽可汗对突厥人传达应从中国北方回归蒙古高原的内容,碑文中还刻有"如果需要中国的绢,只要从于都斤山派遣商队就可以解决这一问题"。这种因依赖中国绢而存在失去突厥固有习俗的文字内容,之所以会出现于北方游牧民族最初期的史料鄂尔浑碑文中,正是受在此之前唐实施羁縻政策实际情况影响的真实写照,绝非偶然的产物。

三、杂居引发的冲突与北方边境的两面性

这种对北方民族的利用不仅在边境防御方面发挥了重要作用,还为中原王朝供应了兵力,这对中原王朝而言无疑十分有利,但与此同时,在对这一地区的经营过程中,中原王朝也应该做好相应的心理准备。无论为政者愿望为何,事实上,在边境地区汉民族和非汉民族的杂居相处,都会不可避免地产生冲突。

在此试举一例,关于东汉时期分布于河西、陕西一带的羌族,《后汉书》卷八十七《西羌传》载:

　　时诸降羌布在郡县,皆为吏人豪右所徭役,积以愁怨。

对于这一状况,班彪上奏云:

　　今凉州部皆有降羌,羌胡被发左衽,而与汉人杂处,习俗既异,言语不通,数为小吏黠人所见侵夺,穷恚无聊,故致反叛。

表现出对羌族与汉人相处矛盾现状的担忧[①]。班彪对于东北边的乌桓同样心怀忧虑并因此上奏,其内容被采录于《后汉书》卷九十《乌桓传》:

　　乌桓天性轻黠,好为寇贼,若久放纵而无总领者,必复侵掠居

---

① 关于东汉羌族叛乱,参见熊谷滋三《关于后汉的羌族内徙政策》(《史滴》第9号,1988年)。

人,但委主降掾史,恐非所能制。

再来看山西方面的匈奴,《晋书》卷九十三《王恂传》载:

> 魏氏给公卿已下租牛客户数各有差,自后小人惮役,多乐为之,贵势之门动有百数。又太原诸部亦以匈奴胡人为田客,多者数千。

魏的五部匈奴后裔被当作太原豪族的田客,这导致他们的不满情绪日益高涨。统治和管理与汉人在习俗、意识、价值观等方面截然不同的民族很不容易,这个难题在南朝也一样存在,关于荆州的蛮族,《宋书》卷七十七《柳元景传》载①:

> 先是,刘道产在雍州有惠化,远蛮悉归怀,皆出缘沔为村落,户口殷盛。及道产死,群蛮大为寇暴。

由于居住地的治安环境恶化,也有汉人反过来因难以承担赋役而逃入非汉人部族的例子,《三国志》卷十五《梁习传》载:

> 并土新附,习以别部司马领并州刺史。时承高幹荒乱之余,胡狄在界,张雄跋扈,吏民亡叛,入其部落;兵家拥众,作为寇害,更相扇动,往往棋跱。

《宋书》卷九十七《夷蛮传》中载有关于荆州、雍州蛮的例子:

> 蛮民顺附者,一户输谷数斛,其余无杂调,而宋民赋役严苦,贫者不复堪命,多逃亡入蛮。蛮无徭役,强者又不供官税,结党连群,动有数百千人,州郡力弱,则起为盗贼,种类稍多,户口不可知也。

在隋末混乱时期,《隋书》卷八十四《北狄突厥传》载:

> 隋末乱离,中国人归之者无数,遂大强盛,势陵中夏。

拉铁摩尔在他的其他论文中曾经提到"Reservoir"的一个功能是"当外部边

---

① 对魏晋南北朝时期蛮的关系的史料分类整理,可参见川本芳昭《以蛮的问题为中心所见六朝时期的各地区状况》(《史渊》第132号,1995年)。

境开始对中原发动攻击后,内缘的 Reservoir 地带,即内部边境的居民被压制,有时也会成为进攻一方的助力"。① 唐开元年间初期就曾发生过这样的真实事例,其时突厥默啜可汗被杀,其下属多数酋长南迁,王晙意识到接纳他们将会引发危机,遂上奏云:

> 北房如或南牧,降户必与连衡。臣问没蕃归人云,却逃者甚众,南北信使,委曲通传,此辈降人,翻成细作。(《旧唐书》卷九十三《王晙传》)

王晙所言如实地反映了这一情况。

这样一种在中国看来本应作为发挥边境防卫作用而形成的异民族居住的北方边境地带,却给中国带来了危险,这与最初目的截然相反。这一点在武后时期也曾被指出过。据《新唐书》卷一百一十二《薛登传》记载,薛登认为论钦陵(吐蕃)、阿史德元珍(突厥)、孙万荣(契丹)等之所以会成为边害,是因为这些人都曾有过入侍经历,熟知中原王朝的防御策略,因此今后有必要废止四夷入侍的制度,他上奏道②:

> 匈奴卒不入中国者,以其生长碛漠,谓穹庐贤于城郭,毡罽美于章绂,既安所习,是以无窥中国心,不乐汉故也。(刘)元海五部散亡之余而能自振者,少居内地,明习汉法,鄙单于之陋,窃帝王之称。使其未尝内徙,不过劫边人缯彩,曲蘖归阴山而已。

薛登指出,居住于北边边境的民族因丧失了其固有习俗,通晓中原习俗,这是他们之所以成为边害的原因,薛登明确指出两个文化圈的边界为"阴山"。

这样看来,北方民族居住的阴山南部的北边边境地带,因为转变成中国式防御,使得其与北方的边界变得更为明确,但有时他们的居民自己通过招揽北方势力,反而变得对中国十分不利。有时汉人也可能会选择支持袒护他们。从这个角度看,可以说汉至唐的北方边境地带有其两面性。对于安史

---

① 拉铁摩尔著,后藤富男译,《农业中国与游牧民族》,第109页。
② 该上奏原文见于《唐会要》卷五十六《左右补阙拾遗》、《册府元龟》卷五百三十二《谏诤部·规谏九》,并作为《请止四夷入侍疏》收于《全唐文》卷二百八十一中。

之乱爆发的原因,《旧唐书》卷一百零六《李林甫传》中有如下记载:

> 国家武德、贞观已来,蕃将如阿史那社尔、契苾何力,忠孝有才略,亦不专委大将之任,多以重臣领使以制之。开元中,张嘉贞、王晙、张说、萧嵩、杜暹皆以节度使入知政事,林甫固位,志欲杜出将入相之源……自是高仙芝、哥舒翰皆专任大将,林甫利其不识文字,无人相由,然而禄山竟为乱阶,由专得大将之任故也。

不得不说这是非常富有启发性的见解。

结　语

本章所说的北方民族居住的"中国北部边境地带",是在东汉和唐代时期,接纳北方、东北方民族并将其置入国内的区域,具体是从现在辽宁省西部经由北京周边,沿内外长城至河北、陕西、鄂尔多斯乃至戈壁南部这一地带。前文所称"(异民族所居住,或者汉人、非汉人杂居)带状地带"在北方也是指这一地区,拉铁摩尔的所谓"Reservoir"地带基本与之重合。

笔者以拉铁摩尔的边境论为指针,探讨了唐以前北方边境地带的性质,结果发现,拉铁摩尔所谓"Reservoir"功能中,①该地带对中原而言具有防御外部的作用;②该地区在为中原提供官员和军人的同时,也从中原带走了大量财富;③这样的财富让"Reservoir"的游牧民生活日益安定,他们展开中原王朝式静态防御体系,并在该地区和其外侧之间形成明确的界线;④但该地区有时也会将外部势力引入中原;⑤在这些变化中,移居的中原人也发挥了一定作用,这几点在汉至唐之间北方边境动向中也可以得到印证。

因此,从北方边境地带这一角度重新审视汉魏晋南北朝隋唐这段历史,可以发现:

中原的王朝在其北部边境接纳北方民族并由此形成防御地带,虽然该地带在安定时期对中原带来了莫大利益,但当爆发种种冲突而导致中原王朝无法对该地区进行有效管控的话,这一地区反而会对中原王朝带来深刻的不利因素。以唐初接纳突厥为例,温彦博正是基于可能带来的利益考虑,对此表示赞成的,而魏徵则考虑到接纳会带来负面影响而持反对意见。对北方民族的接纳策略确实为汉唐带来了一时的安宁。但是,会有怎样的负面影响呢?那就是东汉的羌族叛乱,以及始于永嘉之乱的五胡十六国,北魏统一华北即是拉铁摩尔所说"Reservoir"(拙稿的带状地带)独立后的形态①。北魏迁都洛阳试图使中原王朝化,引发了六镇之乱从而形成北周、隋、唐,并在唐代出现了安史之乱。而如果该时间点中原王朝无法管控这一动向,对其管控权则落入"Reservoir"(带状地带)之手。

因此,从汉至唐中国的北方边境地带,正是这种形成摇撼下一个时代中国能量的"储存所"。相较于以南北二元论视点来看东亚历史而言,在其南北之间设定中间地带这一方法更为有效,事实上,这一带状地带的宽度也随着时代变化时而扩大,时而缩小。

进一步说,从这一视点来看中国史,在九世纪中叶回纥灭亡之际,接纳了突厥降附民的唐拒绝接纳回纥,这与以会昌废佛为表征出现的民族主义互为表里,中原王朝接下来以割让燕云十六州的形式放弃"Reservoir",这样的状况被此后将国境线设定于"带状地带"内侧的宋所承袭等等②,产生了很多有趣的新问题。

---

① 在这一视角上看北魏,该王朝在外长城南修筑内长城,在本国领域的中心地带用长城划定北方和南方的境界,十分有趣。关于其详情,参见胜畑冬实《北魏的郊甸与畿上塞围》(《东方学》第90号,1995年)。

② 参见金成奎《元祐时期宋夏划界交涉始末》(《史滴》第16号,1994年)。

第四章

中国史上的中央和边境
——以唐代的内陆边界地带为例

绪　论

在历史人类学中,对"中心与周边"的探讨是指,区分自己与他人,并通过探索"我们"与其外侧的"他们(别人)"这两种世界之间差异的意义,来思考人类社会的方法①。具体来说,比如选取两性差别、贫困、不良现象、移民等问题,分析社会周边或底层人们的状态及产生这一状态的过程,据此考察城市、地区、国家的形态②。换句话说,此处的"自""他"间的差距并非是物理层面的,而是指心理层面的。

但本章中的"中心与周边"正相反,是指物理性的距离,地理上的概念,具体而言,选取关于历史上出现的某一王朝的统治范围进行探讨。从政治层面来看,"中心"是指建构了强有力统治体制的政权据点,所谓"周边"则指居住在那里的人们从未意识到自己的土地属于"周边"、也无法在政治上持续对抗"中心"的地区。而且,对于处在"中心"的政权而言,"中心与周边"这种说法也可以替换成"中央与边境"。从文化层面来看,可以将与"中心""中央"具有几乎相同生活习俗的地区看作"内地",不同的地区则为"边境"。

这样一来,"中心""中央"与"周边""边境"乃至更为外部地区之间存在着的"边界"这一概念,是不可回避的研究课题。

然而,在思考前近代的地理边界之时,不能设定如同今天这样的国境线。在前近代,各种文化的边界并非是以"线"的形式来区分的,事实上,在

---

① 山口昌男《文化与两义性》(岩波书店,2000年)。
② 佐久间美穗、内藤辰美《中心和边缘》(春风社,2013年);铃木则子《历史上的边缘与共生——女性·污秽·卫生》(思文阁出版,2014年)。

两种不同文化区域之间大多存在此两种文化的混合区域,因而,所谓"边界"并非是 line(线),而是 zone(区域空间)。对边界上的这一空间加以定位,对探讨历史发展进程具有重要启示。

第一节　唐王朝经营边境的好处

在一开始,请先参看图2(见下页),图中黑点表示唐代对羁縻州予以管辖的州所在地。羁縻州是指,对在生活和文化习俗上与被课以租调赋役的普通百姓所不同的人们,唐政府同意他们继续原本的生活方式,并特意设置"州"将其纳入政权统治的地区。据《新唐书·地理志七下》的记载,有唐一代共设置了八百六十五个羁縻州。因难以将如此多的羁縻州遍示于图中,因而图2中权将管辖羁縻州的地方州标示出来,在黑点所示管辖区域内遍布着为数众多的羁縻州。带着这样的视角我们来看图2,可以发现在边境,中国文化与其他文化相混合的地带呈带状横亘且环绕着中国内地。也就是说,在唐代中国,羁縻州散布的地带正是唐与外部的边界空间。

那么,唐为什么要经营这样的边界地带?换句话说,羁縻州散布的边境地带给唐带来了哪些好处?

第一个好处是,该地带拥有强大的军事实力。特别是北方羁縻州地带,居住了大量的游牧民族,他们的骑兵实力对唐而言具有重大意义,是对唐王朝薄弱的骑兵力量的巨大补充。

第二个好处是边民在边境地带放牧的家畜,特别是马和羊,全部被纳入监牧(地方的官营牧场),其中的骏马更是被送往中央,安置在首都近卫部队的厩舍[①]。

在史料中可以确认唐对这两大好处的利用方式,《唐六典》卷三《尚书省》"户部"条载有如下规定:

> 诸(诸国)蕃胡内附者,亦定为九等,四等已上为上户,七等已

[①] 林美希《唐前半期的厩马和印马——马的中央上供体系》(《东方学》第127号,2014年)。

第一部 唐代的边境与民族问题

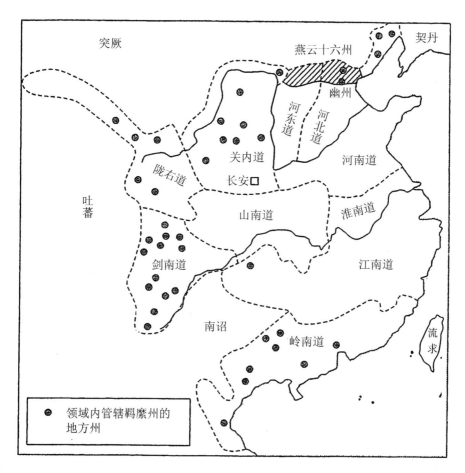

图 2 唐代羁縻州管辖州分布图

上为次户,八等已下为下户。上户丁税(银)钱十文,次户五文,下户免之。附(贯)经二年(已上)者,上户丁输羊二口,次户一口,下(户)三户共一口。〔无羊之处,准白羊估,折纳轻货。若有征行,令自备鞍马,过三十日已上者,免当年输羊。〕(作者按:〔〕中内容据《唐六典》卷三《户部》所补)

唐对游牧系羁縻州民并非课以租调役,而是依据其资产多少将之分作上中下三等,并分别以羊加以征税。当有军事行动时,他们会作为骑兵部队被编入唐军,如果从军超过一个月,即可豁免当年羊税①。

这些游牧民之所以心甘情愿跟随唐军,其原因在于他们的部族首领被授予大将军、将军等武官中统帅级别的官衔,并居于首都长安。这种情况有些类似于日本江户时代,幕藩体制下的大名因为"参勤交代"(江户幕府颁发的法令,规定各藩藩主须定期在江户出仕)而据守江户的情况。

唐经营边境的第三个好处在于,该地区处于唐与强大的外部敌对势力之间。比如在中国西南地区,在唐的行政区划来看是剑南道,也就是今天四川省与云南省北部地区,当时这里分布着被中国统称作"蛮"的民族。先来看唐王朝对他们颁布的诏书内容。玄宗朝宰相张九龄的文集《唐丞相曲江张先生文集》卷十一有一篇《敕当悉等州羌首领书》,是玄宗对当州、悉州等设置于羌族地区的羁縻州首领发布的诏书,其中云:

> 卿等,祖父已来,为国(唐国)守境,皆尽忠赤,防捍外蕃。朝廷嘉之。

为唐戍守边境,抵御外敌(吐蕃)被称赞为忠义。类似的语句在对此地区首领颁布的敕书中经常可以看到。

也就是说,唐之所以经营边境,其目的有三个:1.利用该地区的骑兵军力;2.吸收该地区畜牧产业;3.将该地区作为防卫强大外部势力的缓冲带。

第二节 国际帝国唐王朝的成立过程

唐之所以得以通过经营其边境来确立自身的对外优势,是因为其控制了广大版图,且有着国际帝国的性质。那么,为什么在这个历史时期的中国能出现唐朝这样的国家体制呢?根本原因在于,建立唐王朝的势力本身源自边境。建立了隋唐的王族来自北魏的六镇之一武川镇。隋朝杨氏本姓"普六茹氏",唐朝李氏则姓"大野氏"。关于武川镇的地理位置,应是今天的内蒙古自治区武川县二份子古城遗址或达茂旗希拉穆仁的圐圙古城

---

① 拙稿《唐的内陆亚系移住民对象规定及其变迁》(收入森安孝夫编《从粟特到回纥——丝绸之路东部的民族和文化交流》,汲古书院,2011年)。

遗址其中之一,日本的中国考古学界认为后者的可能性更大①。隋唐王族无论是姓氏抑或出生地,原本都属北方系民族,趁北魏末六镇之乱南下,之后建立了隋唐。如果将时代进行上溯,中国史上五胡十六国时期开始的四世纪到隋唐建立的六、七世纪,在欧洲史上几乎与日耳曼民族大迁徙及法兰克王国成立的时期相重合。同时发生在东西方的这两大历史事件,是北方民族迁徙南下所引发的联动现象。正如日耳曼民族的移动并非一时的现象,而是持续了约两个世纪那样,五胡的迁徙也发生了数次。五胡诸国间反复互相交战,最终由鲜卑族拓跋氏建立的北魏定为一统,与南朝一起形成了中国的南北朝时代。五胡的兴亡和北魏统一华北是中原农耕文化与北方畜牧文化相融合的边境地带经过扩大后,建立独立政权的历史现象。

北魏末期,中国史上出现了被称作"六镇之乱"的北方民族数次南下的事件,如前所述,此时迁移而来的势力随后建立了隋朝。新进入中国的势力与其他势力交战,其内部也反复交织着权力斗争,最终形成了唐朝。唐王朝在太宗时期统一中国,并消灭了游牧政权突厥(Türk)。

也就是说,唐所进行的统一,是在蒙古南部与中国华北地区形成的地区的统一。失去自己国家的蒙古突厥系游牧民当中的一部分迁徙至中国北方,向唐太宗奉上突厥君主的可汗称号(Qaɣan),并向其表示臣属。因此形成了图2所示的唐代羁縻统治体制,而边境作为缓冲地带发挥了功效。

这即是七八世纪中国建立起国际帝国的大致梗概。

第三节　边境带来的冲击

然而,两种以上不同文化的各类人群混居在一起,政治上,一方对另一方进行支配统治,其中必定会产生差别与榨取。从史料中试举一例,《旧唐书》卷十五《宪宗本纪下》"元和十四年(819)九月庚寅"条云:

---

① 佐川英治《北魏六镇史研究》(收入佐川英治编《大青山一带的北魏城址研究》,2010—2013年度科学研究费补助金研究成果报告书,东京大学,2013年);盐泽裕仁《大青山北麓的六镇相关遗迹》(同上)。

(田缊)前镇夏州,私用军粮四万石,强取党项羊马。

其中明确记载"强取",事实上,在史料中即便不做如此赤裸裸的记载,历史上发生的类似事件也不在少数。这种情况不光是在唐朝,其他时代也一样存在。

边境作为缓冲地带,是一把双刃剑。如果经营得当,它对中央政府来说有极大益处,但若经营不当引发边境地区的反感和不满,其中则会蕴藏极大风险。

在此之后,唐很难继续维持安史之乱以前的国家体制。不光失去了经营边境的能力,连国内也陷入藩镇割据的状态,中央政府的权威已经无法令地方服从。再看图2中斜线所示地区,该地区被称作"燕云十六州",在唐灭亡后的五代十国时期被割让给契丹。这片地区不再作为中原王朝的边境,而成为外民族政权的边境,此后的中原王朝很难再构建如唐王朝这样的庞大的帝国。

例如后来明代的万里长城,虽然出于拱卫首都北京的目的而在北方修筑长城,但若将视线西移至内地,沿着曾经的燕云十六州的北边修筑有外长城,南边修筑有内长城。从地理政治学上可知,该地区曾处于怎样的一种微妙状况。不能有效经营燕云十六州这样的边境,成为导致此后金、元、清这样庞大征服王朝进入的重要原因之一。

第四节 立足于边界理论进行审视

在前文选取中国历代王朝中内陆性国家特征明显的唐朝,概述了其"中央"与"边境"的形态。从中可以看出如下几个现象:①对于中央政府而言,边境发挥了缓冲地带的作用;②缓冲地带有可能具有自己独立的文化并发起独立;③当该缓冲地带被外部势力占据,中国一方则将会承受巨大压力。

那么,再回过头来看,这种看法成立的前提是边境地带自身具有复合性和两面性。这不仅对中央,对作为关注边境并试图构建其历史形象的方法论来说,也是必要的前提。与此同时,也一定存在消除一直以来边境的负面形象的设想吧。那么,在论述边境的居民及边境区域的存在时,该如何看待"边境"呢?

历史上,边境地带产生的重要原因有两个,一是"对抗力"(countervailing force)发生作用时,一是"力量梯度损失"(loss of strength gradient)发生作用时①。前者所产生的边境地带是狭长的线型(line),其中具有内向性、向心性、隔绝性、人为性质。相比之下,后者则是空间(zone),具有外向性、离心性、传播性、自然性。在政治地理学中,前者是 boundary,后者则是 frontier②。以日本为例,古代朝鲜半岛的势力范围与九州岛之间的对马海峡便属于前者,被称作虾夷、隼人的族群在远离中央政府的地区延伸着他们的边境(frontier)③。

然而,我们不能忘记,这两个边境地带的稳定状态常常不能长久保持。比如,著名的《三国志·魏书·东夷传》"倭人"条中描述的倭人形象,在笔者看来更像是在描写生活在朝鲜半岛南部至九州岛北部的人们。这样的话,那里虽然是力量梯度损失的 frontier,但当日本确立了国家体制后,就如同在对马修筑金田城那样,由于对抗产生 boundary。该地区在倭寇势力盛行的中世再次成为临界地区④。

结语　唐的 frontier 与 boundary

若对本章所选取的地区进行思考,唐代中国北边之所以设置羁縻州,其契机是太宗贞观四年(630)蒙古高原突厥第一汗国的灭亡。由于强大的突厥游牧政权坍塌,导致在北方可以与唐对抗的势力消散,在这里形成了力量梯度损失的 frontier 区域。

同样的事例在中国西南边境也可看到。在唐代初期,因将文成公主下

---

① Robert Gilpin, *War and Change in World Politics*, Cambridge University Press, 1981, 第 56—57 页,第 146—147 页。
② 桥本雄《境界》(加藤友康编《历史学事典》14《物与技》,弘文堂,2007 年),第 149—150 页。
③ 布鲁斯·巴顿《日本的"境界"——前近代的国家、民族、文化》(青木书店,2000 年),特别是第一章《政治的境界》;布鲁斯·巴顿《国境的诞生——从大宰府看日本的原形》(日本放送出版协会,2001 年)。
④ 村井章介《中世倭人传》(岩波书店,1993 年)。

嫁于吐蕃赞普松赞干布，两国缔结友好关系，当时由于吐蕃尚未发展为足以对外展示强大力量的势力，处在两国间隙的西南一带便与中国北边一样属于缓和的 frontier 区域。

然而，七世纪末，蒙古高原建立了突厥第二汗国，唐朝的北方成为双方对峙的地带。回鹘汗国成立后，唐朝曾多次试图控制该地区，结果却在五代时期被从东北扩张而来的契丹通过割让手段掠走了燕云十六州。同样，在西南地区，随着吐蕃势力的扩张，四川、云南地区局势骤然紧张，在安史之乱造成唐统治力的衰退后，该地和河西地区便长期处于吐蕃统治之下。

无论上述哪种情况，在曾经的 frontier 地带内侧（中国一侧），由于对抗而产生了 boundary。也就是说，边界地带的状态是随时因状况的变化而变化的。这一变化并非仅限于中国，而是存在于诸多地区的普遍现象。但必须注意的是，政治权力的更迭与该地民众生活习惯的变化并不一定同时产生。

在中国历史上，这样的边境问题从宋代开始发生了非常大的变化，华北和江南人口发生逆转，此后直到今天，在人口上江南多于华北的状态始终持续下来。中国的经济重心移至江南，由于海上贸易的日益发展，中国沿海地区出现了港口城市。唐代曾经的边境地区变为中心，曾经作为中央的长安反倒处于临近边境的地区，情况完全发生了变化。虽然这种现象可以用"边境变革论"加以解释[1]，但中央、中心和边境、边缘之间可能会发生逆转，这一点仍然需要我们进行更多的思考。

---

[1] 据增田四郎《什么是欧洲》（岩波书店，1967 年）第 187—190 页提出，所谓"边境改革论"，是指在历史发展中，当社会在政治、经济、文化上暴露出矛盾时，传统的先进地区往往无法依靠自身解决问题，而在远离传统先进地区的地方则能依靠原动力克服诸多矛盾并形成新的社会，并取而代之发展为先进地区。

第二部

国书与外交

第五章

唐朝颁送国书一览

绪　论

在东亚前近代外交中，根据场合的差异，传递国家意向的方式也有所不同。有时采取口头传达的方式，有时使者会通过向对方元首"上奏"提出要求。但国家间官方信息或最终的意向传递以及作为结论的答复则通常采用"文书"的形式。这种"文书"通常也被称作"国书"。

在中国的唐代，东亚外交尚未完全过渡到经由海上商人的民间贸易或进行民间外交的阶段，当时可以说处于正在向这一阶段过渡的前期，此时国家间往来联系多由派遣的官方使节进行，因此，相较于此后的时代而言，此时的"国书"更具重要意义。除了传达相关信息，文书也往往与国家的威信密切相关，一国有时为获取另一国的信任而采用传递文书的形式进行外交活动。唐开元十七年(729)吐蕃为保全与唐的外交关系，对唐派来的使者展示了自贞观以来的所有敕书[①]。日本天平宝字二年(758)，日本所派赴渤海的使节归国，渤海使节随行一同赴日，在向日本传达安史之乱的情况时，携带有"唐王赐渤海国王敕书"[②]。这些都是"国书"意义的体现。

因此，在唐代国际关系或日本古代对外关系研究中，"国书"是绕不开的重要课题。虽然至今对"国书"的研究已有不少，但当笔者整理当时作为东亚外交的核心，即唐颁送的"国书"，现尚有多少留存时，意外的发现在以

[①] ［后晋］刘昫等撰《旧唐书》卷一九六上《吐蕃传上》(中华书局，1975年)，第5230—5231页。

[②] 《续日本纪》卷廿二，天平宝字二年十二月戊申条。石井正敏《渤海与日本的交涉》(《月刊sinica》第9卷第9号，1998年)，第29页。

往的研究中,并没有对史料中的"国书"进行检索、并通过一览表的形式体现的相关研究。

因此,在本章,笔者试做出"唐朝颁送国书一览表"①,结合该表探讨国书研究的相关问题。

表2 唐朝颁送国书一览表

	颁送年月	文书名	起草人	起首语言	结尾语言	出典	年代参考资料
1	武德五年(622)	赐高丽王建武书	?	朕恭膺宝命	弘仁恕之道	册170,旧199上,全3	(7)
2	贞观元年(627)	赐百济王璋玺书	?	王世为君长	即停兵革	册170,旧199上,全10	(7)
3	贞观十三年(639)七月	赐薛延陀玺书	?	突厥颉利可汗	长守富贵也	旧194上,鉴195,全10	(7)
4	贞观十七年(643)九月	赐高丽玺书	?	新罗委命国家	出师击玺国矣	册991、995,鉴197,全10	(7)
5	贞观十九年(645)二月	抚慰百济王诏	?	皇帝问……	并寄王物如别	馆664	(7)(8),(9)正月
6	贞观十九年(645)二月	抚慰新罗王诏	?	皇帝闻(问)……	并寄王信物如别	馆664	(7)(8)
7	永徽二年(651)	与百济王义慈玺书	?	至如海东三国	无贻后悔	旧199上,全15	(7)
8	开元元年(713)十二月	赐林邑国王建多达摩书	?	卿国在海	宜知朕意	册971,全40	(7)
9	开元二年(714)十月	赐突厥书	?	我与突厥	岂不美耶	册979,全40	(2)(7)
10	开元五年(717)七月	赐突厥书	?	皇帝敬问……	至可领取	册974,全17	(2)(7)(8)

---

① 本文中的"一览表"是根据两次学术会议中所作报告为基础,经过调整而定。两次会议及论文分别是:第四三回国际东方学者会议(日本东京,1998年5月22日),《唐王朝的国书授予仪式》;遣唐使时代的东亚文化交流国际学术研讨会(中国杭州,1998年8月2日至4日),《遣唐使的皇帝谒见仪式与唐的国书赐予仪式》。

续表

	颁送年月	文书名	起草人	起首语言	结尾语言	出典	年代参考资料
11	开元六年(718)正月	赐突厥玺书	?	突厥杀，省表具知	不至于此也	册980，全40	(2)(7)
12	开元六年(718)六月	赐契丹衙官可突干书	?	自从松漠郡王	勿失事理	册992，全40	(7)
13	开元九年(721)九月	赐突厥玺书	?	国家旧与突厥	宜审思之	册980，全40	(7)
14	开元十二年(724)五月	赐新罗金兴光书	?	卿每承正朔	至宜领也	册975,980，全40	(7)
15	开元十九年(731)正月	赐吐蕃赞普书	?	朕君临寓县	至宜领取	册979，全40	(7)
16	开元十九年(731)三月	赐新罗金兴光书	?	所进牛黄及金银	宜即领取	册975，全40	(7)
17	开元十九年(731)四月	赐康国王乌勒书	?	卿僻在遐荒	可知朕意	册964，全40	(7)
18	开元十九年(731)四月	吊突厥可汗弟阙特勤书	?	皇帝问……	荐兹礼物	册975，全40	(2)(8)
19	开元二十二年(734)秋	敕新罗王金兴光书(1)	张九龄	敕……	遣书，指不多及	曲8，英471，全284	(1)(11)(20),(8)开21左右
20	开元二十年(732)冬	敕投降奚等书	张九龄	敕……	遣书，指不多及	曲8，英471，全285	(1)
21	开元二十二年(734)冬	敕契丹王据埒可突干书	张九龄	敕……	遣书，指不多及	曲8，英471，全285	(1)(11)(13)(18)
22	开元二十三年(735)春	敕新罗都护金兴光书(2)	张九龄	敕……	遣书，指不多及	曲9，英471，全285	(1)(11)(20),(8)开21左右
23	开元二十三年(735)夏	敕契丹都督涅礼书	张九龄	敕……	遣书，指不多及	曲9，英471，全285	(1)(11)(13)(19)

续表

	颁送年月	文书名	起草人	起首语言	结尾语言	出典	年代参考资料
24	开元二十三年(735)秋	敕奚都督李归国书(1)	张九龄	敕……	遣书,指不多及	曲9,英471,全285	(1)(2)(11)
25	开元二十三年(735)秋	敕奚都督李归国书(2)	张九龄	敕……	遣书,指不多及	曲9,英471,全285	(1)(2)(11)
26	开元二十三年(735)秋	敕松漠都督涅礼书	张九龄	敕……	遣书,指不多及	曲9,全285	(1)(11)(19)
27	开元二十四年(736)	敕新罗王金兴光书(3)	张九龄	敕……	遣书,指不多及	曲9,英471,全285	（1）（11）(20),(8)开21左右
28	开元十九年(731)秋	敕渤海王大武艺书(1)	张九龄	敕……	(遣)书指不多及	曲9,英471,全285	(16),(1)(11)(14)开20
29	开元二十三年(735)春	敕渤海王大武艺书(2)	张九龄	敕……	遣书,指不多及	曲9,英471,全285	(15),(1)(11)(13)(14)开24
30	开元二十三年(735)冬	敕渤海王大武艺书(3)	张九龄	敕……	遣书,指不多及	曲9,英471,全285	(15),(1)(11)(14)开24,(13)开20
31	开元二十三年(735)夏	敕渤海王大武艺书(4)	张九龄	敕……	遣书,指不多及	曲9,英471,全285	(15),(1)(11)(13)(14)开24
32	开元二十三年(735)夏	敕当、悉羌首领书	张九龄	敕……	遣书,指不多及	曲10,全285	(1)
33	开元二十三年(735)春	敕契丹知兵马中郎李过折书	张九龄	敕……	遣书,指不多及	曲11,英471,全286	(1)
34	开元二十二年(734)秋	敕突厥苾伽可汗书	张九龄	敕……	遣书,指不多及	曲11,英468,全286	(1)(2)(8)(11)
35	开元二十三年(735)春	敕突厥可汗书(1)	张九龄	敕……	遣书,指不多及	曲11,英468,全286	(1)(2)(8)(11)

续表

	颁送年月	文书名	起草人	起首语言	结尾语言	出典	年代参考资料
36	开元二十三年(735)春	敕金城公主书(1)	张九龄	敕……	遣书,指不多及	曲11,全286	(1)
37	开元二十三年(735)春	敕突厥登利可汗书	张九龄	敕……	遣书,指不多及	曲11,英468,全286	(1)(2)(8)(11)
38	开元二十四年(736)春	敕突厥可汗书(2)	张九龄	敕……	遣书,指不多及	曲11,英468,全286	(1)(2)(8)(11)
39	开元二十三年(735)秋	敕突骑施毗伽可汗书	张九龄	敕……	遣书,指不多及	曲11,英471,全286	(17),(1)(2)(11)开24
40	开元二十四年(736)夏	敕突厥可汗书(3)	张九龄	敕……	遣书,指不多及	曲11,英468,全286	(1)(2)(8)(11)
41	开元二十四年(736)秋	敕突厥可汗书(4)	张九龄	敕……	遣书,指不多及	曲11,英468,全286	(1)(2)(8)(11)
42	开元二十四年(736)冬	敕突厥可汗书(5)	张九龄	敕……	遣书,指不多及	曲11,英468,全286	(1)(2)(8)(11)
43	开元二十三年(735)春	敕吐蕃赞普书(1)	张九龄	皇帝问……	遣书,指不多及	曲11,英469,全286	(1),(11)开22-24
44	开元二十三年(735)夏	敕吐蕃赞普书(2)	张九龄	皇帝问……	遣书,指不多及	曲11,英469,全287	(1),(11)开22-24
45	开元二十四年(736)春	敕吐蕃赞普书(3)	张九龄	皇帝问……	遣书,指不多及	曲11,英469,全287	(1),(11)开22-24
46	开元二十三年(735)秋	敕吐蕃赞普书(4)	张九龄	皇帝问……	遣书,指不多及	曲12,英469,全287	(1),(11)开22-24
47	开元二十四年(736)春	敕吐蕃赞普书(5)	张九龄	皇帝问……	遣书,指不多及	曲12,英469,全287	(1),(11)开22-24
48	开元二十四年(736)春	敕金城公主书(2)	张九龄	敕……	遣书,指不多及	曲12,全287	(1)
49	开元二十四年(736)秋	敕吐蕃赞普书(6)	张九龄	皇帝问……	遣书,指不多及	曲12,英469,全287	(1),(11)开22-24

续表

	颁送年月	文书名	起草人	起首语言	结尾语言	出典	年代参考资料
50	开元二十四年(736)秋	敕金城公主书(3)	张九龄	敕……	遣书,指不多及	曲12,全287	(1)
51	开元二十四年(736)秋	敕吐蕃赞普书(7)	张九龄	皇帝问……	遣书,指不多及	曲12,英469,全287	(1),(11)开22-24
52	开元二十一年(733)冬	敕护密国王书(1)	张九龄	敕……	遣书,指不多及	曲12,英471,全287	(1),(11)开22-24
53	开元二十二年(734)夏	敕护密国王书(2)	张九龄	敕……	遣书,指不多及	曲12,英471,全287	(1),(11)开21
54	开元二十一年(733)夏	敕识匿国王书	张九龄	敕……	遣书,指不多及	曲12,英471,全287	(1),(11)
55	开元二十二年(734)夏	敕勃律国王书	张九龄	敕……	遣书,指不多及	曲12,英471,全287	(1),(11)开22-24
56	开元二十四年(736)春	敕诸国王叶护城使等书	张九龄	敕……	遣书,指不多及	曲12,英471,全287	(1)
57	开元二十二年(734)秋	敕罽宾国王书	张九龄	敕……	遣书,指不多及	曲12,英471,全287	(1),(11)开22-24
58	开元二十三年(735)冬	敕日本国王书	张九龄	敕……	遣书,指不多及	曲12,英471,全287	(1)
59	开元二十二年(734)秋	敕西南蛮大首领蒙归义书(1)	张九龄	敕……	遣书,指不多及	曲12,英470,全287	(1),(11)开19-24
60	开元二十三年(735)夏	敕拓静州首领书	张九龄	敕……	遣书(指)不多及	曲12,英470,全287	(1)
61	开元二十三年(735)秋	敕西南蛮大首领蒙归义书(2)	张九龄	敕……	遣书,指不多及	曲12,英470,全287	(1),(11)开19-24
62	开元二十三年(735)秋	敕蛮首领铎罗望书	张九龄	敕……	遣书,指不多及	曲12,英470,全287	(1)

续表

	颁送年月	文书名	起草人	起首语言	结尾语言	出典	年代参考资料
63	开元二十二年(734)秋	敕安南首领爨仁哲书	张九龄	敕……	遣书,指不多及	曲12,英470,全287	(1)
64	开元二十六年(738)8月	赐突骑施可汗书	?	朕与可汗结为父子	悉朕意焉	册980,全40	(1)
65	玄宗朝(712—56)	赐突厥袍带诏	?	可汗慕义向风	至宜领取	全29	(1)
66	永泰二年(766)	敕与吐蕃赞普书	独孤及	敕……	遣书,指不多及	毘18,全384	(1)
67	贞元三年(787)	与回鹘可汗书	陆贽	皇帝兄敬问……	深愧厚意	陆10,英468,全464	(4)9月,(8)10月,(10)8月
68	贞元二年(786)	赐(敕)吐蕃将(相)书	陆贽	敕……	至宜领之	陆10,英469,全464	(7),(3)(10)8月
69	贞元二年(786)	赐(敕)吐蕃宰相尚结赞书	陆贽	敕……	将士等并存问之	陆10,英469,全464	(7),(3)(10)8月
70	贞元二年(786)	赐(敕)尚结赞第二书	陆贽	赵聿及论拱热等至	以副朕怀	陆10,全464	(7),(3)(10)9月
71	贞元二年(786)	赐(敕)尚结赞第三书	陆贽	敕……	秋冷,比平安好	陆10,英469,全464	(7),(3)(10)9月
72	元和三年(808)	与回鹘可汗书	白居易	皇帝敬问……	遣书,指不多及	白40,英468,全665	(4)(8)
73	元和五年(810)10月	与新罗王金重熙书	白居易	敕……	遣书,指不多及	白39,英471,全665	(4)(7)(8)(12)
74	元和四年(809)	与吐蕃宰相钵阐布书	白居易	敕……	遣书,指不多及	白39,英469,全665	(4)(7)
75	元和五年(810)	与吐蕃宰相尚绮心儿等书	白居易	敕……	遣书,指不多及	白39,英470,全665	(4)(7)

续表

	颁送年月	文书名	起草人	起首语言	结尾语言	出典	年代参考资料
76	元和四年(809)	与南诏清平官书	白居易	敕……	遣书,指不多及	白40,英470,全665	(4)(7)
77	元和二至六年(807—811)	与骠国王雍羌书	白居易	敕……	遣书,指不多及	白40,英471,全665	(4)(7)
78	会昌元年(841)十二月	赐回鹘可汗(敕)书	李德裕	敕……	自求多幸	李5,英468,全699	(5)(7)(8),(6)14日
79	会昌二年(842)	赐回鹘书意	李德裕	朕想可汗公主	视(示)喻朕意	李5,全699	(7)(2)2月,(6)
80	会昌二年(842)四月	赐回鹘可汗书意	李德裕	杨观至览表	即却令如旧	李5,全699	(5)(6)(7)
81	会昌二年(842)八月	赐回鹘可汗书并公主及九姓宰相诏书	李德裕	朕自临寰区	或贻后悔	李5,全699	(5)(7),(6)15日
82	会昌二年(842)八月	赐太和公主敕书	李德裕	敕……	具如别录	李5,英468,全699	(5)(7),(6)15日
83	会昌元年(841)	赐背叛回鹘敕书	李德裕	近数得边将奏	各令知悉	李5,全700	(5)(7),(6)3月以前
84	会昌元年(841)	赐回鹘嗢没斯特勒等诏书	李德裕	敕……	遣书,指不多及	李5,英468,全698	(5)(6)(7)
85	会昌元年(841)闰九月	赐回鹘嗢没斯特勒等诏	李德裕	敕……	想宜知悉	李5,全698	(5)(6)(7)
86	会昌三年(843)二月	与黠戛斯王书	李德裕	皇帝敬问……	想宜知悉	英470,全700	(5)(7)(8),(6)3月后
87	会昌三年(843)三月	与纥扢斯可汗书	李德裕	皇帝敬问	遣书,指不多及	李6,英470,全700	(7)(8),(5)2月,(6)2月以前

续表

	颁送年月	文书名	起草人	起首语言	结尾语言	出典	年代参考资料
88	会昌四年(844)夏	与黠戛斯可汗书	李德裕	皇帝敬问……	遣书,指不多及	李6,英470,全700	(6)(7),(5)4年,3年6月
89	会昌五年(845)三月	与黠戛斯书	李德裕	皇帝敬问……	遣书,指不多及	李6,英470,全700	(5)(7),(6)春初,(8)4年
90	会昌四年(844)十月	赐党项敕书	李德裕	敕……	当体朕怀	李6,英468,全700	(7),(5)3年
91	会昌二至六年(842—846)	与吐蕃赞普书	封敖	皇帝舅敬问……	有少物,数如别录	英470,全728	(8),(7)会昌中
92	会昌中(841—846)	与南诏清平官书	封敖	敕……	有少物,具如前数	英470,全728	(7)
93	会昌中(841—846)	与渤海王彝震书	封敖	敕……	有赐物,具如别录	英471,全728	(7)
94	会昌中(841—846)	与契丹王鹘成书	封敖	敕……	遣书,指不多及	英471,全728	(7)
95	会昌中(841—846)	与契丹王鹘成书	封敖	敕……	至宜领之	英471,全728	(7)

【凡例】
1. 文书排列原则以年代顺序为准,从个人文集中采录的内容则依照记载顺序为准。
2. 采录文书的标准:①权且不包含册立文书;②选取了对公主、羁縻州首领的文书;③"唐朝颁送国书一览表"79、80采录的"书意"是指送往翰林院前,未被粉饰过的王言的主要内容①。
3. "出典"略名
馆:《文馆词林》;旧:《旧唐书》;册:《册府元龟》;英:《文苑英华》;鉴:《资治通鉴》;曲:《唐丞相曲江张先生文集》(四部丛刊本);毘:《毘陵集》(四部丛刊本);陆:《陆宣公翰苑集》(四部丛刊本);白:《白氏长庆集》(四部丛刊本);李:《李文饶文集》(四部丛刊本);全:《全唐文》

---

① 中村裕一《〈会昌一品集〉所见"诏意""书意""敕旨"》(中村裕一《唐代公文书研究》第Ⅱ部第13章,汲古书院,1996年)。

4. "年代参考资料"号

(1)何格恩《张曲江诗文事迹编年考》(《广东文物》中册,中国文化协进会,1941年)

(2)岑仲勉《突厥集史》上册(中华书局,1958年)

(3)严一萍《陆宣公年谱》(台湾艺文印书馆,1975年)

(4)花房英树《白氏文集的批判性研究》(汇文堂书店,1960年)系年表,综合作品表

(5)傅璇琮《李德裕年谱》(齐鲁书社,1984年)

(6)岑仲勉《李德裕会昌伐叛集编证》(《史学专刊》2-1,1937年)[①]

(7)《东洋文库》唐代史研究委员会《唐代诏敕目录》(《东洋文库》,1981年)

(8)金子修一《关于唐代的国际文书形式》(《史学杂志》83-10,1974年)

(9)中村裕一《唐代制敕研究》(汲古书院,1991年)第二章"慰劳制书(慰劳诏书)"

(10)中村裕一《唐代公文书研究》(汲古书院,1996年)第Ⅱ部第六章"《白氏文集》的中枢制诰与翰林制诏"

(11)山内晋次《唐所见八世纪国际秩序及日本地位再探》(《续日本纪研究》第245号,1986年)

(12)末松保和《新罗下古诸王薨年存疑》(《新罗史诸问题》,《东洋文库》,1954年)

(13) P. A. Herbert, *Under the Brilliant Emperor ~ Imperial authority in T'ang China as seen in the writings of Chang Chiu-ling*, Australian National University Press, Canberra, 1978, PP. 66—76.

(14)石井正敏《关于张九龄作〈敕渤海王大武艺书〉》(《朝鲜学报》第112号,1984年)

(15)古畑彻《关于张九龄作〈敕渤海王大武艺书〉与唐渤纷争的终结——以第二、三、四篇的作成时间为中心》(《东北大学东洋史论集》第3号,1988年)

(16)古畑彻《关于张九龄作〈敕渤海王大武艺书〉第一篇的作成时间——以〈大门艺亡命时间〉补遗为中心》(《集刊东洋学》第59号,1988年)

(17)斋藤达也《〈曲江集〉所收之西域相关敕书的起草时期》(早稻田大学大学院《文学研究科纪要别册》第19号,1993年)

(18)爱宕松南《契丹古代史研究》(东洋史研究会,1959年)第三篇第四章"唐代契丹族——遥辇契丹统一部族的时代"

(19)田村实造《中国征服王朝研究》(东洋史研究会,1964年)上第二章第三节Ⅱ"唐代契丹族的世系"

(20)末松保和《新罗的郡县制,特别是其形成时期的两三个问题》(《学习院大学文学部研究年报》第21号,1974年)

---

① 因该杂志难得阅览,笔者借阅了片山章雄的私藏,在此表示感谢。

第一节　关于使用文书

以下是笔者在制作"唐朝颁送国书一览表"时所留意之处及相关唐代国书研究的课题。

首先,虽然本章(史学界也经常)使用"国书"这一用语,但在唐代行政文书中并不存在"国书"这种文书或王言。关于唐朝的王言,《唐六典》卷九"凡王言之制有七"分别记载了以下七种王言及其适用规定:

> 一曰册书。立后建嫡,封树藩屏,宠命尊贤,临轩备礼,则用之。
> 二曰制书。行大赏罚,授大官爵,厘革旧政,赦宥降虑,则用之。
> 三曰慰劳制书。褒赞贤能,劝勉勤劳,则用之。
> 四曰发日敕。谓后(御)画发日敕也。增减官员,废置州县,征发兵马,除免官爵,授六品已下官,处流已上罪,用库物五百段、钱二百千、仓粮五百石、奴婢二十人、马五十匹、牛五十头、羊五百口已上,则用之。
> 五曰敕旨。谓百司承旨而为程序,奏事请施行者。
> 六曰论事敕书。慰谕公卿,诫约臣下,则用之。
> 七曰敕牒。随事承旨,不易旧典,则用之。

其中,第三的慰劳制书及第六的论事敕书为国际文书,而如果进行册立则用第一种册书,授官时用告身①。前揭"唐朝颁送国书一览表"中没有收录册立文书和授官文书,中村裕一指出,起首带"皇帝敬问""皇帝问"用语的国书是慰劳制书,以"敕"开头的则是论事敕书②。除此之外,表中也有在起首未使用这些用语的国书,虽然我们应注意到有唐三百年来文书格式的变

---

① 中村裕一《唐朝授予外国使节的告身》(收入其著作《唐代官文书研究》,中文出版社,1991年,第277—281页)。
② 中村裕一《唐代制敕研究》(汲古书院,1991年)第2章《慰劳制书(慰劳诏书)》(首次发表为1985年—1988年),第3章第5节《论事敕书》(首次发表,1980年),第6节《论事敕书的传达》(首次发表,1980年)。

化，但应该说其中大多数是被收录该文书的史书省略了起首和结尾部分，因此可以说，表中的九十五份文书均属于慰劳制书或论事敕书①。

那么，唐代国际文书中，慰劳制书和论事敕书在使用上有什么区别呢？金子修一曾推定，以"皇帝敬问"起首的文书对象是与唐朝关系对等的国家，以"皇帝问""敕"起首的文书，唐王朝与其则为君臣关系②。而如前所述，中村裕一则认为这是慰劳制书和论事敕书的差异，两者均属皇帝对臣下所颁发的王言，并不存在对等关系、君臣关系这样的差异③。由于中村裕一的这一结论在日本古代史的文书研究中可以得到印证④，因此应当说是极为稳妥的见解。然而，这也不禁让我们开始思考，在外交文书层面，唐代是如何对慰劳制书和论事敕书加以区分使用的。

关于这两种文书在使用分别上的基准，中村裕一认为是唐基于蕃望（对诸国等级的划分）的高下加以区分的⑤。关于"皇帝敬问""皇帝问""敕"这三种起首用语的差异，丸山裕美子认为是在考虑到皇帝和对方距离的基础上，作为文书写作规范而为翰林学士院等准备的"样"或"例"的规定⑥。如丸山裕美子所说，在日本的慰劳诏书(《延喜式》卷十二《中务省》)中，若对方是大蕃国时，在文书起首写作"天皇敬问"，小蕃国则以"天皇问"开头以示区别。在唐末杨巨撰《翰林学士院旧规》(《知不足斋丛书》第十三集《翰院群书》)"答蕃书并使纸及宝函等事例"条中，也记载了对新罗、

---

① 唐代虽然有针对具有对等关系对象的"致书"样式的文书，但其只在唐初对突厥使用过，经过中村裕一的确认，此后终唐一代，都没有再次应用。关于这一点，参见中村裕一《唐代制敕研究》第 2 章第 3 节《慰劳制书与"致书"文书》(初次发表，1986 年)，特别是其中的《三、唐代的"致书"文书》。

② 金子修一《关于唐代的国际文书形式》(《史学杂志》第 83 编第 10 号，1974 年)。

③ 参见中村裕一《唐代制敕研究》第 2 章第 3 节《慰劳制书与"致书"文书》，特别是《四、慰劳制书与致书文书》。

④ 中野高行《关于慰劳诏书的基础性考察》(《古文书研究》23，1984 年)；中野高行《关于慰劳诏书"结语"的变迁》(《史学》第 55 编第 1 号，1985 年)；中野高行《关于慰劳诏书的受容》(《延喜式研究》第 10 号，1995 年)。

⑤ 中村裕一《唐代制敕研究》第 327 页。

⑥ 丸山裕美子《关于慰劳诏书、论事敕书的受容》(《延喜式研究》第 10 号，1995 年)第 54 页、第 57—58 页。

渤海、黠戛斯、回鹘、契丹、牂牁蛮、退浑、党项、吐蕃国舅诏,南诏骠诸国颁发的外交文书的起首、结尾语句以及所用纸、宝、函的区别。这样看来,唐王朝决定在外交文书中使用慰劳制书亦或论事敕书时,与其说是根据颁发目的来选择敕书类型,即对对方国家或其元首进行"褒赞、劝勉"(慰劳制书),抑或进行"慰谕、诫约"(论事敕书),倒不如说是依据对方国家的"格"来决定的,这一看法显然更为合理。关于作为基准的"格",正如中村裕一所说,之所以设定"蕃望",正是由于"蕃望"是在应对使节等外交事务上的根本规定。这样一来,关于唐对慰劳制书和论事敕书在使用区分上的基准,中村裕一与丸山裕美子的见解看似相异,但两者的见解在本质上非常类似。

所谓"蕃望",是指唐对诸外国人,按照他们在本国中的地位、身份及所率部众的多寡等进行等级划分的制度。据《唐六典》卷一百一十八"鸿胪寺典客令"条可知,在开元年间,蕃望分为五等,其中规定,第三等对应唐官员品阶的一品至三品,第四等对应四品、五品,第五等则对应六品及以下[①]。因此,蕃望的第一、二等已经超越了品阶,应该是该国亲王等拥有特殊显赫地位的人物。也就是说,唐代的蕃望原本并非针对对方国家,而是以该国中某一个人物为对象,是对其作为使节来朝时授官和相关待遇的制度。如果以对方国家的规模及其与唐的亲疏关系为背景,将蕃望适用于该国元首的话,是否能够对前揭"唐朝颁送国书一览表"的文书与起首用语加以说明呢?

例如,"一览表"中的43—51以吐蕃为对象,对赞普的文书起首用语为"皇帝问",而对金城公主的起首用语则为"敕",透露出唐在赞普与公主之间设定了待遇差。然而纵观"一览表",在唐颁送的国书中,绝大多数都是起首为"敕"的论事敕书。即便将慰劳制书和论事敕书的使用差别单纯看作是反映了蕃望等级之间的待遇差的话,也难以说明以"皇帝敬问某""皇帝问某"形式起首的国书对象是相当于超越唐品阶级别的国家元首、"敕某"形式国书对象是对应唐朝品阶的国家元首。

那么,假设文书的区别使用与蕃望无关,而是册立、非册立上的差异的话,则张九龄在撰写对鸡林州大都督、新罗王金兴光("一览表"19、22)与未

---

① 参见拙稿《关于蕃望》(收入拙著《唐的北方问题与国际秩序》)。

受册立的国家(如日本,"一览表"58)的文书时,在起首处却均使用了"敕某"的形式,可见这一假设也难成立。

也就是说,虽然通常唐朝颁送的国书会使用慰劳制书和论事敕书,但对两者在使用上的区别,我们现阶段仍然没有一个明确的解答。在颁送国书时,是根据独特的细节规定来运用蕃望制度,或是以册立与否为根据,还是有其他标准,这一唐代外交关系的核心问题依然挡在我们面前①。

第二节　关于文书的内容

被看作是唐代国书的王言文章大多较为简明通俗,这是由国书的性质决定的,作为国书首先要考虑的是向对方国家准确无误地传达本国的外交意志。但是,即便是"较为简明通俗",如在册立文书中尽可能地不引用古代典籍,但并不意味着我们能够很轻松地把握其向对方国家传递的内容。可以说,解读国书文章并非易事。

所谓国书,是一国元首向另一国元首发送的书信。因此,它与现代的书信一样,对于彼此理解的问题在当事人无需做详细叙述,但对不具备这种共同理解的后人来说,即便国书的行文平易简明,也难以全部了解其中的信息。

有时候当事人之间彼此理解而后人不得而知的信息可以通过其他史料进行补充。比如"一览表"58对日本国王主明乐美御德的论事敕书就是一例。从《续日本纪》"天平五年(733)四月己亥"条的记载可知,此时四艘遣唐使船已从难波出发,其中,多治比广成的归国日期记载于"天平六年十一月丁丑"条,中臣名代的归国日期则载于"八年八月庚午"条。据"天平十

---

① 山内晋次试图根据张九龄国书复原当时唐对外国的等级区分以及国际秩序这一做法十分有趣。参见山内晋次《唐所见八世纪国际秩序及日本地位再探》(《续日本纪研究》第245号,1986年)。但是山内晋次论文的部分内容依据了金子修一的论文,该部分需要重新审视。

一年十一月辛卯条"的记载①,余下两艘船中,平郡广成的船在归国途中漂流至昆仑国,其后平郡广成再度入唐,经由渤海国归国。结合这些记载来看国书,中臣名代的船也在回国时迷失航线,再次漂流至唐朝,这件国书应该正是发于其再次踏上归国路程之时。那么,在其最初归国之际也应有过一份国书,此外,在中臣名代第二次逗留唐朝期间,平郡广成等人漂流至昆仑国的消息已传到长安,以及余下一艘船行踪不明等情况都在国书中有所体现。

其他国书是否也能提供如此具有参考价值的信息呢?恐怕大都不乐观。不仅如此,多数情况下如果仅凭国书的内容,只能推测出该国书是在什么样的状况下颁发的。在"一览表"的"年代参考资料"中,对国书颁送年月的解释之所以有所不同,也是基于这一原因。而且,关于"年代参考资料",由于此前的学者研究,其目并非考证国书的准确年代,因此在今后仍有结合史料对其进行修正的余地②。

如果在"一览表"中增加册立文书的话,唐代的国书在数量上将进一步增多。为了解决上述问题,推动唐代东亚国际关系史研究进展,对国书进行译注的工作不可或缺③。译注国书与研究唐与各国、地区间的关系有所不同,需要从整体上分析把握唐代国书。这与前文所述慰劳制书、论事敕

---

① 田岛公《日本、中国、朝鲜对外交流史年表——大宝元年至文治元年》(奈良橿原考古学研究所附属博物馆编《贸易陶瓷——奈良平安朝的中国陶瓷》,临川书店,1993年,第10—13页)。另外,关于《续日本纪》之外的相关史料,参见田中健夫、石井正敏《古代日中关系编年史稿——推古天皇八年(600)至天平十一年(739)》(《遣唐使研究与史料》,东海大学出版会,1987年,第227—258页)。

② 关于此方面研究有:"一览表"28-31所列举的,石井正敏《关于张九龄作〈敕渤海王大武艺书〉》(《朝鲜学报》第112号,1984年);古畑彻《关于张九龄作〈敕渤海王大武艺书〉与唐渤纷争的终结——以第二、三、四篇的作成时间为中心》(《东北大学东洋史论集》第3号,1988年);古畑彻《关于张九龄作〈敕渤海王大武艺书〉第一篇的作成时间——以〈大门艺亡命时间〉补遗为中心》(《集刊东洋学》第59号,1988年);以及修改"一览表"39系年的斋藤达也《〈曲江集〉所收西域相关敕书的起草时期》(早稻田大学大学院《文学研究科纪要别册第19集,1993年》)。关于前者的制作年月,石井正敏与古畑彻存在部分意见不统一的情况。

③ 英文翻译有P.赫伯特译张九龄《敕渤海王大武艺书》(1-4)(《一览表》28-31);《敕契丹王据埒可突干书》(《一览表》21);《敕契丹都督涅礼书》(《一览表》23)。

书的使用区别也有直接关系。

第三节　国书在外交礼仪中的定位

　　唐朝为接待诸国派来的遣唐使而准备了相关外交仪式,这些仪式的详细流程载于《大唐开元礼》卷七十九至卷八十《宾礼》。即①"蕃国王来朝以束帛迎劳"(也适用于蕃使),②"遣使戒蕃王见日"(也适用于蕃使),③"蕃王奉见",④"受蕃国使表及币",⑤"皇帝宴蕃国王",⑥"皇帝宴蕃国使"六个仪式。其中的"蕃主(蕃国王)"和"蕃使(蕃国使)"分别是指外国国家元首和外国使节。也就是说,通常外国使节到达长安后,要出席①②③④仪式。

　　然而,考察这些仪式的流程,却看不到唐政府向使节授予国书的场景。事实上,授予国书的仪式载于别处,《大唐开元礼》卷一百二十九《嘉礼》"遣使诣蕃宣劳"就相当于该仪式。该仪式中,外国使节将唐皇帝派遣的使节迎入会场,北面与皇帝使者相对而立,听其宣读并被授予诏书。仪式会场应该是鸿胪寺(外交部)或鸿胪客馆(迎宾馆)①。我们可以根据这些遣唐使逗留唐京师时出席的官方仪式依照顺序整理如下,即:

　　　　抵达京师→入住迎宾馆→迎劳仪式(①)→传达谒见皇帝日期(②)→谒见皇帝(献上国书和币,④)→宴会仪式(唐回赠礼品,⑥)→唐授予国书(嘉礼)→奉辞(辞别,参照④)→回国

参考这样的外交礼仪顺序十分重要,究其原因如下。

　　首先,可以更加清晰地对遣唐使在归国报告中所记述的行为加以认识和理解。例如,《续日本纪》卷三十五"宝龟十年四月辛卯"条云:

　　　　又奏曰:往时遣唐使粟田朝臣真人等发从楚州,到长乐驿。
　　　　五品舍人宜敕劳问。此时未见拜谢之礼。

这是回顾大宝年间第七次遣唐使时的记载,其中传递了在长安东郊长乐驿

---

①　详见下一章。

举行前文①迎劳仪式的情况。另外,作为承和遣唐使入京的白鸟清岑曾向在扬州逗留的圆仁和尚致信,其中说到(载于《入唐求法巡礼行记》"开成四年正月廿一日"条):

> 今月三日辰时,到长乐驿。敕使迎来,传陈诏问,使到礼宾院,兼朝拜毕。

其中描述了迎劳仪式的经过,"朝拜"的对象是在朝堂前来慰劳的敕使,而不是在此时谒见皇帝本人。因此,可以说正确把握逗留在唐的遣唐使所面对和参与的是怎样的一种仪式,颁布了何种王言,其中哪个相当于国书,这些对于理解唐代外交礼仪不可或缺。

其次,也是对本章更为重要的一点,即当我们检索《旧唐书》《册府元龟》等史书中关于文书的内容时,经常会遇到"是否可以将这条看作国书"这种让我们难以判断的外交王言。这是因为,有时候慰劳制书、论事敕书的部分内容被省略,导致表面看来似乎并不是国书,或者有时所采录的王言的确是国书以外的。因此,在判断史书中所采录的文书是国书还是其他王言时,必须立足于唐代外交礼仪之上,明确是在什么样的仪式中发布了何种王言。在制作"一览表"时,笔者虽然意识到这一点,但仍可能有疏漏之处。反过来说,对外国使节发布国书以外的王言时,如果不明确它是据前文所列《唐六典》七种王言的哪一种而完成的话,就不可能进一步明确国书的性质。

可以说,在唐王朝颁发的国书研究中,尚待解决的问题还有很多。

第六章

唐代的国书授予仪式

绪　论

在现代国际政治中,内阁决定的外交政策方面的通告,外务大臣和对方国家大使、公使之间的通知、条约、协定等的形成及实施,这些都有必须要遵守的规则,在实施这些手续的文书中,除书简、备忘录、纪要、通牒、交换文书等外,还有一种由一国元首致另一国元首的"亲笔信"[①],它虽非正式文书,但实际中却经常应用。在东洋前近代史中,一国元首致另一国元首的文书通常被统称为"国书",类似于现在狭义的"亲笔信",是前近代外交中具有最高权威的文书。可以说在以隋唐王朝为中心的东亚外交呈现活跃化的七至九世纪,正是国书外交华丽展开的典型时代。国书的格式及行文往往与国家的威信相联系,有时会因此引发国家间的一些纷争,这已为人所熟知[②]。为向唐示意友好,甚至有周边国家将此前唐王朝所授予的国书全部展示给唐派遣来的使节看[③]。

关于唐王朝颁发的国书格式,金子修一首先注意到,在文书起首部分的表达方式中存在着差异。他提出:以"皇帝敬问"起首的文书,对象是与唐有敌对关系的国家;以"敕"(也有特例为"皇帝问")起首的文书,其对象

[①] 外务省外交史料馆、日本外交史辞典编纂委员会编《日本外交史辞典》(新版,山川出版社,1992年)"外交文书""外交文书的形式"等项。

[②] 日本推古十五年(607),大礼官小野妹子奉推古天皇和圣德太子之命出使隋朝,带给隋炀帝的国书十分有名,其他还有唐建中二年(781)致吐蕃的国书中因"贡献""赐""领取"等表达而引起纷争的例子。

[③]《旧唐书·吐蕃传上》记载,开元十七年(729),"赞普等欣然请和,尽出贞观以来前后敕书以示"。

是与唐具有君臣关系的国家①。对此,中村裕一研究后指出,以"皇帝敬问""皇帝问"开头的王言是慰劳制书的格式,以"敕"开头的王言则是论事敕书的格式,两者不仅是国际文书,同时也是唐朝国内对于臣下颁发的王言,其中并无敌对或君臣关系的差别②。中村裕一的这一观点在日本古代史文书格式研究中也得到认可。中野高行认为,日本的慰劳诏书形式,其起首为"天皇敬问""天皇问",结语的文言则受到唐慰劳制书结语在七世纪后半期到八世纪初被统一为"遣书,指不多及"的影响,在八世纪中叶一般也作"遣书"这一形式③。丸山裕美子认为,"遣书,指不多及"这一结语是唐慰劳制书和论事敕书共通的格式,两者的差异只在于起首部分的表现上,"皇帝敬问""皇帝问""敕"三种起首处用语的区别取决于皇帝和对方的距离,在起草之际,其差别所依据的并非令或者式,而是如翰林学士院等的"样"或者"例"这种规制效力稍弱的规定④。中村裕一还指出,在慰劳制书、论事敕书之外,唐代还有一种通过"牒"的形式来表现国家之间意志传达的文书,在日本相当于太政官牒⑤。

另外,由于国书是用来传达国家外交意志的文书,除了对其格式进行研究外,对其内容加以分析从而了解该时代国际关系的研究也很重要。石井正敏确定了张九龄起草的四篇致渤海大武艺敕书的发布年代⑥,古畑彻

---

① 金子修一《关于唐代的国际文书形式》(《史学杂志》第83编第10号,1974年,后收入其专著《隋唐的国际秩序与东亚》,名著刊行会,2001年)。

② 中村裕一《唐代制敕研究》(汲古书院,1991年)第二章《慰劳制书(慰劳诏书)》第一节《慰劳制书式》(首次发表于1986年)、第二节《慰劳制书的起源》(首次发表于1988年)、第三节《慰劳制书与"致书"文书》(首次发表于1986年)、第三章《敕书》中第五节《论事敕书》(首次发表于1980年)、第六节《论事敕书的传达》(首次发表于1980年)。

③ 中野高行《关于慰劳诏书的基础性考察》(《古文书研究》第23号,1984年);中野高行《关于慰劳诏书"结语"的变迁》(《史学》第55卷第1号,1985年)。

④ 丸山裕美子《关于慰劳诏书、论事敕书的受容》(《延喜式研究》第10号,1995年)。该论文的着眼点在于指出日本对慰劳诏书、论事敕书的继承不仅是将其作为外交文书,而在于其本身的功能上(对臣下的褒赏、慰劳、训诫)。

⑤ 中村裕一《渤海国咸和十一年(841)中台省牒——古代东亚国际文书的一个形式》(《唐代官文书研究》,中文出版社,1991年);田岛公《外交与礼仪》(收入岸俊男编《日本的古代》第七卷《祭祀活动的展开》,中央公论社,1986年)。

⑥ 石井正敏《关于张九龄作〈敕渤海王大武艺书〉》(《朝鲜学报》第112号,1984年)。

同样以考证其发布时间为中心，发表了一系列唐朝与渤海关系史研究成果①。山内晋次则通过分析张九龄起草的三十五篇外交文书，复原了唐朝的外交序列，在该序列中，吐蕃、突厥、突骑施等内陆诸国占据上位，日本则处于最下位②。斋藤达也通过分析张九龄国书中七个与西域相关国书的起草时期，探讨了开元年间唐朝与突骑施的关系③。众所周知，国书研究在日本古代史领域是十分重大的问题，目前日本学界有人认为从国书来看，日本对唐朝外交是对等的，但也有人认为日本对唐朝外交基本上属于朝贡性质④。

如前所述，目前围绕唐朝颁发的国书，相关研究大多是对其格式进行分析，并且通过文言内容探讨国际关系，并由此派生出了很多新的问题。然而，对于唐是如何将国书授予外国使节这一问题，以及有关国书传达的具体场所及仪式，仍未有人进行过探讨。

在现在被看作唐朝所颁发国书的文书中，如果算上致外国宰相及羁縻州首领的国书，在《文苑英华》卷四百六十八至卷四百七十一共计约有六十篇，这些和张九龄《曲江集》卷八至卷十二、白居易《白氏长庆集》卷五十六至卷五十七、《册府元龟·外臣部》等史书中相关内容重复。这些唐代国际文书研究虽然因中村裕一对慰劳制书、论事敕书的研究而有了飞跃性进

---

① 古畑彻《关于大门艺的亡命时间——发展至唐渤纷争的渤海的形势》（《集刊东洋学》第 51 号，1984 年）；古畑彻《唐渤纷争的展开与国际形势》（《集刊东洋学》第 55 号，1986 年）；古畑彻《关于张九龄作〈敕渤海王大武艺书〉第一篇的制作时间——〈关于大门艺的亡命时间〉补遗》（《集刊东洋学》59 号，1988 年）；古畑彻《张九龄作〈敕渤海王大武艺书〉与唐渤纷争的终结——以第二、三、四首的制作时间为中心》（《东北大学东洋史论集》第 3 辑，1988 年）。

② 山内晋次《从唐所见八世纪的国际秩序与日本地位再探》（《续日本纪研究》第 245 号，1986 年）。

③ 斋藤达也《〈曲江集〉所收西域关系敕书的起草时期》（《早稻田大学大学院文学研究科纪要》别册第 19 集，哲学史学编，1993 年）。

④ 在前者的立场上，主要有山内英雄《关于日、唐、罗、渤间的国书》（《日本考古学·古代史论集》，吉川弘文馆，1974 年）；在后者的立场上，则主要有森公章《古代日本的对唐观研究》（《弘前大学国史研究》第 84 号，1988 年）。涉及日本遣唐使是否带有国书的研究不胜枚举，可参见拙稿《唐代外国使节的皇帝谒见仪式复原》（《史滴》第 12 号，1991 年，收入拙著《唐的北方问题与国际秩序》，汲古书院，1998 年）注释 8。

展,但在《旧唐书》《册府元龟》等史料中仍能看到不少难以判断是否属于国书的外交王言。其中有可能包括因慰劳制书、论事敕书的开头和结尾被省略采录,导致看上去不像是国书的情况,当然也有可能包括采录国书以外王言的例子。在判断这种史书中采录的文书是国书还是非国书时,立足于唐代外交礼仪,分析怎样的仪式场所中所发布的王言属于国书是一个很有效的手段。

笔者在此前为说明以唐为核心的东亚世界国际关系时,探讨了唐是如何接纳并应对外国朝贡使节的问题,为了深入了解其具体状况,对一些宾礼仪式的场景进行了还原①。本章作为其中的一个环节,从唐代授予国书仪式的侧面着手,探讨相关问题。

第一节 关于唐代的国书授予仪式

一、宾礼所见王言

国书是国家元首之间正式传达意志的一种载体,在其授受过程中,一定会存在与之相应的仪式。但意外的是,在玄宗朝编纂完成的记录国家仪式的集大成之作《大唐开元礼》(简称《开元礼》)的《宾礼》篇目中,却看不到以"国书授予"为名的仪式。《开元礼·宾礼》分为六篇。对于《开元礼》之前《贞观礼》中的《宾礼》情况,据《旧唐书·礼仪志一》载:

> 太宗皇帝践祚之初……定著《吉礼》六十一篇,《宾礼》四篇,《军礼》二十篇,《嘉礼》四十二篇,《凶礼》六篇,《国恤》五篇,总一百三十八篇,分为一百卷。

---

① 拙稿《唐的鸿胪寺与鸿胪客馆》(《古代文化》第42卷第8号,1990年);拙稿《唐代外国使节的皇帝谒见仪式复原》(《史滴》第12号,1991年);拙稿《关于唐代朝贡使节的宴会仪式》(《小田义久博士还历纪念东洋史论集》,真阳社,1995年),以上三文均被收入拙著《唐的北方问题与国际秩序》。

可知总计一百三十八篇,其中《宾礼》四篇。在高宗朝,礼典的编纂情况则如下文所载:

> 高宗初,议者以贞观礼节文未尽,又诏……重加辑定,勒成一百三十卷。

高宗朝编纂了更为详尽的《显庆礼》。但在武则天执政以后,变为以五礼为主,同时参考周礼,而且《贞观》《显庆》二礼也并未废除而是并用,因此制订的仪式十分烦琐,到玄宗朝产生了结合今事、折中诸礼进行改订的需求,最终在开元二十年(732)完成了《吉礼》五十五篇、《宾礼》六篇、《军礼》二十三篇、《嘉礼》五十篇、《凶礼》十八篇,总计一百五十二篇一百五十卷的《大唐开元礼》①。

《宾礼》从一开始《贞观礼》的四篇,经由《显庆礼》,以至《开元礼》,与其说是礼目的一部分被删除,倒不如说唐礼将礼目改订得更加细化了,这样的看法更符合事实。《贞观礼》《显庆礼》中规定了对外国使节授予国书的仪式,而到《开元礼》被删弃不用,这是不太可能的。事实上,《开元礼》在玄宗朝以后很长时间内是实施国家仪式的重要指南,这一点在史料中可以得到确认②。因此,唐朝的国书只要不是在长安的某个官署中秘密面交的话,《开元礼》中的某处应该会有对该仪式的记载,那么,究竟是哪个仪式呢?

由于国书是王言的一种,因此有必要按照仪式的进行顺序,在唐接待外国使节的诸仪式中,对在哪个仪式中、在怎样的情形下对使节发布了何种王言这一事项进行确认。《大唐开元礼》卷七十九至卷八十《宾礼》中,规定有如下六个仪式:

(1)蕃主来朝遣使迎劳

(2)皇帝遣使戒蕃主见日

(3)蕃主奉见(注:奉辞礼同)

(4)皇帝受蕃使表及币(注:其劳及戒见日亦如上仪)

---

① 参见古典研究会《大唐开元礼(附大唐郊祀录)》(汲古书院,1972年)所收池田温《大唐开元礼解说》。

② 《旧唐书》卷一百四十九《柳冕传》;《旧唐书》卷一百六十《李翱传》;《旧唐书》卷一百七十一《李汉传》;《旧唐书》卷一百八十七下《忠义传下·景让传》等。

（5）皇帝宴请蕃主

（6）皇帝宴请蕃使

这几个仪式中都有颁布王言的机会。那么，哪一个最适合唐朝授予国书呢？

首先，（1）是对蕃主（外国国家元首）抵达长安后，由唐朝的使者进行欢迎与慰劳的仪式，从（4）的注文可以看出，这一仪式也同样适用于蕃使（外国使节）。仪式顺序为：首先蕃主在候馆（驿馆或客馆）或远郊接受作为慰劳的币（束帛）的授予（对蕃使不授予束帛），此时由唐朝皇帝的使者进行"宣制"，接下来移至朝堂，蕃主面向北，从通事舍人处接受"宣劳之敕"。因此，在这个仪式上颁布的王言为"制"和"敕"两种。

（2）是向蕃主通告谒见皇帝日期的仪式，这个仪式与（1）一样，也适用于蕃使。蕃主或蕃使在客馆东阶西面，从立于西阶东面的皇帝使者处接受谒见日的"宣制"[1]。

（3）是蕃主谒见皇帝的仪式，从注文来看，蕃主归国送别的仪式也准此仪式。蕃主在太极殿殿庭受"制"，接下来在受"劳制"后奉"敕"获得升殿许可。皇帝面朝南，从西阶升殿的蕃主面朝东坐于皇帝西南方位，在殿上因"制"接受"劳问"，最后再次受"劳制"后返回客馆。在这个过程中，共发布五回王言，由侍中负责传达。

（4）相当于遣唐使的谒见仪式。按照蕃主的情况，使节归国送别的仪式大约也是准此仪式[2]。外国使节在太极殿殿庭献上国书和贡物，结束后，皇帝通过通事舍人向蕃国主问"制"，并向其臣下问"敕"，发布慰劳之言，最后外国使节受敕归客馆[3]。

（5）和（6）是赐宴仪式。（5）是对蕃主的赐宴，进入会场殿庭的蕃主受"敕"升殿，在献上贽币时，皇帝发布接受国书与贡物的"制"（朕其受之），按照干杯、会食、乐舞的顺序举行宴会后，蕃主降于殿庭，接受唐朝授予的"筐篚"（回礼），与此同时，皇帝的"敕"也会被宣读，结束后散场。与之相

---

[1] 参见拙稿《唐的鸿胪寺与鸿胪客馆》。

[2] 关于外国使节辞见仪式，《唐六典》卷四"膳部郎中"条中有蕃客的"设食料，设会料"规定，有可能会提供给食物，并按照使节品阶各有差等。

[3] 参见拙稿《唐代外国使节的皇帝谒见仪式复原》。

比,(6)蕃使的宴会仪式没有献上贽币这一内容(已在"皇帝受蕃使表及币"仪式中献上),其余则与(5)相同①。

这些就是从宾礼仪式经过中能够看到的所有王言,将其整理如下表3。

表3 《大唐开元礼》宾礼所见王言

仪式名	王言(括号内为场所)
(1)蕃主来朝遣使迎劳	①慰劳之制(驿馆、客馆、远郊中的任一)②宣劳之敕(朝堂)
(2)皇帝遣使诫蕃主见日	③传达谒见日之制(客馆)
(3)蕃主奉见	④制(太极殿殿庭)⑤劳之制(同上)⑥升殿之敕(同上)
	⑦劳问之制(殿上)⑧还馆之制(同上)
(4)皇帝受蕃使表及币	⑨问蕃主之制(太极殿殿庭)⑩问臣下之敕(同上)
	⑪慰劳之言(同上)⑫还馆之敕(同上)
(5)皇帝宴请蕃主	⑬升殿之敕(太极殿殿庭)⑭受取贽币之制(殿上)
	⑮授予筐篚时颁布的敕(殿庭)
(6)皇帝宴请蕃使	⑯升殿之敕(太极殿殿庭)⑰授予筐篚时颁布的敕(同上)

在表3共计17个王言之中,哪一个最适合授予国书呢?其中,⑥⑧⑫⑬⑭⑯是仪式进行过程中的发言,因此不适合颁布作为国书的王言,同样,③为传达谒见日,因此也可以排除。在(3)"蕃主奉见"仪式中,蕃主升殿,在殿上受⑦劳问之制,在此之前于殿庭宣读的④⑤应该不会有类似于国书的王言,而是属于仪式进行中的发言。在(1)的迎劳仪式中,有两种王言,①是对蕃主、蕃使抵达长安后的欢迎、慰劳之言,但对于②,也就是于朝堂上的敕有必要进行关注。

这样一来可以看出,表3中有可能是国书的只有:②在朝堂的敕,⑦蕃主奉见时在殿上的制,⑨⑩⑪的使节谒见时的一系列发言,以及⑮⑰宴会仪式中授予回礼时发布的敕这四种。接下来对此进行逐一探讨。

二、"迎劳仪式"中的朝堂宣敕

首先分析表3中的②。在宾礼的王言中,只有宣劳之敕是在朝堂面北

---

① 参见拙稿《关于唐代朝贡使节的宴会仪式》。

而受的王言,因此值得予以特别关注。那么,它是如何实施的呢,现将《开元礼》中所载仪式分段整理如下:

【原文】

蕃主来朝遣使迎劳

(1)前一日,守宫①设次于候馆②门之外道右,南向。

(2)其日,使者至,掌次者引就次。蕃主服其国服,所司引立于东阶下,西面(凡蕃主进止,所司先引,制使皆谒者先导)。使者朝服出次,立于门西,东面,从者执束帛立于使者之南。

(3)蕃主有司③出门东,西面曰:"敢请事。"使者曰:"奉制劳某主(称其国名)。"有司入告,蕃主迎于馆门外之东,西面,再拜。使者与蕃主俱入。使者先升,立于西阶上,执束帛者从升,立于使者之北,俱东面。蕃主升,立于东阶上,西面。

(4)使者执币称:"有制。"蕃主将下拜,使者曰:"有后制,无下拜。"蕃主旋北面,再拜稽首。使者宣制讫,蕃主进,受币(彩五匹为一束。其蕃主答劳使,各以土物,其多少相准,不得过劳币。劳于远郊④,其礼同。蕃主还,遗赠于远郊,亦如之。劳蕃使即无束帛)。退,复位,以币授左右,又称再拜稽首。使者降,出,立于门外之西,东面。蕃主送于馆门之外,西面,止使者。

(5)蕃主揖⑤。使者俱入,让升,蕃主先升东阶上,西面;使者升西阶上,东面。蕃主以土物候使者⑥,使者再拜,受。蕃主再拜,送物,使者降,出,蕃主从出门外,皆如初。蕃主再拜,送使者还。

(6)蕃主入,鸿胪迎引,诣朝堂⑦,依方北面立。所司奏闻,舍人承敕出,称"有敕"。蕃主再拜。宣劳讫,又再拜。所司引就馆,如常仪。

【语释】

①守宫:卫尉寺守宫署。掌仪式中出席者的席次。

②候馆:通常为驿传制的驿馆(在长安则为都亭驿),此处指客馆。参见后文第三节。

③蕃主有司:跟随蕃主的官员,引导外国使节的角色。

④劳于远郊:延历遣唐使在长安东郊的常乐驿接受欢迎即是一例。载于《日本后

99

纪》卷十二"延历二十四年六月乙巳"条。

⑤揖：将两手高举拱于胸前向对方致敬之礼。

⑥傧：回报之意。《周礼·秋官·司仪》云"宾继主君"，"傧者，报也"。

⑦朝堂：唐宫城的朝堂，建于宫城以南，正门承天门外东西两侧。《唐两京城坊考》卷一"西京、宫城、承天门"注云："门外有朝堂，东有肺石，西有登闻鼓，其门上有楼。"关于太极殿、承天门、朝堂的位置关系参见渡边信一郎《天空的玉座——中国古代帝国的朝政与仪礼》(柏书房，1996年)第165页插图。

这个仪式过程可以简要整理如下：(1)仪式前的准备；(2)仪式当日唐皇帝使者和蕃主（蕃使）的基本位置；(3)皇帝使者入馆内，在阶上与蕃主（蕃使）东西相对而立；(4)皇帝使者宣制，授予蕃主彩束（蕃使则无此内容）后，回到馆外；(5)皇帝使者再次入馆内，在阶上从蕃主（蕃使）处接受礼物后，离开馆；(6)蕃主（蕃使）由鸿胪寺官员带往朝堂，北面立，从通事舍人处受敕，回到馆里。也就是说，本仪式内容是唐迎接到达京师的外国使节，使节献上礼物（按照国信的标准），并从唐皇帝那里接受慰问。

在本仪式中，首先值得注意的是(6)，在朝堂的宣敕，是之前从(1)至(5)这一系列过程的延续。那么，这个敕应该是外国使节到达长安后不久就发布了。事实上，在被看作唐对外国君主所发国书的文书中，例如《册府元龟》卷九百七十五《外臣部·褒异二》所载开元十九年(731)对新罗金兴光的书中有：

> 所进牛黄及金银等物，省表具知。卿二明庆祚，三韩善邻，时称仁义之乡，代著勋贤之业。

《文苑英华》卷四百七十载《与黠戛斯书》有：

> 朕已于三殿面对，兼赐宴乐，并依来表，更不滞留。朕续遣重臣，使申册命。故先达此旨。

张九龄《唐丞相曲江张先生文集》卷九《敕渤海王大武艺书》（第一书）载：

> 观卿表状，亦有忠诚。可熟思之，不容易尔。

可以见到描写唐朝皇帝从外国使节处接受表及礼物的内容，甚至有的内容传递出赐宴结束的信息。结合这些内容，不难想象，唐朝的国书应该是在接受了外国使节递交国书、贡物之后，作为回应颁发的。因此，使节到达长安后便实施的"迎劳仪式"的劳敕并非国书的宣旨。

那么,在朝堂上宣布的敕,实际上是什么内容的王言呢?试举一例,《册府元龟》卷九百七十四《外臣部·褒异一》所载如下诏书正是一个绝好的例子:

> (开元五年)十一月丙申,契丹李失活来朝,诏劳之曰:"卿等累覃邦化,多历年所,城池郡邑,冠盖相望。往缘边牧非任,遂令卿等失业。念彼雄藩,鞠为茂草。今卿等削摧异俗,归诚本朝,频献封章,益明忠款,克复州镇,宛如平昔。失活将尚公主,永为藩臣,入拜阙庭,良深尉喜。卿等涉路远来,得平安好否。近属节假,不得早与卿相见,且向曹司安置,待后进止。"

在其后,又载:

> 六年正月壬寅,奚王李失活、永乐公主还蕃,命有司加等祖饯,其私觌物六千段。

李失活等人是在第二年六月回国的,那么,前一年十一月的诏书应该发布于他们入唐之后不久,特别是从末尾的文字来看,不大可能是国书,而应该是在"迎劳仪式"上宣读的敕。

三、国书授予仪式之所在

那么,前揭表3"《开元礼》宾礼的王言"中,余下的⑦⑨⑩⑪,以及⑮⑰这三个阶段是否授予了国书呢?

首先,"蕃主奉见"仪式过程中的⑦,在宾礼中看不到蕃主进呈国书这一环节,事实上,连唐朝是否对蕃主颁发国书这一基本问题都尚存疑问,在史料中试检索与⑦劳问之制相当的王言,《册府元龟》卷九百九十九《入觐》载:

> 玄宗开元二年二月癸巳,奚王李大辅等来朝。上谓之曰:"卿等为朕外藩,款诚夙著,爰初州属,职贡相仍。往缘寄任非才,拙于绥抚,因使卿等猜贰,颇成阻绝。而能不忘本,翻然改图,览所献书,具知至恳。大辅将尚县主,失活又遣近亲,并自边隅,同臻

洛邑,朕今与卿等相见,喜慰良深。"

对奚王李大辅来朝,玄宗所发之言是很宝贵的例子①。虽然少数民族元首本人亲自入朝极为少见,但当此类情况发生并且实施奉见仪式时,所宣劳问之制中应含有类似于这条史料末尾处的内容。但是,也不能将这种制看作唐王朝颁布的国书。关于史料中的"所献书",由于此次朝贡中契丹李失活的使节也一同随行,如果外国元首来朝时原则上不带国书的话,那么"所献书"应是指契丹带来的本国书籍。

接下来,在"皇帝受蕃使表及币"仪式中,在接受了外国使节的国书和贡物以后,唐皇帝颁发的⑨⑩⑪会是授予蕃使的国书吗? 幸运的是,这些王言的具体内容可见于《日本书纪》卷二十六"齐明天皇五年(唐显庆四年,659)秋七月戊寅"条所引《伊吉连博德书》,其中介绍了日本遣唐使谒见高宗时的情况:

　　(闰十月)二十九日,驰到东京。天子在东京。三十日,天子相见问讯之:"执日本国天皇,平安以不?"使人谨答:"天地合德,自得平安。"天子问曰:"执事卿等,好在以不?"使人谨答:"天皇怜重,亦得好在。"天子问曰:"国内平不?"使人谨答:"治称天地,万民无事。"……天子重曰:"……使人远来辛苦。退在馆里。"

文中所见高宗之言,可以看出正如前揭表3"《大唐开元礼》宾礼所见王言"⑨问蕃国王、⑩问臣下、⑪陈述慰劳之语一样,也不是国书的宣旨。

这样一来,在宾礼的所有王言中,唐颁布国书并进行授予可能性最高的就是前揭表3中的"宴会"仪式的⑮⑰。如果是有使节出席的场合,则是⑰的敕。⑰的敕是在对使节授予"篚篚"时发布的,《唐会要》卷五十四《省号上》"中书省"条载:

　　其年(圣历三年,700)四月三日敕:"应赐外国物者,宜令中书

---

①　《册府元龟》在引文开头将"奚王"作"奚饶乐郡王",据《旧唐书》卷一百九十九下《北狄传·奚》,李大辅在开元三年(715)被册封为饶乐郡王,于开元五年(717)入朝。另外,文中所谓"卿等猜贰,颇成阻绝"是指奚与契丹互为表里,自高宗朝以来反复背叛朝廷。

具录赐物色目,附入敕函内。"

唐所赠回礼的品类清单作为文书附在"敕函"之中,由通事舍人担任宣敕者,据《唐六典》卷九《中书省》"通事舍人"条载:

> 通事舍人,掌朝见、引纳及辞谢者,于殿庭通奏。

这也与其职务相吻合。也就是说,从外国使节手里接受了国书和贡物的唐王朝,要对使节进行赐宴以作为回应,并在宴会最后赠予使节回礼,与此同时宣布唐朝国书,该国书与回礼清单一起放入箱中一并授予使节。

诏敕所放的箱子在前文所引《唐会要》中被记载作"敕函",但在规定了唐末国际文书格式、用纸、宝函、是否施印等内容的《翰林学士院旧规·答蕃书并使纸及宝函等事例》(收于《知不足斋丛书》第十三集《翰苑群书上》)中作"函",通常并不使用"筐篚"一词。"筐"和"篚"的本意为盛装食品、衣物等的"四角筐子",此处特指贡物、答礼。例如,《诗经·小雅·鹿鸣》的《诗序》曰:

> 鹿鸣,燕群臣嘉宾也。既饮食之,又实币帛筐篚,以将其厚意。然后忠臣嘉宾得尽其心矣。

《礼记·曲礼上·贺取妻者曰·疏》云:

> 贺者,闻彼昏而送筐篚,将奉淳意。

《晋书》卷八十六《张寔传》载:

> (张)寔下令国中曰:"……自今有面刺孤罪者,酬以束帛。翰墨陈孤过者,答以筐篚。谤言于市者,报以羊米。"

《梁书》卷三十六《江革传》载:

> (江)革曰:"我通不受饷,不容独当故人筐篚。"至镇,惟资公俸,食不兼味。

也就是说,宾礼中宴会仪式的"筐篚"与"敕函"相混,因此不应将表3中⑰的敕看作国书。此时的"筐篚"是指唐朝回赠的答礼,答礼的清单被附于国书中,置于"敕函"内,白居易《白氏长庆集》卷五十七《与回鹘可汗书》(收于《文苑英华》卷四百六十八)中载:

> 今赐少物，且如别录。

这个"别录"相当于答礼的清单。在晁衡（阿倍仲麻吕）归国之际，王维所赠《送秘书晁监还日本国》序中曰：

> 筐命赐之衣，怀敬问之诏。

将二者分开称呼，则体现了国书（敕函）和答礼（筐篚）被严格地区分开来。

如上所述，唐代宾礼所见十七个王言可以说与国书的宣布和授予全都不符合。但即便如此，也不能排除《开元礼》在叙述上存在将国书的宣布和授予进行省略的可能性。如《册府元龟》卷九百七十四《外臣部·褒异一》载：

> （开元五年）十月丁卯，日本国遣使朝贡。戊辰敕：日本国远在海外，遣使来朝，既涉沧波，兼献邦物。其使真人莫问等，宜以今月十六日，于中书宴集。

这是向日本遣唐使传达宴会日期的敕，但传达宴会日期的仪式是怎样的过程，在宾礼中看不到。或许有和传达谒见日相同的仪式，只是被《开元礼》省略了。因此，国书授予仪式有可能在《开元礼》中被删除，而且即便前文所述的"筐篚"并非"敕函"，也不能完全否认与之同时实施的国书授予环节在《开元礼》仪式中被省略的可能性。

但是，国书通常是一国元首向另一国元首（或具有同等身份的对象）发送的文书，在前近代国际文书中级别最高。在唐代礼制中，不仅规定了从对方国家接受国书这一内容，连通知谒见日这样细小的事情都有规定，但却省略了国书授予仪式这一非常重要的部分，这一点实在令人费解。这样一来，我们就有必要从《开元礼》宾礼以外的部分寻觅唐代国书授予仪式。在此过程中，《开元礼》嘉礼《皇帝遣使诣蕃宣劳》仪式也就浮出了水面。

第二节 《皇帝遣使诣蕃宣劳》仪式的复原

《皇帝遣使诣蕃宣劳》的仪式载于《大唐开元礼》卷一百二十九《嘉

礼》，以及《通典》卷一百三十《开元礼纂类二十五·嘉礼九》之中。现以《开元礼》为基础，参考《通典》相关内容，对该仪式复原如下：

（1）前一日，执事者设使者次于大门外道东①，南向。

（2）其日，使者至，执事者引就次，使者以下俱公服。蕃主朝服②立于东阶东南，西面。使者出次，执事者引使者，立于大门外之西，东向③。使副立于使者西南④，持节者立于使者之北少退，令史⑤二人对举⑥诏书案，立使副西南，俱东面⑦。

（3）执事者引蕃主，迎使者于门外之南⑧，北面再拜。使者不答拜。执事者引使者入，持节者前导，持案者次之，入门而左⑨。使者诣阶间，南面立。持节者立于使者之东，少南西面。使副立于使者西南，持案者⑩立于使者之南，北面⑪。

（4）持节者脱节衣。持案者进使副⑫前，使副取诏书，持案者退复位。使副进授使者，退复位。使者称："有诏⑬。"蕃主再拜。使者宣诏讫，蕃主又再拜。执事者引蕃主，进使前，北面受诏书，退立于东阶东南，西面。

（5）持节者加节衣，执事者引使者，持节者前导，持案者次之，出，复门外位。执事者引蕃主拜送于大门外。使者还于次，执事者⑭引蕃主入。

【语释、校异】

①东：《通典》亦作"东"，疑为"西"。详情后述。
②朝服：十通本《通典》作"朝堂"，应为"朝服"。
③东向：《通典》作"东面"。
④西南：《通典》无"南"字。
⑤令史：原本是掌管文书事务的官员，在唐代各官署都有令史。这里当是门下省或中书省所属令史。
⑥对举："对"是相对之意。两名令史均朝东面，不可能是相对而举，只能是相向而举。
⑦东面：《通典》作"东向"。
⑧南：疑为"东"。详情后述。
⑨左：表示从正门西侧进入的使者们将位置移到了中央。详情后述。
⑩持案者：《通典》在此之后记载道："立使副西南，俱东面。执事者引蕃主入。"在

《大唐开元礼》中,持诏书案者与使者南北相对这一点很奇怪,而且蕃主的位置也不明确,因此这里可以看作《大唐开元礼》的漏句。

⑪北面:宋版《通典》作"北向"。

⑫使副:《通典》作"使者",但从后行文文来看,此处《大唐开元礼》是正确的。

⑬有诏:十通本《通典》无"有"字。

⑭执事者:《通典》无"者"字。

可将上述《皇帝遣使诣蕃宣劳》仪式次第分段整理为:

(1)仪式前的准备,在会场外设置唐朝皇帝所派遣使者的席次。

(2)仪式当天,蕃主首先在东阶东南,面朝西,皇帝使者在门外西边,面朝东,双方处于一种不规范的东西相对的位置关系。

(3)蕃主出门,面朝北迎接皇帝使者,皇帝使者入场在阶间站立,面朝南,蕃主入场面朝北,和皇帝使者相对。

(4)皇帝使者宣诏,结束后蕃主受诏书,回到东阶东南,面朝西立。

(5)皇帝使者退场,蕃主送至门外,皇帝使者就门外席次,蕃主进入会场,仪式结束。

在仪式中出现了"东阶"和"阶间",如文字所示,这说明有东西排列的两段台阶,参考其他仪式的话(比如前揭宾礼《蕃主来朝遣使迎劳》仪式或《皇帝遣使戒蕃主见日》仪式),东西台阶向南北延伸,故而门一定位于其北侧①。因此,在仪式开始时,蕃主的基本位置,即"东阶东南"位置在东阶之上,面朝西,蕃主由此走下台阶迎接皇帝使者。从仪式顺序可见,仪式中,蕃主需提前到仪式会场,并迎接皇帝派遣的使者入场,因而双方东西相对时,西面为"主",东面为"客",这与中国礼制的位置关系相一致②。这些在宾礼《蕃主来朝遣使迎劳》仪式和《皇帝遣使戒蕃主见日》仪式中也一样,本章所列举的这几种仪式与礼仪思想的基本原则完全符合。【语释、校异】的①⑧⑨也正是基于这一点尝试进行了订正,笔者按照仪式次第将本仪式概念图绘制如图3。

---

① 参见拙稿《唐的鸿胪寺与鸿胪客馆》。

② 冈安勇《关于中国古代史料中出现的席次与皇帝西面》(《史学杂志》第92编第9号,1983年)。

第二部　国书与外交

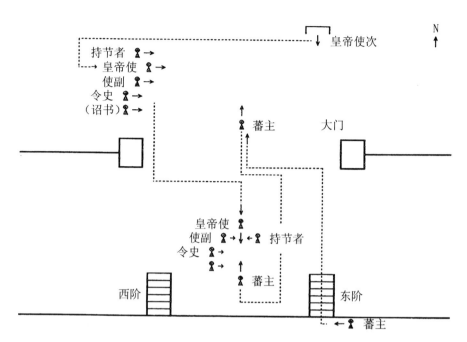

图3　《皇帝遣使诣蕃宣劳》仪式概念图

仪式中接受诏书的人始终为蕃主,前文曾提到,宾礼诸仪式首先是以蕃主为对象来制订仪式内容与顺序,如果对象是"蕃使"则参照这个仪式实施。宾礼中的王言均不适合对外国使节进行国书宣赐,而通篇检索《大唐开元礼》,对外国使节进行王言宣赐的仪式也只有嘉礼中的《皇帝遣使诣蕃宣劳》仪式了。因此,在本仪式中进行国书授予的可能性最大。

第三节　关于仪式会场的问题

通过前文的探讨,指出了最有可能实施对外国使节授予国书的仪式应该是《大唐开元礼》嘉礼《皇帝遣使诣蕃宣劳》。但要确定这一点,仍有问题需要解决。从仪式名称来看,该仪式为"唐皇帝派遣使者至国外,对该国元

107

首宣授来自唐皇帝的册立等诏敕的仪式"①。如果这样理解的话,该仪式的举办场所应是在外国,仪式中被授予国书的对象只能是蕃主,蕃主以主人的身份迎接唐朝使者。但这样解释,则不符合题目中的"宣劳"。

唐朝派遣使者到国外时,要将唐朝皇帝的诏敕宣读并授予蕃主。《旧唐书》卷一百九十七《南诏传》记载了一则趣闻,在德宗贞元九年(793),巡官崔佐时作为唐朝使者赴南诏,当时正好吐蕃使节也在南诏,南诏王显露出在唐朝与吐蕃之间摇摆不定的心态,崔佐时对此感到十分不快,故意大声宣读唐德宗的诏书。那么,这种在国外宣授国书的行为是否是按照《皇帝遣使诣蕃宣劳》中的规定实施的呢?

《旧唐书》卷一百九十五《回纥传》中记载了肃宗乾元元年(758),汉中王李瑀作为宁国公主下嫁随行使及英武威远毗伽阙可汗册立使远赴回纥的事迹:

> 及瑀至其牙帐,毗伽阙可汗衣赭黄袍,胡帽,坐于帐中榻上,仪卫甚盛,引瑀立于帐外。……瑀不拜而立,可汗报曰:"两国主君臣有礼,何得不拜?"瑀曰:"唐天子以可汗有功,故将女嫁与可汗结姻好。……可汗是唐家天子女婿,合有礼数,岂得坐于榻上受诏命耶?"可汗乃起奉诏,便受册命。

同书卷一百六十五《殷侑传》记载了宪宗元和年间(806—820)出使回纥的殷侑在当地的遭遇:

> (殷侑)既至虏庭,可汗初待汉使,盛陈兵甲,欲臣汉使而不答拜。侑坚立不动,宣谕毕,可汗责其倨,宣言欲留而不遣。行者皆惧,侑谓虏使曰:"可汗是汉家子婿,欲坐受使臣拜,是可汗失礼,非使臣之倨也。"可汗惮其言,卒不敢逼。

---

① 中村裕一在《唐代制敕研究》第三章第六节《论事敕书的传达》(第 666—670 页)中,引用本章所列举的《皇帝遣使诣蕃宣劳》仪式,认为该仪式是唐使节在外国传达国书的仪式。其根据是①贞元十年(794)在南诏传达唐敕书(《蛮书》卷十),②宣和五年(1123)在高丽传达诏书(《宣和奉使高丽图经》卷二十五《受诏》),此两例与《皇帝遣使诣蕃宣劳》极为相似。古濑奈津子《遣唐使所见到的中国》(吉川弘文馆,2003 年)也做同样理解(第 142—147 页),其根据之一是"节"的存在,但派往国内的使者也会持有"节"。

这些记载都体现出唐的使者在传达皇帝诏敕之际试图循守唐礼,而外国则试图按照本国礼仪接受,从而产生矛盾的一面。

对唐朝使者的招待方式,自然各国、各民族都有自己固有的一套做法。如在宴会仪式上,《旧唐书》卷一百九十六上《吐蕃传》记载:

> 宴异国宾客,必驱牦牛,令客自射牲以供馔。

同书卷一百九十四上《突厥传上》载,开元十三年(725)玄宗派使节至突厥,"小杀与其妻及阙特勤、暾欲谷等,环坐帐中设宴"。突厥首领对唐使加以款待,并在宴席上讨论国事。同书《回纥传》也记载了代宗派遣的使者因没有在帐前舞蹈,回纥可汗亲访使者的内容。《回纥传》中还记载唐长庆二年(822)送太和公主去回纥,回纥可汗册立她为可敦的仪式。仪式中,回纥可汗升楼,东面而坐,公主在楼下的毡上教习"胡法",乘舆朝太阳的方向转九圈,随后升楼与可汗一同东面而坐,接受群臣朝谒。

以日本为例,《延喜式》卷四十六《左卫门府》"大仪"条载:

> 谓元日,即位及受蕃国使表。

日本是按照"大仪"举行接受外国使节国书的仪式,近卫兵被安排在会昌门内外、应天门外、朱雀门外等龙尾道以南的诸门,天皇至后殿,外国使节从南侧北上进场,因此天皇应是处于面朝南的位置上①。

在迎接唐的使节或公主时,其仪式是遵循各民族以往礼仪实施的,在拜受国书的时候也应该与此相同。那么,如果将《皇帝遣使诣蕃宣劳》仪式解释为在外国授予国书的仪式的话,唯一的途经就是假设:不管外国的理念如何,站在唐的立场而言,都希望其使者在赴外国传达国书之际,是基于这一仪式实施的,这一理念即被反映在《大唐开元礼》之中。

然而,从仪式的流程来看,其前提是东西两端台阶,向南北延伸,在其北方为门,待蕃主立于东阶之上,面朝西后,仪式开始。而如果是在国外实施该仪式的话,事先确定这样的细节实无必要。因为对于北方游牧民族而

---

① 关于日本平城京等的宫殿和门的配置,参见岸俊男《都城和律令国家》(岩波讲座《日本历史》第2号,古代2,1975年);朝堂院的概念图则可参见岸俊男编《日本的古代》第7卷《祭祀活动的展开》,第103页。

言,这种设计显然并不合适,唐自然清楚这一点。事实上,在有唐三百年间,相较于唐派遣使者赴国外而言,外国使节被派遣来唐的情况相对更多,在那时唐无疑要对其颁发国书。那么,不规定重要的在国内实施的仪式,反而对在国外的仪式加以规定,无论唐帝国如何国际化,如此做法显然不合理。进一步说,即便假设唐使在外国向对方首领授予唐的国书,其方式是按照《大唐开元礼·皇帝遣使诣蕃宣劳》仪式进行的,那也是对唐朝该仪式进行复制的结果,或者说是唐的礼仪规定传播到周边诸国的结果①。

这样一来,《皇帝遣使诣蕃宣劳》仪式是在唐朝的哪里实施的呢?重新对前文所整理的仪式流程进行确认,在授予国书的地方,唐朝皇帝派遣的使者和蕃主(蕃使)分别面朝南北,相对而立,在此之前,迎接唐使者的蕃主(蕃使)立于会场东阶之上,面朝西,唐的使者在门外西侧,面朝东等待蕃主(蕃使)出门迎接。这种东西相对而立的关系,体现了蕃主(蕃使)为"主",皇帝使者为"客"这一立场关系。也就是说,该仪式的前提是蕃主(蕃使)站在"主"的立场上迎接唐皇帝的使者。那么,在唐代首都,有可能适用于这种场景的空间,除鸿胪寺、鸿胪客馆外别无他处。据《旧唐书》卷一百九十九上《新罗传》的记载,元和三年(808),新罗使者金力奇提出,由于贞元十六年(800),唐诏册新罗金俊邕为新罗王,其母申氏为太妃,妻叔氏为王妃。但由于故主金俊邕突然死去,未能实施,因此希望将保管于中书省的册书取回国。对此,宪宗下敕道:

> 金俊邕等册,宜令鸿胪寺于中书省受领,至寺宣授与金力奇,令奉归国。仍赐其叔彦升门戟,令本国准例给。(《唐会要》卷九十五《新罗》)

从中可以看出,国书是"宜……授与",而且仪式会场为鸿胪寺。文末的"门戟"是为体现威仪而在宗庙、宫殿及其他公门前所列的戟,仅从这一点来判断,就能看出不可能是命其回到新罗后再循唐礼来实施国书传达仪式。

---

① 关于唐礼向周边诸国的传播,《唐会要》卷三十六"蕃夷请经史"条载:"(开元)二十六年六月二十七日,渤海遣使求写《唐礼》及《三国志》《晋书》《三十六国春秋》,许之。"前揭中村裕一所引《宣和奉使高丽图经》中也可见"仰稽本朝官制,而以《开元礼》参之"。

在唐代鸿胪寺中,曾经先后在贞元五年(789)、贞元六年(790)、太和七年(833)对前来传达可汗死讯的回纥使者举行过吊唁仪式(《旧唐书·回纥传》)。在肃宗朝,则举行过与吐蕃使节歃血为盟的蕃戎之礼(同书《吐蕃传》),这些也都反映出,作为对外国使节授予国书的场所,鸿胪寺与其附属的鸿胪客馆都是最合适的。

那么,《皇帝遣使诣蕃宣劳》仪式为什么不放入宾礼中,而是放入嘉礼呢?唐五礼(吉礼、宾礼、军礼、嘉礼、凶礼)之中,吉礼是如《皇帝冬至祀圜丘》《皇帝正月上辛祈谷于圜丘》等,由皇帝以"天子"身份所行仪式的集大成。而嘉礼则是以"皇帝"身份举行的仪式为中心,在《皇帝遣使诣蕃宣劳》的前后,还分别有《宣敕书》《群臣诣阙上表》《群臣奉参起居》《皇帝遣使宣抚诸州》《皇帝遣使诸州宣制劳会》《皇帝遣使诸州宣敕书》《诸州上表》等仪式。由于对外国使节的国书也是作为诏敕发出的,因此不将其放入接待使节的宾礼中,而与对百官、诸州发布的王命置于一处也就不难理解了。

立足于上面的讨论,再次来看《皇帝遣使诣蕃宣劳》的仪式名,这是指皇帝将使者送往"蕃主、蕃使下榻之处",并对远道而来的使节进行"宣劳"之意。这个仪式名在《通典》卷一百三十《开元礼纂类二十五》中完全一样,在《新唐书·礼乐志》中则没有记载。另外,在《唐六典》卷四《礼部》所载礼目篇名中有①:

> 四曰嘉礼,其仪有五十。……四十七曰,遣使慰劳诸蕃。

恐怕《唐六典》的这个篇名更接近于实际情况。

第四节 诸仪式在外国使节活动中的定位

笔者拟基于上述讨论,结合外国使节的实际活动对唐的诸礼仪进行定位,以期深化理解唐代礼仪的实际运用及在唐遣唐使的动向。

首先,《旧唐书·回纥传》载,肃宗至德二年(757)唐借助回纥的援助在

---

① 古典研究会编《大唐开元礼(附大唐郊祀录)》所收池田温《大唐开元礼解说》的礼目篇名采用了《遣使慰劳诸蕃》。

安史之乱中重新夺回了首都长安：

> 及肃宗还西京，十一月癸酉，叶护自东京至。敕百官于长乐驿迎，上御宣政殿宴劳之。叶护升殿，其余酋长列于阶下，赐锦绣缯彩金银器皿。及辞归蕃，上谓曰："能为国家就大事、成义勇者，卿等力也。"叶护奏曰："回纥战兵，留在沙苑，今且须归灵夏取马，更收范阳，讨除残贼。"己丑，诏曰："功济艰难，义存邦国，万里绝域，一德同心，求之古今，所未闻也。回纥叶护……可司空，仍封忠义王，每载送绢二万匹至朔方军，宜差使受领。"

这里是按(a)在长乐驿出迎、(b)在宣政殿宴会、(c)告辞时的会话、(d)诏书这样的顺序记载的。其中，(a)是在第一节讨论的《皇帝遣使诣蕃宣劳》仪式，(b)是宴会仪式，(c)是按照"蕃主奉见"实施的奉辞之礼，(d)则可以看作宣授国书。(d)的诏书被采录于《册府元龟》卷九百六十五《外臣部·册封三》。

接下来来看日本遣唐使的归朝报告。《续日本纪》卷三十五"宝龟九年(778)十月乙未"条所载宝龟遣唐使小野滋野的报告如下：

> 正月十三日①，到长安城。即于外宅安置供给。……十五日，于宣政殿礼见。天子不衔。是日，进国信及别贡等物。天子非分喜观，班示群臣。三月廿二日，于延英殿对见。所请并允。即于内里设宴。官赏有差。四月十九日，监使扬光耀宣口敕云："今遣中使赵宝英等，将答信物往日本国。其驾船者仰扬州造。卿等知之。"廿四日，事毕拜辞，奏云："本国行路遥远，风漂无准。今中使云往，冒涉波涛，万一颠踬，恐乖王命。"敕答："朕有少许答信物，今差宝英等押送。道义所在，不以为劳。"即赐银碗酒，以惜别也。六月廿四日，到扬州。

"十一月乙卯"条中所载同行的大伴继人的归朝报告云：

> 正月十三日，到长安。即遣内使赵宝英，将马迎接，安置外宅。三月廿四日，乃对龙颜奏事。四月廿二日，辞见首路。敕令

---

① 吉川弘文馆国史大系本作"正月三日"。

内使扬光耀监送,至扬州发遣。

据此,宝龟遣唐使报告了如下事宜:(a)正月十五日在宣政殿礼见(天子不衙),并进呈礼品、贡物,(b)三月二十二日(大伴继人的报告作"二十四日")在延英殿谒见,(c)当日在宫中宴会,(d)四月十九日监使扬光耀宣口敕,(e)在二十四日辞别仪式上的对话。其中,(a)很可能相当于前揭《皇帝遣使诣蕃宣劳》仪式中段落(6)在朝堂受宣劳之敕的仪式,(b)(c)则是谒见宴会礼仪,(d)是国书宣授或日本遣唐使对唐朝廷陈述其归国事宜。

在《日本后纪》卷十二"延历二十四年(805)六月乙巳"条所载延历遣唐使藤原葛野麻吕的归朝报告中有:

(延历二十三年)十二月廿一日,到上都长乐驿宿。廿三日,内使赵忠将飞龙家细马廿三匹迎来,兼持酒脯宣慰,驾即入京城,于外宅安置供给。……廿四日,国信、别贡等物,附监使刘昂进于天子。刘昂归来,宣敕云:"卿等远慕朝贡,所奉进物,极是精好,朕殊喜欢。时寒,卿等好在。"廿五日于宣化殿礼见。天子不衙。同日于麟德殿对见。所请并允。即于内里设宴。官赏有差。……(唐贞元)廿一年正月元日,于含元殿朝贺。二日,天子不豫。廿三日天子雍王适(德宗)崩。春秋六十四。……二月十日,监使高品、宋惟澄,领答信物来。兼赐使人告身,宣敕云:"卿等衔本国王命,远来朝贡。遭国家丧事,须缓缓将息归乡,缘卿等频奏早归,因兹赐缠头物,兼设宴。宜知之。却回本乡,传此国丧。拟欲相见,缘此重丧,不得宜之。好去好去者。"事毕首途。敕令内使王国文监送,至明州发遣。三月廿九日,到越州永宁驿。越州即观察府也。监使王国文于驿馆唤臣等,附敕书函,便还上都。

对以上材料加以整理可知,(a)十二月二十一日内使赵忠在长乐驿迎接,(b)二十四日进呈国信和贡物,并收到皇帝作为回应的敕,(c)二十五日在宣化殿礼见(天子不衙),并在麟德殿谒见,(d)当日在宫中举行宴会,(e)次年元月朝贺,(f)二月十日进行回礼的授予并宣敕,(g)三月二十九日在越州驿馆授予敕书函。(a)是在东郊出迎,(b)是"迎劳"仪式中在朝堂宣读敕书,在(c)谒见仪式和(d)宴会仪式后,延历遣唐使出席了(e)元日朝

113

贺,原本要在宴会仪式上授予答礼,但却移至其后的(f)实施,遣唐使在归途的(g)越州驿馆被授予国书。原本规定好的仪式发生了部分变动,原因既有当时实际情况的变化,也要考虑到唐代后半期制度的废弛。

关于和圆仁同行的承和遣唐使,《入唐求法巡礼行记》"开成四年(839)正月二十一日"条记载了逗留于扬州的圆仁收到了前年入京的长岑高名判官傔从白鸟村主清岑寄来的书状①,其中写道:

> 今月(开成三年十二月)三日辰时到长乐驿,敕使迎来,传陈诏问,使到礼宾院,兼朝拜毕者。

这里所说在长乐驿迎来敕使是指《皇帝遣使诣蕃宣劳》仪式以"劳于远郊"的形式实施,"诏问"是前揭表3的①"慰劳之制",而不是国书的宣赐。同时实施的"朝拜"则可以看作"迎劳"仪式中在朝堂受宣劳之敕的礼仪。因为,《入唐求法巡礼行记》"开成四年二月二十四日"条记载,归国途中,从长安回楚州的大使藤原常嗣再次见到圆仁,对圆仁申请天台山巡礼以失败告终的原委作了如下说明:

> 到京之日,即奏请益僧(圆仁)往台州之事……礼宾使云:"未对见之前,诸事不得奏闻。"

如此说来,承和遣唐使谒见皇帝应该是更晚一些的事情了。

结　语

对本章内容可以总结如下:

(1)唐王朝对外国使节的国书授予仪式流程未规定于《大唐开元礼》宾礼之中,宾礼诸仪式中所发布的十七种王言均不适合作为国书的宣授仪式。

---

① 是指判官长岑高名的傔从白鸟村主清岑。傔从并非官僚制的称呼,而是非官方的从者,他们在遣唐使的各种活动幕后起到了重要的支撑作用。详情参见石野雅彦《遣唐使中的傔从(傔人)——以〈入唐求法巡礼行记〉为中心》(《史学研究集录》第21号,1996年)。

(2)对宾礼以外的仪式进行检索,嘉礼《皇帝遣使诣蕃宣劳》仪式值得关注。该仪式内容是外国使节迎接持诏书的唐皇帝使者,北面受宣敕,并送皇帝使者出去。

(3)虽然从仪式名称来看,该仪式是指被派遣至外国的唐使者在当地宣授诏书,然而如此一来,则找不到在唐国内对外国使节宣赐国书的仪式,而且按照仪式规定,要提前准备好台阶、门等,而这在国外很难实现。另外,从实际情况来看,在其他诸国并没有如同仪式规定的那样从唐使节那里领受国书,如此种种都告诉我们该仪式是在唐国内实施的,仪式会场基本可以确定是鸿胪寺的鸿胪客馆。

(4)对国书授予仪式和宾礼诸仪式,特别是发布王言的场合进行整理,可以知道史书中采录的外交王言是在怎样的仪式中发布的,据此可以更为具体地理解来到中国的外国使节的活动以及唐王朝的对应方式。

唐代的民族、外交与墓志

第七章

唐太宗时期朝鲜半岛三国与中国外交交涉史料

第一节 《文馆词林》残卷所见对百济、新罗诏

从六世纪末至七世纪中叶,朝鲜半岛诸国,特别是高句丽曾数次遭受唐朝军事打击,分别是①隋文帝时期远征高句丽(598年),②隋炀帝时期远征高句丽(611年、613年、614年),③唐太宗远征高句丽(645年),④唐高宗远征百济、高句丽(660—661年、668年)。其中,②隋炀帝与④唐高宗时期所发动的军队规模庞大,②导致了隋的灭亡,④则直接造成百济、高句丽的灭亡,因而在历史上最为著名。特别是唐高宗远征百济、高句丽,因《日本书纪》记载了白村江(《三国史记》作白沙,两《唐书》则作白江)之战而备受日本史学界关注。与之相对,①和③的史料不多,不像②④那样引起更多关注。

然而,关于③唐太宗进行的高句丽远征,在日本有重要的史料对其进行描述,即《文馆词林》卷六百六十四中所收《贞观年中抚慰百济王诏》与《贞观年中抚慰新罗王诏》这两篇诏敕。《文馆词林》是高宗朝以许敬宗为首的大臣奉敕编纂的总数为一千卷的诗文集。该书在中国已散佚,目前仅存传入日本的一部分。这两篇诏敕被收录于高野山正智院传世钞本卷六百六十四,在该卷末尾所载"文馆词林卷六百六十四"上盖有一方题为"嵯峨院印"的印章,其后有两行注云:

校书殿写。弘仁十四年岁次癸卯二月,为泠然院书。

其上又有三处盖有"泠然院印"。也就是说,该钞本是嵯峨天皇在弘仁十四年(823),命人于校书殿(位于平安京紫宸殿西南)誊抄后,入藏泠然院的藏

书①,史料价值极高。

从两篇诏敕的内容来看,显然分别是唐太宗致百济王、新罗王的国书。国书是前近代由外交使节进行交换的最高级别的国际文书。对于国书的授受,在唐代需要履行如下手续:首先,到达唐朝边境的外国使节需要接受审查以确认其是否具有官方使节身份,并将情况上报到中央,由中央指定获准上京人员。使节抵达京城长安后,接受迎劳之礼进入迎宾馆,被告知谒见皇帝的日期后参加谒见仪式,在仪式会场向唐皇帝呈送本国元首的国书和进贡物,随后出席皇帝举办的宴会,拜领唐朝所赠的回礼。此后,在迎宾馆接受唐朝颁发的作为回应的国书,行辞见之礼后,踏上归途②。

在现存史料中可以发现九十五篇内容完整的唐朝颁发给其他国家的国书③,然而,目前从其内容探讨国际关系的研究并不多见④,对于《文馆词林》钞本所收《抚慰百济王诏》及《抚慰新罗王诏》的研究也尚未展开。

因此,本章对《文馆词林》钞本中收录的这两份极为珍贵的文书进行解读,并与其他史料相结合,以考察太宗朝爆发高句丽战争之前,唐朝与朝鲜

---

① 阿部隆一《文馆词林考》(收入《影弘仁本文馆词林》,古典研究会,东京,1969年),第562页。

② 拙著《唐的北方问题与国际秩序》(汲古书院,1998年)第1部;拙稿《关于唐的国书授予仪式》(《东洋史研究》第57卷第2号,1998年)。

③ 拙稿《唐朝发给文书一览》(《亚洲游学》第3号,1999年)。

④ 对国书整体进行的研究主要有金子修一《唐代的国际文书形式》(收入金子修一著《隋唐的国际秩序与东亚》第4章,名著刊行会,2001年);山内晋次《唐朝的国际秩序与日本——通过对外交文书形式的分析》(收入山内晋次著《奈良平安时期的日本与东亚》第1部第1章,吉川弘文馆,2003年)。对渤海国书的分析有:石井正敏《对日本外交开始前后的渤海形势——探讨玄宗皇帝〈敕渤海王大武艺书〉》(收入石井正敏著《日本渤海关系史研究》第2部第3章,吉川弘文馆,2001年);古畑彻《张九龄作〈敕渤海王大武艺书〉与唐渤纷争的终结——以第二、三、四首的制作时间为中心》(《东北大学东洋史论集》第3辑,1988年);古畑彻《关于张九龄作〈敕渤海王大武艺书〉第一首的制作时间——〈关于大门艺的亡命时间〉补遗》(《东北大学东洋史论集》第59号,1988年)。对渤海国书、契丹国书加以分析并英译的有:P. A Herbert, Under the Brilliant Emperor-Imperial in T'ang China as seen in the writings of Chang Chiu-ling;Australian National University Press,Canberra,1978. 对突骑施国书进行分析的有:斋藤达也《〈曲江集〉所收的西域关系敕书的起草时期》(《早稻田大学大学院文学研究科纪要》别册第19集,哲学史学编,1993年)。

半岛三国间的外交经纬。

第二节　关于《抚慰百济王诏》

一、录文

首先,为讨论之便,权将《抚慰百济王诏》加以分段如下:
【史料A】贞观年中抚慰百济王诏

（a）皇帝问柱国、带方郡王、百济王扶余义慈。朕祇膺灵睠,君临区宇,忧勤四海,怜养万姓。天地之所覆载,日月之所照临,咸被恺泽,致之仁寿。王嗣守藩绪,累劾乃心,早慕礼乐之风,久习诗书之教。虔修贡职,泛彼沧波,行李相继于道路,賝赆不绝于王府。言念丹款,朕甚嘉之。

（b）故高丽王高建武早奉朝化,备展诚节,朝贡无亏,藩礼尤著。其臣莫离支盖苏文（译者注:莫离支为官名,渊盖苏文为姓名,因避唐高祖李渊讳,省称为盖苏文或改称为泉盖苏文）,苞藏奸凶,奋行弑逆,冤酷结于遐裔,悼痛闻于中夏。朕受命上玄,为其父母,既闻此事,甚用愍伤。若不申兹九伐,无以惩肃八表。今先遣大总管、特进太子詹事、英国公李勣,董率士马,直指辽东,大总管、刑部尚书、郧国公张亮总统舟舻,往临平壤。朕仍亲巡辽碣,抚彼黎庶,诛其凶逆,布以威恩。当使三韩之域,五郡之境,因此荡定,永得晏然。

（c）前得新罗表,称"王与高丽,每兴士众,不遵朝旨,同侵新罗",朕便疑王必与高丽协契。览王今表,及问康信,王与高丽不为阿党。既能如此,良副所望。康信又述王意,固请发兵,即与官军同伐凶恶。朕今兴动甲兵,本诛弑君之贼。王志存忠正,情切鹰鹯,既称朕怀,钦叹无已。所发之兵,宜受张亮处分。若讨贼之日,能立功勋,王宜录奏。当加褒奖。

（d）然王尽心国家，无所爱惜，远献子女，深具丹诚。朕既有事辽左，方弘吊伐。若即不违来请，受王所献，便恐四海之议谓朕有所贪求。其女今且令还，贼平之后，任王更奏。宜知此意，勿致怪也。

（e）所奏学问僧等，请听恣意出入，及三藩使人等级者知。又请蒋元昌往彼，为王疗患者。元昌朕先使往益州道，今犹未还。所以未得令向王处，所请僧智照还国者，已依所奏宜知。

（f）今令朝散大夫庄元表、副使右卫勋卫旅师段智君等，往新罗王所。宜速遣人船将送，必令安达。勿使在道被莫离支等抄截也。

（g）首春犹寒，想必无恙，国境之内，当并平安。履新之庆，与王及率土同之。康信今还，指申往意。并寄王物如别。

二、译文

（a）唐皇帝问柱国、带方郡王、百济王扶余义慈。朕谨受上天眷顾，君临天下，心忧四海，爱护养育万民。努力实施仁政，使天地覆盖承载之处，日月照察之所及，蒙受祥和与快乐。百济王自继承王位后，严守领土，累建功勋。很早便仰慕礼乐之风，学习诗书中的教诲。诚心朝贡，大海中运输贡物的船不绝于道，财物不断地从王府中运送出来。念及你的一片真心，朕深感喜悦。

（b）已故高句丽王高建武，很早便受到朝廷德化，展示出其忠诚不渝的节操，朝贡从未中断，行外藩之礼十分勤勉。其臣子莫离支泉盖苏文，心怀奸邪野心，弑杀君主。灾祸牵涉至君主的后裔子孙，这一令人悲痛的消息也传到了中国。朕受命于天，如同其父母一样，闻之心痛异常。如果（对逆臣）不加以征伐，则无以向八方之外彰显惩肃。因此，朕派遣大总管、特进太子詹事、英国公李勣统领兵马，直捣辽东。令大总管、刑部尚书、郧国公张亮统帅军舰奔赴平壤。朕则亲巡辽东，慰藉百姓，以诛杀凶逆，广播威严及恩惠。如此朝鲜半岛地区得以安定，永享太平。

（c）前日收到新罗发来文书，诉说"百济王和高句丽经常兴兵，不遵唐朝廷旨意，勾结在一起进攻新罗"，朕因而怀疑你和高句丽相联系。但自读了你的文书，并询问康信，得知你没有和高句丽结附党羽。如果是这样，也是朕所期望的。康信传达了你的意思,你强烈请求发兵与唐军一起讨伐恶贼。朕今日发动军队原本也正是为了讨伐杀害君主的逆贼。你的志气是忠诚与正义的,感情真切而且强烈,和我所想相同,令我嗟叹不已。你所发之兵,应听由张亮调度。如果在讨伐逆贼时,有人能建立功勋,请王记录下来报告给我,由我进行褒奖。

(d)王对国家尽心尽力,没有丝毫保留。迅速将子女献上,极为真诚。但我重视辽东,希望通过讨伐逆贼将慰问百姓的意志广为宣示。如果遵照你的请求接受所献子女,则会被天下舆论说朕有所企图,因此,今暂且将女性送还,其后的处置,则在平定逆贼后按照王的报告办理。请理解我的心意,勿怪。

(e)你所奏请希望许可学问僧等自由出入我国,以及三藩使人的等级,我已知悉。此外,还提出请元昌赴贵国为王治疗患者的请求,但元昌已于此前被我派往益州道,目前尚未归来,因此无法让他去你那里。让僧人智照回国一事,从你所奏。

(f)今令朝散大夫庄元表、副使右卫勋卫旅师段智君等赴新罗王处。请速遣人及船护送,务必使其安全抵达新罗。别被莫离支(泉盖苏文)等劫掠。

(g)初春乍寒,想必无恙,国内也平静。新年的庆祝当与你和贵国子民共享。今日康信返回,带去我的指示,寄送你礼物见另纸。

三、内容概要和发送日期

《唐六典》卷九"中书省中书令"条云:"凡王言之制有七。"其后记载了册书、制书、慰劳制书、发日敕、敕旨、论事敕书、敕牒这七种王言及其适用规定。其中,作为外交文书,也就是国书的是慰劳制书和论事敕书,在一开始就以"皇帝敬问某王某""皇帝问某王某"这种行文格式开头的文书是慰劳制书,以"敕某王某"行文的则是论事敕书[①]。从上述《贞观年中抚慰百

[①] 中村裕一《唐代制敕研究》(汲古书院,1991年)第2章《慰劳制书(慰劳诏书)》、第3章第5节《论事敕书》、第6节《论事敕书的传达》;中野高行《关于慰劳诏书的基础性考察》(《古文书研究》第23号,1984年);丸山裕美子《关于慰劳诏书、论事敕书的受容》(《延喜式研究》第10号,1995年)。

济王诏》的格式来看,其是以唐代慰劳制书格式发出的外交文书。关于"皇帝问"后面的扶余义慈的称号"柱国、带方郡王、百济王",《旧唐书》卷一百九十九上《东夷传》"百济条"载:

> (贞观)十五年(641),璋卒,其子义慈遣使奉表告哀。太宗素服哭之……遣使册命义慈为柱国,封带方郡王、百济王。

册立封号与文书相符合。在礼节性的问候语之后的末尾处的词句,可以说是唐代国书的固定用语,经常在最末尾以"寄王物如别"加以表达,这是因为赠送的礼品清单未写于敕书,而是在另外的纸上书写并一起装在敕函之内。

通读全文可知,国书行文总体比较平易,这是因为国书要将外交意志直接明了地传递给对方国家。但即便是"平易",也只是尽量减少套用古代经典的华丽表现手法,并不意味着理解和把握国书向对方国家所传达的真实意图是一件容易的事情。国书是一国元首致另一国元首的书信,和现代的书信完全一样,对于当事人之间彼此心照不宣共同理解的问题不会专门一一交代说明,而这对于不具备这种共同理解的后人而言,即便文章相对平易,要想理解其中的真意仍然很困难。以这篇文书为例,段落(e)中"学问僧的出入""三藩使人的等级""派遣元昌""僧人智照回国"这样的事情,因为缺乏可供参考的史料,就无法理解。如果这里的"三藩"是百济、新罗、高句丽之意,则唐应该对从外国前来的使者规定了等级,并与之相应规定了接待上的差异①,因此百济王请求改善其待遇。但这也仅仅只是猜测。

对本文书的内容可以进行概括:(a)回顾此前百济和唐的友好关系;(b)高句丽盖苏文(泉盖苏文)暴虐,通告百济唐朝廷派遣李勣赴辽东、张亮赴平壤的事情;(c)因新罗所发文书中说"百济和高句丽联合进攻新罗",确认了百济王并没有那样的意图,并通告百济军队应听从张亮的指挥;(d)此前百济送子女来,但应将其送回;(e)学问僧的出入境,三藩使人的等级,僧人智照的归国等事都按照请求处理,但对派遣元昌一事则无法满足;(f)唐将派遣庄元表、段智君赴新罗,要求提供护送;(g)末尾的固定用语以及让

---

① 这一等级被称作"蕃望"(参见拙著《唐的北方问题与国际关系》第1部第4章《关于蕃望》)。

康信回国。从内容上看,此前百济王派来"康信"作为使者向唐朝递送文书,本文书是对百济王的回复。从全文可以看出,当时东亚国际关系已处于极为紧张的境地。

段落(b)中提到在高句丽国内莫离支泉盖苏文暴虐,泉盖苏文弑荣留王立宝藏王,打压反对派从而掌控高句丽实权这一情况,据《资治通鉴》卷一百九十六"贞观十六年(642)十一月丁巳"条的内容,可知这一消息是由营州都督张俭带来的。对于政变后泉盖苏文的"莫离支"这一称号,《资治通鉴》该条中说明作"如中国吏部兼兵部尚书"。在《旧唐书》卷一百九十九上《东夷传》"高丽"条中载"犹中国兵部尚书兼中书令",根据武田幸男的研究,莫离支相当于高句丽十三等官位中的第二位太大兄①。泉盖苏文在中国的史料中被记载得极为穷凶极恶,本条国书中的描述也一样,但从高句丽的史料来看,这次政变被看作为应对剧烈变化的国际形势,从家族制政权向集权化政权蜕变②的必然结果。

那么,本文书究竟是在什么时候,在何种状况下发布的呢?首先从段落(g)"首春犹寒"来看,发出时间应该是正月,段落(b)说唐大总管李勣、张亮率唐军赴高句丽,这一事情在《旧唐书》卷六十七《李勣传》有载:

> (贞观)十八年,太宗将亲征高丽,授勣辽东道行军大总管,攻破盖牟、辽东、白崖等数城。

同书卷六十九《张亮传》也记载道:

> 以亮为沧海道行军大总管,管率舟师。自东莱渡海,袭沙卑城,破之。

这些都可以得到确认。同书卷三《太宗本纪下》载:

> (贞观)十八年……十一月……庚子,命太子詹事、英国公李勣为辽东道行军大总管,出柳城,礼部尚书、江夏郡王道宗副之。刑部尚书、郧国公张亮为平壤道行军总管,以舟师出莱州,左领军

---

① 武田幸男《高句丽官位制及其展开》(《朝鲜学报》第86号,1978年)。
② 李成市《关于高句丽泉盖苏文的政变》(《古代东亚的民族与国家》第1编第1章,岩波书店,1998年)。

常何、泸州都督左难当副之。

可以看出两军出发时间为贞观十八年(644)十一月。

另外,本诏敕的段落(c)(g)中所见"康信"应是指"百济太子扶余康信"。

从前文可以看出,《抚慰百济王诏》应是贞观十九年正月,对作为贺正使来唐的扶余康信归百济之际授予的国书。

第三节　关于《抚慰新罗王诏》

一、录文

接下来对《文馆词林》残卷中所见《抚慰新罗王诏》进行分段并释文如下:

【史料B】

(a)皇帝闻(问)柱国、乐浪郡王、新罗王金善德。朕祗膺灵命,君临区宇,矜惕之怀,无忘于风(夙)夜;抚育之志,宁隔于遐迩。万方有罪,情深纳隍,一物失所,坐以待旦。

(b)高丽恃其险阻,肆行凶愿,数动干戈,侵王境界。朕愍王在远,遭其充斥,频命行人示其利害。而凶愚之性,莫肯悛革。故违朕命,曾不休兵。加以莫离支盖苏文苞藏祸心,乃戕害通于忠良,凶虐被其土境。逆乱既甚,罪衅难容。朕是以大发师徒,往申吊伐。拯彼国之危急,济辽东之涂炭。克定之期,在于旦夕。

(c)去年,王使人金多遂还日。具有玺书,以水军方欲进路,今王遣大达官将领人船来相迎引讶。王比来绝无消息,为是被高丽断截,为是不遣使来,引领东顾,每劳虚想。前本欲令礼部尚书、江夏郡王道宗总统水军,今道宗别有任使,仍先令光禄大夫、刑部尚书张亮总统舟舻,又令特进太子詹事、英国公李勣亦为大总管,董率士马,并水陆俱进,直指贼庭。计四月上旬之内,当入高丽之境。若同恶相济，敢拒王师，便肆军威，俾无遗类。王与高丽怨隙既重，所部之兵，想装束久辩，宜与左骁卫长史任义方相知，早令募集应行兵马，并宜受张亮等处分。

(d)朕仍令行军总管、守右骁卫将军东平郡开国公程名振等，为张亮前军，并遣朝散大夫庄元表、副使右卫勋卫旅师段智君等，使往彼国。元表等至日，王即宜遣使到亮等军所，共为期会。仍须遣使，速来奏朕。

(e)今六合之师，百道俱进。或铁骑如云，越襄平而电击；或戈船连轴，泛沧波而风扫。华夷响会，远近勠力，以此破阵，何阵不摧？以此攻城，何城不克？朕即以今月十二日，发洛阳，至幽州，便当东巡辽左，观省风俗，亲问疾苦，戮渠魁之多罪，解黎庶之倒悬，被以朝恩，播兹恺泽。当令三韩吏人，五郡士庶，永息风尘之警，长保丘山之安。王早著乃诚，每尽藩礼。干戈所临，为王除害。忻悦之情，固当何已。所遣之兵，宜简精锐。破贼之日，若能立功，具录闻奏，当加褒奖。

(f)春序稍暖，想必无恙，境属之内，当并平安。自外并元表所具。并寄王信物如别。

二、译文

(a)唐皇帝问柱国、乐浪郡王、新罗王金善德。朕谨受神圣天命，君临天下。日夜不忘忧心怜悯百姓，胸怀抚育百姓之志，即使相隔遥远也不会减弱。若寰宇之内任何一地发生战乱，我则心情苦闷惶恐，如果百姓流离失所，我会等到天亮努力解决。

(b)高句丽倚仗其占据险峻要害之地，肆意大行无道，常兴兵入侵你的疆域。我同情你在远方被其所侵，数次命使者前往告之得失利害。然而，愚蠢且穷凶极恶的高句丽全无悔改，违背我的命令未曾终止干戈。不仅如此，莫离支泉盖苏文心怀祸心，弑杀君主，祸害忠良之臣，其暴行遍布国内各处，违理乱法极甚，其罪行令人无法容忍。因此，朕遣发大军讨伐逆贼以慰民心，拯救彼国危机，将辽东民众从苦难中解脱出来，很快就能平定贼逆。

(c)去年,在你所派使者金多遂归国之日,朕已在玺书中说过,将派遣水军进发。这次,你派大达官率领军士与船只迎接我方水军。朕从那时起便收不到你的消息,深感奇怪,以为因道路为高句丽断阻,因而不能派遣使者,翘首东望,胡思乱想。本想以礼部尚书、江夏郡王李道宗统帅水军,但道宗有别的任务。因而先让光禄大夫、刑部尚书张亮统帅舰队,另一路则由特进太子詹事、英国公李勣为大总管统帅兵马,如此水陆并进,直捣贼逆宫廷。依照计划,应在四月上旬前进入高句丽境内。如果奸邪彼此相互扶助,胆敢违抗我军,则将迅速施展军威,予以全歼。因贵国和高句丽嫌隙已深,所以你方将士们长期不能脱下军装。应与左骁卫任义方沟通,早日募集行军兵马,一同听由张亮指挥。

(d)朕让行军总管、守右骁卫将军、东平郡开国公程名振为张亮的先锋部队,同时,朝散大夫庄元表、副使右卫勋卫旅师段智君等作为使者一起赴贵国。待庄元表等抵达后,你即刻派遣使者去张亮部队驻地,一同探讨作战计划。请另派使者速向我报告。

(e)朕令天下之师分多路进军,精锐如云,穿越襄平,迅速发动打击,军舰相连,跨越波涛,像秋风扫落叶一般清扫敌军。中国与贵国军队相呼应,远近一同发力,何阵不摧?用这样的阵势攻城,何城不克?朕于本月十二日从洛阳出发,赴幽州(北京)巡视东方的辽东,察看了解风俗,亲自慰问民间疾苦,处决罪大恶极的敌人,解救黎民于苦难之中,使其蒙受朝廷恩惠,传播安乐祥和的恩德。如此则朝鲜半岛的吏人、百姓将永罢刀兵,享受安宁。你很早便示以真诚,一直恪尽外藩之礼,此次也是为给你除害,喜悦之情无法按捺。你所遣士兵,务必要优选精锐,如有在讨逆之日建立卓越功勋者,请记录下来报告给我,我将对其加以褒赏。

(f)春天开始变暖,你当无恙,国内也应平和安定。除上面所说外,其余则由庄元表进行详细转达。寄送你的礼物见另纸。

三、内容概要和发送日期

从开头的文言格式来看,该文书是以慰劳制书所发的国书。其中的

"皇帝闻"应是"皇帝问"的误写。关于金善德的称号"柱国、乐浪郡王、新罗王",《旧唐书》卷一百九十九上《东夷传》"新罗"条载:

> (贞观)九年,遣使持节册命善德柱国,封乐浪郡王、新罗王。

册立封号与国书相符。段落(a)"无望于凤夜",从照片版本来看是"风夜",但此处如果不是"凤夜"则意思不通。(a)中末尾"万方有罪,情深纳隍",出自《论语·尧曰》:

> 朕躬有罪,无以万方。万方有罪,罪在朕躬。

以表达谨慎处理政务的态度。"隍"是没有水的城池,"纳隍"是指陷入其中的苦楚。同样,关于"坐以待旦",《尚书·太甲上》有"先王昧爽丕显,坐以待旦",指皇帝勤于政务坐至天亮。

(b)中的"苞(包)藏祸心"见于《春秋左氏传》"昭公元年春"条:"而无乃包藏祸心以图之",表示怀有害人之心的意思,在前揭【史料A】《抚慰百济王诏》段落(b)中作"包藏奸凶"。

(c)中所载新罗王派遣的"大达官",不见于《三国史记》卷三十三《杂制二》新罗官制所载十七等官位,在此前的新罗官位制度研究中也没有言及①。在这里也许是指"高位、高官"之意。"江夏郡王"是唐宗室李道宗,他在太宗朝屡建军功,曾远征高句丽,《旧唐书》卷六十《宗室传》载:"及大军讨高丽,令道宗与李勣为前锋,济辽水,克盖牟城。"文后的"今道宗别有任使"应该是指这一任务。(c)中的"同恶相济",作为相似的表达手法,有《春秋左氏传》昭公十三年晋国韩宣子的话"同恶相求","同恶相济"则可见于《晋书》卷二《文帝纪》"甘露二年八月"条。

(e)一开头的"六合"是指天地及四方,也就是天下之意。"倒悬",则是指因吊挂而痛苦的情况,《孟子·公孙丑上》云:"民之悦之,犹解倒悬也。"

本条文书中虽然引用了上面这些典故,但全文还是以传递实务性内容

---

① 武田幸男《金石文资料所见新罗官位制》(《江上波夫教授古稀纪念论集——历史篇》,山川出版社,1977年);武田幸男《新罗官位制的成立》(《朝鲜历史集》上卷,龙溪书舍,1979年);武田幸男《关于新罗官位制的觉书》(《朝鲜社会的历史性展开与东亚》,山川出版社,1997年)。

为核心。

概括本文书内容如下：(a)表明唐太宗谨慎处置政务，期望万民幸福的心情；(b)谴责高句丽泉盖苏文的暴虐行为；(c)通知已派遣李勣、张亮率军分赴高句丽，新罗军应听由张亮调遣；(d)唐派遣庄元表、段智君出使新罗，请新罗在其抵达后与张亮联络，并向唐汇报；(e)晓谕此次战争对我方军队有利，表明最终目的是为了给三韩之地带来和平；(f)致以季节的问候，并表示细节将由庄元表传达。与【史料A】致百济的国书相较而言，特别是从(c)(e)的表现来看，唐对新罗寄托着比百济更高的信赖。

从段落(c)唐王朝李勣、张亮率军出发来看，本条文书所颁发时间应与【史料A】极为接近。(f)一开始所说"春序稍暖"，本文书应该发于二月。文中说"朕即以今月十二日，发洛阳至幽州"，《旧唐书》卷二记载太宗的行幸云：

(贞观)十九年春二月庚戌，上亲统六军发洛阳。

此年二月是乙亥朔，庚戌正是十二日①，与本文的记载完全一致。因此首先可以判断，这封文书的发布时间应是贞观十九年(645)二月。

如前所述，唐贞观十九年正月，百济派来贺正使，《三国史记》卷五《新罗纪五》善德王十四年(645)载：

十四年春正月，遣使大唐贡献方物。

这一年新罗也派来了贺正使。因此，本文书应该作于唐贞观十九年正月，之后新罗贺正使于二月回国之际，与唐所派使者庄元表、段智君一起，带回新罗的国书。关于派遣这两位使者赴新罗一事，在前揭【史料A】致百济的国书段落(f)提到"派遣庄元表、段智君往新罗，请护送"，这是因为从新罗、百济两国的位置关系来看，唐向新罗派遣使节必须要通过百济的疆域，因此唐首先在正月通知百济后，才于翌月派出赴新罗的使者。

---

① 陈垣《二十史朔闰表》(中华书局，1962年)；平冈武夫《唐代的历》(《唐代研究指南》1，京都大学人文科学研究所，1954年)。此外，《新唐书·太宗本纪》《资治通鉴》卷一百九十七中也对太宗从洛阳出发的时间记作"二月庚戌"。

第四节　国际关系背景

在最后,对前文这两封国书发布时的国际关系背景加以整理。

中国和高句丽之间的对立在隋朝就经常发生,关于唐太宗时期两国的对立,《旧唐书》卷一百九十九上《东夷传·高丽》载:

> (贞观)十六年,西部大人盖苏文摄职有犯,诸大臣与(高句丽王)建武议欲诛之。事泄,苏文……焚仓库,因驰入王宫,杀建武,立建武弟大阳子藏为王。自立为莫离支。

泉盖苏文的政变是导致两国对立的直接原因,也为唐出兵高句丽提供了直接理由。

第二年(贞观十七年,643),同书《新罗传》载:

> 十七年,遣使上言:"高丽、百济累相攻袭,亡失数十城,两国连兵,意在灭臣社稷。谨遣陪臣,归命大国,乞偏师救助。"太宗遣相里玄奖,赍玺书赐高丽。

新罗受到高句丽、百济联军攻击,向唐诉说危机并请求派兵支援。这反映在【史料A】致百济国书的段落(c)"王与高丽,每兴士众,不遵朝旨,同侵新罗"里。

收到新罗的诉求,唐派遣相里玄奖出使高句丽,要求高句丽停止进攻。《资治通鉴》卷一百九十七《唐纪十三》"贞观十八年"条载:

> 春正月……相里玄奖至平壤。莫离支(盖苏文)已将兵击新罗,破其两城。高丽王使召之,乃还。玄奖谕使勿攻新罗……莫离支竟不从。二月,乙巳朔,玄奖还,具言其状。

据此,相里玄奖到达平壤是翌年(贞观十八年,644)正月,于二月返唐。唐的要求并没有被接受,根据相里玄奖的报告基本可以确定唐对高句丽的评估。这期间的经过,也反映在【史料B】致新罗国书段落(b)的"朕愍王在远,遭其充斥,频命行人示其利害。而凶愚之性,莫肯悛革。故违朕命,曾不休兵"中。《资治通鉴》同年"七月"条载：

> 上将征高丽,秋七月辛卯,敕将作大监阎立德等诣洪、饶、江三州,造船四百艘,以载军粮。

唐于同年七月开始建造军舰。在"九月"条中则有：

> 乙未,鸿胪奏"高丽莫离支贡白金"。褚遂良曰："莫离支弑其君,九夷所不容,今将讨之而纳其金,此郜鼎之类也,臣谓不可受。"上从之。

贞观十八年九月,高句丽向唐贡献白金,但被唐回绝。至此,两国的对立已经注定。因此,唐在十一月命李勣率陆军、张亮率水军向高句丽进发。

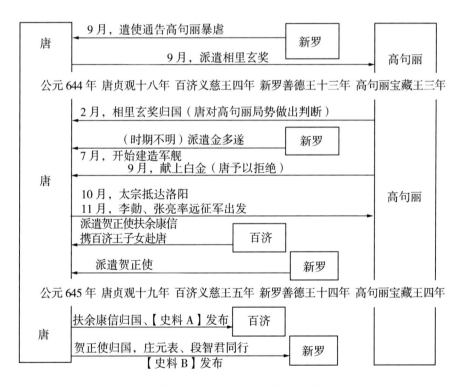

图 4　唐、高句丽、百济、新罗外交交涉图

在这种形势下,同年底,新罗、百济两国分别派贺正使赴唐,特别是百济的使者由太子扶余康信亲自担任,同时又将百济王子女送至唐,从中反

映出百济希望避免与唐发生正面冲突的用意。扶余康信在贞观十九年（645）正月回国之际被授予【史料A】，翌月新罗贺正使则带着【史料B】与唐使庄元表、段智君同行归国。另外，关于新罗的【史料B】中所见庄元表、段智君的姓名和事迹，不见于其他现存史料。正是由于很多在史籍中默默无闻的人们的活动，才构建了当时国与国之间的关系，在图4所示之外，也一定存在着很多其他使节的往来。他们为自己的祖国带来了很多关于对方国家经济、政治、风俗、文化等方面的情报。

第八章

关于唐代外交中的私觌

绪　论

关于唐代东亚的外交手段,说到底还是围绕国书(文书)和国信(贡物)为重点进行的。国书是国家之间传递官方意志的载体,国信则是为使国书顺利传递而准备的工具。因此,外交礼仪主要以此两者为核心构成,这其中往往牵涉到当事国家的威信[①]。

然而,国书和国信是国家元首之间相互交换之物,在实际的外交交涉中,仅仅靠这些并不现实。外交使节成员与对方国家元首会面后,也会和高官进行交流,以此传达国家意志,或借机构筑相关人际关系,以期从侧面对两国关系产生影响。在唐代历史上,除了外国使节向唐朝皇帝进呈国书和国信的仪式外,还有使节与皇帝会面并传达意志的礼仪机会,广瀬宪雄指出,这一点也为北宋外交礼仪所承袭[②]。在日本古代史上,外交权虽属天皇,但与外国使节的实际交流则由权臣以及贵族来负责,佐藤信将其称作"大臣外交",并列举了具体事例[③]。当时的渤海使节因与日本贵族进行交

[①] 如宝科富士男《古代日本对外关系中赠进物的名称——与古代日本的对外意识相关联》(《白山史学》第25号,1989年),对从赠物名称到国际关系中东亚诸国的国家立场意识进行了分析。

[②] 广瀬宪雄《唐后半期到北宋的外交礼仪——与"对"的制度相关联》(《史学杂志》第18编第7号,2009年)。

[③] 佐藤信《关于古代的"大臣外交"的一个考察》(收入村井章介、佐藤信、吉田伸之编《境界的日本史》,山川出版社,1997年);佐藤信《奈良时代的"大臣外交"与渤海》(收入佐藤信编《日本与渤海的古代史》,山川出版社,2003年)。

流,并互换诗文而广为人知①。

那么,唐朝既迎接来自各国的外交使节,自身也向其他国家派遣许多使节,他们的使节和对方高官是怎样交流的呢?如果在史料中追寻这一问题,则会发现一个叫做"私觌"的专有名词。

目前尚未发现针对私觌的专门研究②,而且这一研究领域相当受史料制约。在此,笔者拟对基础史料加以整理,从中抽出问题点,以窥唐代外交之一隅。

第一节 私觌的含义

那么,"私觌"本意是什么呢?为了对其有所了解,先考察古代经典中出现的私觌用例。

《礼记·郊特牲》载:

> 朝觌,大夫之私觌,非礼也。大夫执圭而使,所以申信也。不敢私觌,所以致敬也。而庭实私觌何为乎诸侯之庭。为人臣者无外交,不敢贰君也。

对于前段部分,《正义》云:

> 其君亲来,其臣不敢私见于主国君也。以君命聘,则有私见。

关于后段部分,则云:

> 私觌是外交。

---

① 上田雄《渤海使研究——跨越日本海的使节们的轨迹》(明石书店,2002年);滨田久美子《日本古代的外交礼仪与渤海》(同城社,2011年)第三章《汉诗文中所见渤海使》(首次发表于2006年);以及《亚洲游学》第57号(2003年)以后不定期连载的系列《阅读渤海关联诗》等。

② 以笔者之管见,只有章群《出使与对外关系》(《唐诗札记》第二册,台北学海出版社,2000年)第一节《出使与私觌》用两页的篇幅进行过探讨,此外拙稿《唐的国际交易与渤海——朝贡、互市与贡献制》(铃木靖民编《古代日本的异文化交流》,勉诚出版,2008年,第642—644页)进行了概说。

《正义》将其解释作"私见","私觌"意为"私自相见",所谓"私"不是"秘密",而是"私人""个人"之意,"觌"则是"相见""会面"之意。也就是说,《礼记》认为,臣下在和君主同行出使他国之际,不应和对方国家的君主进行私人会面,那样属于私觌,有违人臣之道。但当其作为君主代理人出使之际,则没有问题。

《礼记·聘义》载①:

> 卿为上摈,大夫为承摈,士为绍摈。君亲礼宾,宾私面私觌为飨饩。

"摈"是聘礼(访问仪式)宴会招待时负责接待君主和宾客的人,"飨饩"则是牺牲、供品、礼品之意。关于"私面",注疏解释为宴会后私人与对方国家的卿、大夫会面,"私觌"同样是与对方国家君主进行会面。也就是说,使者脱离了代理本国君主之礼,私自进行会面并呈送礼物。

《论语·乡党》载:

> 执圭鞠躬如也,如不胜。……享礼有容色,私觌愉愉如也。

述说了作为君主使者赴他国谒见对方君主,并出席恭献本国君主赠物的仪式,接下来在私觌的地方,使者则处于"愉愉"的状态。对于"私觌",郑注认为:

> 觌,见也。既享,乃以私礼见。愉愉,颜色之和也。

朱熹"集注"也作同样解释。私觌被解释为非官方的私下会面。在《荀子·大略》中也有:

> 聘,问也。享,献也。私觌,私见也。

也就是说,"私觌"原本是指使者出使他国之际,脱离了作为君主代理人的官方仪式,而以私人、非官方的形式与对方国家君主或其臣下会面,而且还包含有在会面中以个人身份赠送礼物的意思。

这些都是古代经典描述礼仪关系时出现的私觌用例。再来看《通典·

---

① 《大戴礼记·朝事》中也有几乎相同的记载:"卿为上摈,大夫为承摈,士为绍摈,君亲礼宾。私觌致飨饩,还圭璋,贿赠,飧、食、燕,所以明宾主、君臣之义也。"

礼典》卷七十四《宾礼一》周制"天子受诸侯遣使来聘"条中，诸侯派遣的宾客谒见周王，并在王庙进行赠送礼物的享礼，其后载：

> 出(王)庙门，更行私觌之见。

同书卷六十七《嘉礼十二》，在东晋穆帝褚太后与其父见面之际，博士徐禅引用郑玄的说法道：

> 王庭正君臣之礼，私觌全父子之亲，是大顺之道也。

这里的私觌也是指个人会面。

在史书中，《三国志》卷五十六《吴书·朱治列传》描述了朱治与孙权之间关系特别亲密的情景：

> 权尝亲迎，执版交拜，飨宴赠赐，恩敬特隆，至从行吏，皆得奉赞私觌，其见异如此。

此外，《魏书》卷五十三《李孝伯传》载：北魏太武帝南伐，在彭城（徐州）与南朝宋文帝所派军队对峙时，太武帝臣子李孝伯奉诏向宋军进呈礼物，宋军长史张畅道：

> 人臣无境外之交，故无容私觌。

可见，所谓私觌这一用语是指脱离了自己的君主管理访问其他君主的人，以非官方的个人形式与对方君主或臣下会面进行交谊，并根据情况赠送礼品的行为。相关用例不仅出现于先秦经典之中，在南北朝时期的文献里也时有私觌之例。

第二节　唐代史料中所见私觌的事例

那么，在唐代史料中"私觌"是如何使用的呢？

《新唐书》卷五十八《艺文志二·地理类》有：

> 吕述（字修业，会昌秘书少监，商州刺史）《黠戛斯朝贡图传》一卷。

李德裕《黠戛斯朝贡图传序》是对该传所做的序文①,其中有一段云:

> 乃诏太子詹事韦宗卿、秘书少监吕述往莅宾馆,以展私觌。
> 稽合同异,饩缕(笔者注:详细描述)阙遗,传胡貊兜离之音,载山
> 川曲折之状。

原本按照唐律令官制规定,在迎宾馆从外国使节处听取该国地理、风土信息,为掌管天下地图的兵部官员的职责,《唐六典》卷五《职方郎中》"员外郎"条载:

> 其外夷每有番(蕃)官到京,委鸿胪讯其人本国山川、风土,为
> 图以奏焉。副上于(尚书)省。

官员因"公务"与外国使节的会面乃《唐六典》中"私觌"之含义,李德裕在撰写文章时的文辞表达方式并不准确。

笔者不禁想起,2004 年在中国西安公布了日本人井真成的墓志,并于翌年一月在东京召开了西北大学、专修大学联合研讨会(朝日新闻社共同主办),以此为契机,相较刻于开元二十二年(734)的井真成墓志,东洋大学高桥继男、森公章两位先生介绍了记录"日本"二字更早的刻于先天二年(713)的《徐州刺史杜嗣先墓志》②,其中载:

> 又属皇明远被日本来庭,有敕令公与李怀远、豆卢钦望、祝钦
> 明等,宾于蕃使,共其语话。

这段话是在唐永崇元年(680,"永崇"原作"永隆",后因避玄宗讳而改)的记载之后,神龙元年(705)的记载之前,因此此处的"日本来庭"应是指大宝二年(702)出发的遣唐使③。墓主杜嗣先会同豆卢钦望等人一道在鸿胪客馆与大宝遣唐使坂合部大分、副使许势邑治、执节使粟田真人等有过往来,

---

① 《会昌一品集》卷二、《文苑英华》卷七百三十八、《全唐文》卷七百零七所收。《玉海》卷一百五十三"唐黠戛斯入朝"条中,作为"李德裕序曰"部分引用。

② 叶国良《石学续探》(台北大安出版社,1999 年,第 127—129 页);高桥继男《最早的"日本"——〈杜嗣先墓志〉介绍》(专修大学、西北大学联合研讨会编《遣唐使看到的中国——从新发现的〈井真成墓志〉中可以明白什么》,朝日新闻社,2005 年)。

③ 详情参见森公章《大宝时期遣唐使及其意义》(《续日本纪研究》第 355 号,2005 年)。

这无疑是一个私觌的事例。杜嗣先等人是因"有敕"而与日本使节进行"语话"的，因此此处可将私觌看作公务行为的面谈。《大唐开元礼》是记述皇帝祭祀仪式程序的礼仪经典，因此在其"宾礼"中并未提到私觌，但应该说，作为公务行为的私觌属于超越皇帝祭祀范围的广义的宾礼。

上述私觌的用例，也表明外国使节脱离本国元首代理人身份这一立场，与唐代官员进行会面及私人交谊的行为，可以说与前文所见唐以前的事例没有太大的差异。但唐代史料中的私觌，也有不少与此相异的例子，现将其列举如下。

《旧唐书》卷一百一十二《李暠传》载[1]：

> 开元二十一年正月，制曰："……宜持节充入吐蕃使，准式发遣。"以国信物一万匹，私觌物二千匹，皆杂以五彩遣之。

这是一条关于时任工部尚书李暠出使吐蕃的记载，其中的"私觌物"很明显是与"国信物"配套赠予的。

作为类似的事例，《册府元龟》卷九百七十四《外臣部·褒异一》载：

> （开元）六年正月壬寅，奚王李失活、永乐公主还蕃，命有司加等祖饯，其私觌物六千段。

这里的"私觌物"是饯别的赠物（应是麻布或以麻布换算后的等值物品）。另外，《册府元龟》记载作"奚王"，但李失活为"契丹王"[2]。据《资治通鉴》卷二百一十一的记载，契丹王李失活在前一年即开元五年（717）十一月入朝，迎娶了被封为永乐公主的东平王外孙女杨氏，因此《册府元龟》的记载反映了翌年正月他与公主一起返回本国时的情况。那么，这里的"私觌物六千段"可以说是玄宗个人的赠物。

另一方面，前文《旧唐书·李暠传》的"私觌物二千匹"是向吐蕃派遣官方使节时的赠物，作为绢织物与国信物相配套。由于记载作"皆杂以五彩

---

[1] 《册府元龟》卷六百五十三《奉使部·称旨》、卷九百八十《外臣部·通好》中几乎全文采录了《唐会要》卷六"和蕃公主杂录"条中派遣李暠的记载，其中也作"私觌物二千匹""私觌二千匹"。

[2] 参见《旧唐书》卷一百九十九下、《新唐书》卷二百一十九《北狄传》"契丹"条等。

遣之"，则应是含有锦的高级绢制品。国信物及其附属物作为配套的例子，在外国使节归国之际，唐皇帝让其带回给该国元首的赠物中也可看到，在张九龄《敕新罗王金兴光书（一）》（开元二十二年，734）载①：

> 今有答信物，及别寄少信物，并附金信忠往，至宜领取。

《旧唐书·李邕传》的制敕中有"准式发遣"的句子，因此"私觌物二千匹"应该是遵照规定实施的。这不禁令人想起，《延喜式》卷三十《大藏省》赐蕃客例的规定，其中对于"大唐皇"的赐物有：

> 银大五百两，水织绝、美浓絁各二百匹，细絁、黄絁各三百匹，黄丝五百绚，细屯绵一千屯。别送，彩帛二百匹，叠绵二百帖，屯绵二百屯，纻布卅端，望絁布一百端。

其后记载了对判官、行官、使丁以及水手的赐物，在本条末尾载：

> 但大使、副使，临时准量给之。

要注意的是，对"大唐皇"的赐物分为"银大五百两"等物以及"别送"。而在此条后记载有对渤海王、大使、副使等，以及新罗王、大使、副使等的赐物规定，其中却没有关于"别送"的记载。

上述《延喜式》的条文是外国使节来日本之时的赐物规定，但在《册府元龟》卷九百七十一《外臣部·朝贡四》"开元二十二年（734）四月"条中有：

> 四月，日本国遣使来朝，献美浓絁二百匹，水织絁二百匹。

记载了以多治比广成为大使的天平遣唐使带来的贡物，与《延喜式》的"水织絁、美浓絁各二百匹"相一致，因此可以认为遣唐使对唐的国信物也应该是准此规定准备的。

派到唐的外国使节对唐皇帝进呈国信物的仪式是《大唐开元礼》卷七十九《皇帝受蕃使表及币》。该仪式中，使节带来的国书由中书侍郎在皇帝面前进行宣读，在此期间，唐代官员受取国信物。据其仪式程序，外国使节

---

① 《唐丞相曲江张先生文集》卷八、《文苑英华》卷四百七十一、《全唐文》卷二百八十四。

奉国书进入仪式会场，从者"执币及庭实"随后①。"币"是绢、财货、赠品，"庭实"则是指陈列于庭的贡物，虽然均为进贡之物，但如仪式名称的"表及币"所示，币为主，庭实为从属物品。那么，仪式次第中的庭实很可能就相当于《延喜式》中的"别送"。

《延喜式》"赐蕃客例"不止针对唐皇帝、渤海王、新罗王，也规定有对各国大使、副使等的赠物。而且，在唐颁发的国书中，如张九龄所撰《敕识匿国王书》（开元二十一年，733）中有②：

> 今授卿将军，赐物二百匹，锦袍、金钿带七事，已下节级亦有衣物。

封敖撰《与渤海王大彝震书》（会昌年间，841—846）载：

> 赐卿官告及信物，至宜领之。妃及副王长史平章事等各有赐物。

同样为封敖所撰《与契丹王鹘戍书（一）》（会昌年间，841—846）载③：

> 今赐卿少物，至宜领之。妃以下及男等并兵马使、屯敕史、梅落达磨县令等各有赐物。

也就是说，无论是唐派遣至外国的使节，还是自唐归国的外国使节，他们所带去的来自唐皇帝的赠物中，不仅有赠外国元首的物品，也有赠该国王族或高官之物。那么，前揭《旧唐书·李昌传》所见玄宗"私觌物二千匹"应该可以看作给吐蕃王族、高官的赠物。

如此一来，则私觌物除了包含致外国元首的国信物外，还应该有如下两种含义中的某一个④：

---

① 拙稿《唐代外国使节的皇帝谒见仪式复原》（收入拙著《唐的北方问题与国际秩序》）第443、445页。

② 《唐丞相曲江张先生文集》卷十二、《文苑英华》卷四百七十一、《全唐文》卷二百八十七。

③ 封敖所撰两书分别见于《文苑英华》卷四百七十一、《全唐文》卷七百二十八。

④ 在拙稿《唐的国际交易与渤海——朝贡、互市与贡献制》（铃木靖民编《古代日本的异文化交流》，勉诚出版，2008年）中，曾对《旧唐书·李昌传》的"私觌物二千匹"提出新的解释，即皇帝赐给使节成员的私人赠物。

①《开元礼》的庭实 =《延喜式》的别送 = 私觌物（国信物的附属品）
②唐皇帝对外国王族、高官的赠物 = 私觌物

从以上对唐代史料中所见皇帝赠送的私觌物的解释可知，私觌的本义是指使节与对方元首及高官交谊并进行赠答。

第三节　使节成员的私觌与唐代私觌正员官

那么，使节成员进行私觌的例子在唐代史料中有哪些呢？

一、别贡和交关

首先，以两次赴日本的渤海使节的相关史料作为参考。

第一次是元庆六年（882）十一月，加贺国的使节来到日本，于次年入京。根据《日本三代实录》"元庆七年五月"条，从中抽取与本文相关记载如下①：

(a) 二日丁卯，（渤海）大使裴颋等，于朝堂进奉王启及信物。

(b) 七日壬申，大使裴颋，别贡方物。十日，内藏头和气朝臣彝范率僚下，向鸿胪馆交关。

(c) 八日癸酉，内藏寮交关如昨。

第二次是延喜十九年（919）十一月，若狭国的使节来到日本，于次年入京，相关记载如下②：

(d)（渤海大使）进启、信物，进取外记、函。（《贞信公记》"延喜二十年五月十一日"条）

---

① 本条史料是在2009年10月3日召开的"东亚国书研究会（国书会）"上，通过滨田久美子的报告《元庆六至七年渤海使节来日纪事——宽平四年的太政官牒》知道的，特此表示感谢。

② 滨田久美子《宽平、延喜年间的日渤外交》（收入滨田久美子著《日本古代的外交礼仪与渤海》第4章第1节，第213—215页，首次发表为2003年）。

(e)掌客使,民部大丞(藤原)季方领大使裴璆别贡物,进藏人所。(《扶桑略记》"延喜二十年六月十四日"条)

　　　(f)文章得业生(大江)朝纲就藏人所,奏渤海大使裴璆书状并送物。(《扶桑略记》"延喜二十年六月十四日"条)

其中,(a)(d)显示天皇接受渤海王的启以及国信物,渤海使节分别在(b)(e)进呈了"别贡方物""别贡物"。如果将这里的"别贡"解释为前文所举方案①中的"庭实",则唐《皇帝受蕃使表及币》仪式上庭实和国信物被一起进呈,如此则不合适。从日本遣唐使的例子来看,《续日本纪》"宝龟九年(778)十月乙未"条所载宝龟遣唐使的返朝报告中记载:

　　　(正月)十五日,于宣政殿礼见。天子不衙。是日,进国信及别贡等物。

《日本后纪》"延历二十四年(805)六月乙巳"条记载的延历遣唐使归朝报告中也有:

　　　(十二月)廿四日,国信、别贡等物附监使刘昂,进天子。

可见别贡与国信是一起进呈的。

　　那么,渤海王的别贡是否应解释作前文方案②"对外国王族、高官的赠物"？因为(e)记载"进藏人所",因此"别贡物"应看作对天皇的贡物。但无论采用哪种解释都不妥当。因此,不如将其看作是渤海大使以私人立场对天皇进呈的贡物更为稳妥。这样的话,按照中国的说法,即是"私觌"。

　　从前揭渤海使节入朝的记载来看,(b)(c)是使节在鸿胪寺进行交关,(f)是对大江朝纲"送物"。"交关"是明显含有"交易""贸易"之意的词①,也就是说,此时相当于外国使节与对方国家的高官会面,并进行交易的私觌。

　　通过史料可以确认,外国使节在当地交易从而获利这一风气也存在于唐派遣的使节中,《旧唐书》卷一百四十九《归崇敬传》载大历(766—779)初的一事:

---

① 拙稿《禁止交杂——朝贡使节入京途中的规定》(收入拙著《唐的北方问题与国际秩序》,第349—350页,首次发表于1996年)。

> 故事,使新罗者,至海东多有所求,或携资帛而往,贸易货物,规以为利。(归)崇敬一皆绝之,东夷称重其德。

同书卷一百三十八《赵憬传》则记载了贞元四年(788)赵憬出使回纥之时,"前后使回纥者,多私赍缯絮,蕃中市马回以规利,(赵)憬一无所市,人叹美之"。虽然是对赵憬美德的赞扬,但同时也说明当时使节成员在外面进行交易的情况普遍存在。

这种私人交易原本为《卫禁律》"越度缘边关塞"条所禁止,但事实上,自安史之乱后,唐后半期并未遵守相关律令。但是,这些行为与前揭渤海使节史料的(b)(c)(f)具有本质上的不同,渤海使节是在日本朝廷内部进行官方交易,属于正当的私觌。

关于这种朝廷内的半官方交易,在史料中可见实际事例。一个是唐末,唐与回鹘之间的账目文书断简(敦煌文书,S.8444)中记载了回鹘的达干、天睦可汗之女、大宰相向唐朝廷贡纳的"附进"物品及唐对此"附进"进行回赠的品目与数量①。还有一个是正仓院藏八世纪的新罗"毡贴布记"和"买新罗物解","毡贴布记"被缝在新罗制毛毡上,内容为拥有者姓名、物品价值、希望交换的物品,"买新罗物解"则记载有日本从新罗使节处入手之物,以及等价物品的品目及数量②。这些行为都可以被看作是私觌。

进行这种私觌是理所当然的,无论是在唐代还是今日,人们赴外国的组织或机构进行访问时都不可能空手。举一个浅显易懂的例子,即使在今天,我们去中国、韩国等外国研究机构访问时,访问团的代表都会为对方机构准备礼品,并亲手交给其代表,这相当于国信。除此之外,访问团团员也会向对方机构的组织成员转交自己的著作或论文,并常从对方收取相应的回赠,这相当于私觌。作为国家正式使节成员,在访问外国政府时更不可能空着手。而且,我们在回国之际,也经常会在外国的商店和市场购买一些当地特产以赠送家人和朋友,这和收取礼物性质不同。

---

① 土肥义和《敦煌发现唐、回鹘间交易关系汉文文书断简考》(栗原益男先生古稀纪念论集《中国古代的法与社会》,汲古书院,1988年)。

② 李成市《东亚的王权与交易》(青木书店,1997年)。

二、唐的私觌正员官

与国信不同,使节成员以个人名义向对方国家元首和高官进行私觌时,需要花费大量费用。那么,唐派遣的使节是如何维持这些费用支出的呢?很有可能前引《旧唐书·李暠传》中玄宗的"私觌物二千匹"不应按照前揭①②加以解释,而是由朝廷准备给使节,由使节个人带去的私觌物。

《唐会要》卷六十七"试及邪滥官"条载:

> 元和七年七月敕。入蕃使不得与私觌正员官告,量别支给,以充私觌。【原注:旧例,使绝域者,许卖正员官取赀员官,以备私觌。虽优假(优待之意)远使,殊非典法,故革之。】

《册府元龟》卷一百六十《帝王部·革弊二》也载①:

> 元和七年二月癸丑,诏自今应有入蕃使不得与私觌,正员官别给钱物以充私觌。旧使绝域者,许鬻十数员官,取赀以充私觌,盖优假远使,然殊非典法,至是革焉。

也就是说,在唐代元和年间之前便有被派遣至绝域的使者"私觌正员官",即使者出卖官职以获取财货,但在元和七年(812)遭到废止。《新唐书》卷一百九十七《循吏·韦丹传》所记载的一则轶事为此提供了佐证:

> 新罗国君死,诏拜司封郎中往吊。故事,使外国,赐州县十官,卖以取赀,号"私觌官"。丹曰:"使外国,不足于资,宜上请,安有贸官受钱。"即具疏所宜费,帝命有司与之,因著令。未行,而新罗立君死,还为容州刺史。

据此可知,唐代的"私觌正员官"是指给予使者授予州县地方官职位的权力,使者通过贩卖官职而得到财物,以此充作私觌费用,这是政府减轻使节

---

① 与此处引文内容相同的纪事被采录于《旧唐书》卷十五《宪宗本纪下》"元和七年二月癸丑"条。日期虽然与《册府元龟》一致,文章内容则更接近《唐会要》。然而,《唐会要》的"取赀员官"在《旧唐书》中作"取货",从《册府元龟》的"取赀"来看,《唐会要》的"员官"应为衍字。

私觌赠物所造成的经济负担的方法。韦丹的例子,其对象为新罗,可见前揭元和七年敕中的"绝域"并不是基于"蕃域""绝域"的区分,而只是单纯的"远方之地"。

在《新唐书·韦丹传》中所载新罗王的册立经过中,799 年新罗元圣王(金敬信)死去,立昭圣王(金俊邕),但新王在第二年即 800 年死去,这与《旧唐书》卷一百九十九上《新罗传》、《唐会要》卷九十五"新罗"条等记载相符。这也和唐元和三年(808),新罗使节金力奇提出"由于贞元十六年(800)唐册立金俊邕为新罗王,其母及妻子分别为太妃和王妃,但册立使韦丹尚在去途中金俊邕薨,册书被退回中书省保管,希望将其取回国"的请求相对应。据此可知,韦丹反对私觌官的上疏是德宗贞元十六年(800)的事情,也就是元和七年敕发布的十二年前,这为宪宗废止私觌正员官的政策埋下了伏笔。

然而,下一任皇帝穆宗即位后不久,《唐会要》"试及邪滥官"条所载敕文内容如下①:

> 十五年二月敕。其入回鹘使,宜仍旧与私觌正员官十三员,入吐蕃使与八员。

私觌正员官再度复活。《旧唐书》卷一百六十三《胡证传》载:

> 长庆元年,太和公主出降回纥,诏以本官检校工部尚书充和亲使。旧制,以使车出境,有行人私觌之礼,官不能给,召富家子纳赀于使者而命之官。及证将行,首请厘革,俭受省费,以绝鬻官之门。

相同的事情也被采录于《新唐书》卷一百六十四《胡证传》中②,其中"富家子"作"富人子"。卖官的对象自然是富有之家的人,这一行为在《胡证传》中称作"鬻官",买取的官职在《韦丹传》中号为"私觌官"。

---

① 《旧唐书》卷十六《穆宗本纪》"元和十五年二月丁酉"条有同样记载。
② 在两《唐书》中,接着记载了胡证在出使地遇到回纥人的为难,但没有屈服的轶事。从文脉来看,应该是由于他没有带那么多私觌物所致。从外国人来看,他们是希望与使者进行交易的,因此"私觌官"制度的目的之一可能就是希望使者在外国的交涉能够平稳顺利。

或许是吸取了经验教训,文宗时期私觌官又再次被废止。《册府元龟》卷一百六十《帝王部·革弊二》载:

> (开成元年)十二月戊申,诏曰:"仕杂工商,实因鬻爵,尚须命使改以赐材。其入蕃使旧例与私觌官十员,宜停。别与钱五千贯文,令度支分付,永为定例。"

据此可知,刚才的"富家子""富人子"之中也包含有工商业人士。

在上面"私觌正员官"的史料中,经常使用"旧例""旧""故事""仍旧""旧制"等语,这个现象究竟能上溯至何时? 如前所述,私觌卖官制度反复徘徊在实施与废止之间。有鉴于这种制度的不稳定性以及卖官风气在唐后半期的盛行趋势,应该上溯不到唐前期,而是安史之乱以后的事情。在停止私觌官时,作为其替代措施,私觌费用改由政府支给,可以认为在律令制与基于律令的官制进行政治运营的时代,使者的私觌物通过"规定"由政府支给。安史之乱后,中央集权弱化,财政窘迫,需要从各方面减轻财政负担,所以使节成员的私觌行为作为减轻财政负担的一种方法得以再次盛行起来。因此,在前揭《唐会要》《册府元龟》元和七年敕停止私觌官的记载中,私觌正员官才被记载为"殊非典法"。

但是,回过头再看玄宗"私觌物二千匹",则相当于在安史之乱以前政府支给的使节成员私觌物,因此,还存在与前揭①②方案所不同的其他解释。但由于史料的制约,现在难以判断,留待后考。

结　语

现对本章进行总结如下:

(1)私觌原本是指访问他国君主的使者,对出访国的君主或臣下以个人身份进行的会面、交易并赠予礼物的行为。在唐代史料中,存在着如"私觌物"这样指代私人赠予物品的用例。

(2)唐在派遣使节之际,由皇帝支给的"私觌物"相当于①国信物的附属品、②皇帝对外国王族、高官的赠物中的某一个。

(3)使节团成员与对方国家元首或高官进行私觌的行为,在史料中可以得到确认,在唐代,使节团成员向包含有工商业者的富人家贩卖约十个左右的私觌正员官职位,以此获得一定数量的财货,被贩卖的官职被称作私觌官。

(4)私觌官制度是一种处于反复实施与废止之间的不稳定的制度,是唐后半期中央集权弱化后的政策。可以推测,在唐代前半期,使节团成员的私觌物采取由政府支给的形式。

(5)《旧唐书·李昌传》中,玄宗"私觌物二千匹",相当于由政府支给的私觌物,对于皇帝的"私觌物",存在着与前文中①②方案不同的解释。

第三部

墓志文化与外国人墓志

第九章

唐代官员丧葬礼仪与开元二十五年《丧葬令》

绪　论

在人们进行的各种仪式、礼仪背后,都隐含着进行这一行为的人们所具有的社会属性与文化特性。而且,在这些仪式、礼仪中,无论是何种社会,葬制都是因不同社会与文化特性而受到强烈规制的仪式之一。人类的死亡既属于自然的生物学现象,同时也是一种社会文化现象。一个人的死,不只是死亡的瞬间,它还会对其后很长一段时间里与之相关的人们的社会生活产生影响。这种影响因不同社会所固有的观念体系而有不同表现。在文化人类学领域,处理死者遗体的方法一般被称作"葬法",贯穿于葬法前后的一定时期内的系列规定则被称作"葬制"。本章所探讨的就是葬制的文化形态,主要是对仪式的体系结构进行分析,在此将葬制的文化形态简称为"丧葬礼仪"。

丧葬礼仪所表现出来的象征性行为,深刻地反映出该社会的亲族关系、地缘组织特征、阶级分化形态等。这种仪式为社会成员提供了社交的机会,在仪式现场,死者身后的社会关系进行了重新整合。因此,丧葬礼仪所具有的社会意义和参加仪式人员的社会范围,因死者生前的社会地位而各不相同。这种社会范围从大处来看,可以设定为国家。那么,这一场合下的丧葬礼仪就是王朝礼仪中的葬礼。

说到王朝礼仪中的葬礼,一般会令人想起皇帝(天皇)的葬仪,接着则是官僚阶级(包括贵族、王公等)的葬仪。在历史学领域,将前者作为分析对象的研究并不少见,对于后者则重视度不够。然而,官僚阶层支撑着国家与朝廷,他们是王政的执行者,他们的丧葬礼仪可以说是对维持政府运转的人们进行新旧交替的社会认知过程。也就是说,阐明官僚阶级丧葬礼仪的结构是思考礼仪和国家关系时不可避免的重要课题。因为,为了定位官僚的社会支配者身份,王朝所进行的象征性形式以及为将他们的存在正当化并加以秩序化的痕迹,一定存在于他们的丧葬礼仪之中。

在中国古代,曾出现过《周礼》《仪礼》《汉旧仪》等记载王朝和士人行为规范的礼仪书。自魏晋以后,全文内容保存至今的最早的王朝礼典是唐玄宗时期的《大唐开元礼》。《大唐开元礼》在规制上不仅沿袭了前代礼书,而且也被宋代的《政和五礼新仪》《太常因革礼》等所承袭,唐礼与律令一起作为王朝的规范对后世产生了极大影响。但即便如此,对《大唐开元礼》记载的丧葬礼仪进行分析的研究成果并不多见①。

因此,本章拟对《大唐开元礼》中作为王朝礼仪的唐代官僚阶层丧葬礼仪的结构进行分析。

第一节 《大唐开元礼》凶礼篇名

《大唐开元礼》一百五十卷,由吉礼、宾礼、军礼、嘉礼、凶礼共五礼构成,其中凶礼为卷一百三十一至卷一百五十,占二十卷。现将这二十卷的内容,权且分为四类并列举如下(括号内数字为卷数):

1. 凶年赈抚……唐皇帝派遣使者慰问安抚诸州蕃国水、旱、虫灾的礼仪。

2. 劳问疾苦(131),五服制度(132),讣奏,临丧,除丧(133),

---

① 关于《大唐开元礼》丧葬礼仪的研究,有杉本宪司《关于唐代的葬制——唐代墓葬考序节》(《末永先生古稀纪念古代学论丛》,末永先生古稀纪念会,1967 年);陈戍国《中国礼制史——隋唐五代卷》(湖南教育出版社,1998 年)第 2 章第 6 节《李唐丧葬礼仪(一)》至第 9 节《李唐丧葬礼仪(四)》;稻田奈津子《日本古代丧葬礼仪的特质——从丧葬令所见天皇与氏》(《史学杂志》第 109 编第 9 号,2000 年);吴丽娱《唐礼摭遗——中古书仪研究》(商务印书馆,2002 年)第 12 章《丧服制度(Ⅰ)》,第 13 章《丧服制度(Ⅱ)》;拙稿《唐代凶礼的结构——以〈大唐开元礼〉官僚丧葬礼仪为中心》(福井文雅博士古稀纪念论集《亚洲文化的思想与礼仪》,春秋社,2005 年)等。

敕使吊,会丧,策赠,会葬,致奠(134),中宫、太皇太后、皇太后、皇后服(135),东宫服(136),东宫妃服(137)……皇族因病死去时,皇帝、皇后、东宫派遣使者慰问吊唁的礼仪。

3. 三品以上丧之一(138),三品以上丧之二(139),三品以上丧之三(140),三品以上丧之四(141),四品五品丧之一(142),四品五品丧之二(143),四品五品丧之三(144),四品五品丧之四(145),六品以下丧之一(146),六品以下丧之二(147),六品以下丧之三(148),六品以下丧之四(149)……一品至九品官的丧葬礼仪。

4. 王公以下丧通仪(150)……王公以下有爵位者在亲属等死去时的服丧规定。

在《大唐开元礼》凶礼中,对于官员丧葬礼仪的程序进行叙述的是第三类内容,考察第三类内容可知,官僚丧葬礼仪分为一品官至三品官、四五品官、六品官至九品官三个等级。在这里试举记述最为详细的"三品以上丧",其由以下仪式篇名构成:

三品以上丧之一……初终,复,设床,奠,沐浴,袭,含,赴阙,敕使吊,铭,重,陈小殓衣,奠,小殓,殓发,奠,陈大殓衣,奠,大殓,奠,庐次,成服,朝夕哭奠,宾吊(亲故同),亲故哭,刺史哭(县令同),刺史遣使吊,亲故遣使致赙,殷奠,卜宅兆,卜葬日,启殡,赠谥,亲宾致奠。

三品以上丧之二……(将葬)陈车位,陈器用,进引,引輴,輴在庭位,祖奠,輴出升车,遣奠,遣车器行序,诸孝从柩车序,郭门外亲宾归,诸孝乘车,宿止,宿处哭位,行次奠,亲宾致赠。

(墓上进止)茔次,到墓,陈明器,下柩器序,入墓,墓中置器序,掩圹,祭后土,反哭,虞祭。

三品以上丧之三…… 卒哭祭,小祥祭,大祥祭,禫祭,祔庙。

三品以上丧之四……(改葬)卜宅,启请,开坟,举柩,奠,升柩车,殓,奠,设灵筵,进引,告迁,哭柩车位,设遣奠,輴车发,宿止,到墓,虞祭。

可对其概括如下：

丧之一 …… 临终,回魂,沐浴,纳棺,殡,占卜墓地及葬日等,临终后的诸仪式。

丧之二 …… 从灵柩离开自家"殡所"直至埋葬于墓地的诸仪式。

丧之三 …… 一周年忌,二十七个月后除丧服,配祭于祖庙等埋葬后的仪式。

丧之四 …… 关于改葬的诸仪式。

四品五品丧、六品以下丧的仪式程序则被简略叙述,这些仪式除了在使用道具等方面有所差别外,仪式的流程基本与三品以上丧相同。

第二节 《大唐开元礼》凶礼的仪式结构

上面列举了凶礼篇名,那么该如何分析这么大规模的仪式体系呢？

《大唐开元礼》的仪式次第由仪式参加者的行为(进止,就位,称,西面等)与服装、特定道具构成。接下来,笔者从王权与丧葬礼仪的关系这一视点出发,对上引"三品以上丧之一"中的"敕使吊"仪式进行分解如下：

①皇帝使者着公服

②使者入,立于寝门外西侧,面朝东

③相者(侍者)入告主人

④主人素冠

⑤主人自西阶降,迎使者于寝门外

⑥主人见宾不哭

⑦主人先入,立于门右,面朝北

⑧内外皆止哭

⑨开帷

⑩使者入,升立于西阶上,面朝东

⑪主人在阶下,北面立

⑫使者称"有敕"

⑬主人再拜

⑭使者宣敕:"某封位薨,情以恻然,如何不淑。"

⑮主人哭,拜稽颡

⑯内外皆哭

⑰使者出,主人拜送于大门外

⑱使者若是(死者)亲故,则出后更衣,再入面对遗体立,哭十数声后止,降出

⑲此时,主人等候使者,出由西阶降

仪式中的"主人"就是逝者家人,会场则被设定为逝者家中,也就是说,官员家里的结构应该是以能够实施这种仪式(不仅是凶礼)而提前规划设计好的。换言之,当时中国官员的家,其结构受到礼制的规范。

青木场东认为分析《大唐开元礼》仪式的方法为:应先将前进、站立、坐下等这些单纯的行为称作"行为元素",由多种行为元素构成一个具有意义的"项",再由多种"项"集合在一起构成"节",最后由"节"集合形成一种"仪式"①。在此借用青木场东的这一用语,对"敕使吊"的过程分析如下(数字对应前文的段落号码):

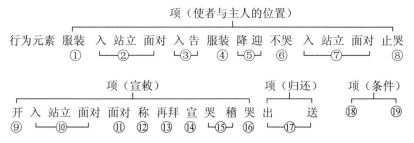

从中可以看出,在"敕使吊"仪式中,由四个"项"构成了一个节,仪式内容规定了敕使与丧主的位置、宣敕过程以及丧仪参与者的行为规范。以同样的方法对"三品以上丧"从临终到埋葬于墓地的整个仪式进行分解,权且省略"行为元素"如下。为叙述方便,将仪式行为者的位置、席次和方向称

---

① 青木场东《吉凶礼的结构》(《产业经济研究》第45卷第1号,久留米大学,2004年)。作者在文章中分析了决定吉凶礼仪式举行日期的占卜礼仪的行为结构,由于分析的概念和记号的设定等涉及多方面,因此借用"行为元素、项、节、仪式"这种仪式层级的方式。但本文只是希望读者更加清晰地理解丧葬礼仪的过程,因此与青木场东的分类并不完全一致。

作"位置",将仪式中的道具、会场安排称作"设营"。

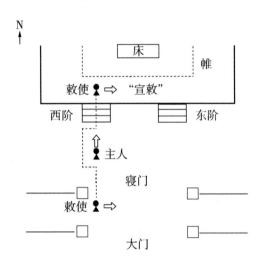

图5 "敕使吊"图

1. 初终、纳棺

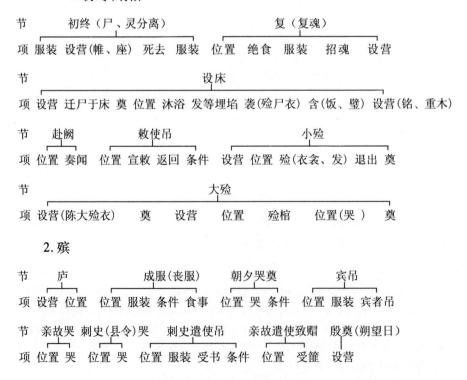

2. 殡

3. 埋葬

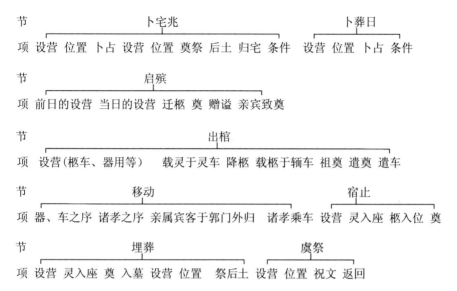

以上是从初终至埋葬的整个葬礼仪式流程，如在其中加入埋葬后的祭礼的话，则整个流程可概括如下：①初终、纳棺→②殡→③埋葬→④卒哭祭（终哭）→⑤小祥祭（一周祭）→⑥大祥祭（25个月后）→⑦禫祭（27个月后，除服）→⑧祔庙（合配于祖庙）→⑨改葬仪礼（与③埋葬几乎相同）。

《礼记·郊特牲》记载"魂气归于天，形魄归于地"，《春秋左氏传》"昭公七年"条疏作"附形之灵为魄，附气之神为魂也"。据此可知，中国古代丧葬礼仪是将分离开的魂与魄分别归于天地之礼。但在《大唐开元礼》中，并未使用"魂魄"这一用语，而是将魂气称作"灵"，形魄称作"尸"。直到埋葬尸体前，灵都存在于尸旁，在埋葬于墓地之前，要花一整夜通过"宿止"来祭祀灵和尸，在此过程中，东边的吉帷设有灵座，西边的凶帷则祭祀载着尸的柩车。也就是说，灵与尸分别被看作吉与凶。

如果将《大唐开元礼》所载该丧葬礼仪进行概述，则是：分离灵与尸，为使灵不脱离尸而在旁祭祀，将尸委于后土神，最后将灵配于祖灵的礼仪行为。这种思想基于《仪礼》中的士丧礼、既夕礼、士虞礼。现在试根据《仪礼》的分类对上述各礼仪进行归纳如下：

士丧礼……初终，复，设床，赴阙，教使吊，小殓，大殓，庐，成服，朝夕哭奠，宾吊，亲故哭，刺史（县令）哭，刺史遣使吊，亲故遣使致赗,殷奠,卜宅,卜葬日。

既夕礼……启殡,出棺,移动,宿止,埋葬,虞祭。

士虞礼……卒哭祭,小祥祭,大祥祭,禫祭,祔庙。

《仪礼·士虞礼》"礼毕送宾"条载"死三日而殡,三月而葬,遂卒哭",因此士丧礼、既夕礼需要三个月时间。在《大唐开元礼》中,从初终直到将魂配于祖庙的祔庙约需三年。

第三节　唐开元二十五年《丧葬令》

1998年,戴建国发现宁波天一阁所藏明钞本《官品令》十卷应为北宋《天圣令》的钞本[①],并在2006年10月公开了钞本的照片及校录本[②]。在该钞本中,采录有《田令》《赋役令》《仓库令》《厩牧令》《关市令》《捕亡令》《医疾令》《假宁令》《狱官令》《营缮令》《丧葬令》《杂令》,在每个条文后都有"右并因旧文以新制参定",在此之前是北宋天圣七年(1029)制订的令条文。此后,又列记有条文,其后写道"右令不行",这是制订《天圣令》时未用而删除的唐开元二十五年令原文。一直以来,对唐令的研究都只能依据《唐令拾遗》《唐令拾遗补》和日本《养老令》来开展,而该史料的出现则让我们得以接触、了解开元二十五年令。

根据该钞本将开元二十五年《丧葬令》计三十七条(含附为三十八条)进行复原,并将各条规定与凶礼之间的关系整理如下表4"开元二十五年《丧葬令》与凶礼关系表"。唐《丧葬令》条文被分为:关于帝陵的规定(第1—3条),关于皇帝、皇族举哀的规定(第4—7条),关于赠物、官给的规定(第8—15条),关于丧葬器物、丧服的规定(第16—24条),关于墓制的规定(第25—32条),其他(第33条等)。

---

① 戴建国《天一阁藏明钞本官品令考》(《历史研究》,1999年第3期)
② 天一阁博物馆、中国社会科学院历史研究所天圣令整理课题组《天一阁藏明钞本天圣令校证——附唐令复原研究》(中华书局,2006年)。丧葬令的复原研究由吴丽娱先生承担。本文所据唐开元二十五年令复原条文参见该书下册第709—912页。

表4 开元二十五年《丧葬令》与凶礼关系表

条数	《拾遗》条	规定内容	与凶礼的关系	《养老令》
1		禁止在帝陵耕作、放牧		1条
2	1	巡视警戒先帝陵		1条
3	2	对申请陪葬者进行许可	宅兆的例外	
4	3	皇帝、皇太后、皇后等的举哀		2条
5	4	皇帝临丧的服装	使用道具的规格规定	2条
6	5	奏闻官僚死去及赠物情况		3条
7	6	三品官以上的葬礼由鸿胪寺护丧	礼仪的监督规定	4条
8		对皇室葬礼的赗物	使用道具的规格规定	5条
9	8	对职事官丧礼的赗物	使用道具的规格规定	5条
10	补3	官给丧事时的给付	使用道具的规格规定	
11	9	赗物从多的规定	使用道具的规格规定	6条
12		对赠官者丧礼的赗物	使用道具的规格规定	
13	补1	从赗物仓库支给	使用道具的规格规定	
14	10乙·补7	对使人身丧者递送给殡物		7条
15	补2	对致仕官的赗物	使用道具的规格规定	
16	7	对去职者葬礼时穿原官服的许可	使用道具的规格规定	
17	11	重的悬幂数	使用道具的规格规定	
18	12	铭旌的规格	使用道具的规格规定	
19	13	辒车的规格	使用道具的规格规定	8条
20	14	披、铎、翣、挽歌等的数量	使用道具的规格规定	8条
21	14	方相等的使用规定	使用道具的规格规定	8条
22	14	纛的规格	使用道具的规格规定	8条
23	15	明器的数量	使用道具的规格规定	
24	16	五品以上葬仪中吊祭者的服装	使用道具的规格规定	
25	17,补18	禁止使用石棺、石质、雕画、金宝等	使用道具的规格规定	
26		对谥的规定		
27	附录,补18	京兆七里内禁止埋葬	宅兆区域关系的规定	9条
28		准许居于城内庶人的尸柩入城		

续表

条数	《拾遗》条	规定内容	与凶礼的关系	《养老令》
29	18	百官的墓域、坟高等规格	使用道具的规格规定	10 条
30	18	墓域的门、四隅的筑阙、土堠规定	使用道具的规格规定	
31	19	对五品以上葬仪给付营墓夫	给付行为者的规定	11 条
32	20	碑碣的规格、装饰规定		12 条
33	21	处理绝户者部曲、奴婢、家财		13 条
34		丧日数中闰月的计算方法	仪式执行日期的规定	
35	22	对薨于暑月的三品以上官给予冰		14 条
36	23	"薨""卒""死"的区分	与"赴阙""敕使吊"一致	15 条
37	24	禁止与身份不相应的葬礼		16 条
附		应服丧期限	据"五服制度"复原	17 条

在上表中，首先值得注意的是《丧葬令》大多都是对官僚丧葬礼仪中所使用道具的规格及数量进行的规定。前述"敕使吊"仪式虽然是官僚死后皇帝派遣敕使进行吊唁的仪式，但在皇族死时也会派遣敕使，其仪式程序记载于《大唐开元礼》卷一百三十四中，其后记载有"赠赙"（对丧主赠送物品的仪式）：

> 其赠赙之礼，与吊使俱行。则有司预备物数（注：多少准令）。

这里注云"（赠赙的数量）多少准令"，依据的是《丧葬令》第6条①，从中可以看出，"礼"规定了仪式程序，而"令"规定了仪式中所用道具。这也反映出《丧葬令》条文的制订是在凶礼的基础上进行的，凶礼是《丧葬令》得以施行的前提。

关于"敕使吊"与"赠赙"仪式，我们考察唐代墓志，可以看到有如下例子：

（a）葬日官借手力慢幕，又发内使高品吊祭。（开元二十七

---

① 李玉生《唐令与中华法系研究》（南京师范大学出版社，2005年），第170—171页。

年,739 年,《程伯献墓志》,从二品,《唐代墓志汇编》开元 483)

(b)中使降吊,例程赗赠之外,别敕赐绢三百匹,布三百端,俾给丧事。(天宝七载,748 年,《张去逸墓志》,从三品,《唐代墓志汇编》天宝 126)

在墓志中,这样的事例不胜枚举,从中可以看出"敕使吊"与"赗赙"在实际中的确得到了执行。

此外,关于开元二十五年《丧葬令》与《大唐开元礼》凶礼的史料关系,在此想指出以下几点:

第一,在开元二十五年《丧葬令》第 17 条中有:

> 诸重,一品悬鬲六,五品以上四,六品以下二。

这里的"重"是指将木棒以纵、横、斜着的方式相连接的礼器,"鬲"则是盛入粥的悬在重木上的瓦罐。本条对鬲的数量作了规定。将其与《大唐开元礼》凶礼相对照,可以看到在三品以上丧与四五品丧中均未记载鬲的数量,只有六品以下丧中有"以沐之米为粥,实于二鬲"。之所以只在《大唐开元礼》六品以下丧中记载鬲数,或许是因为《丧葬令》在一品和二品之间区分鬲数,在将仪式分为三品以上和四品以下的《大唐开元礼》中无法记载。

第二,《丧葬令》第 18 条规定:

> 诸铭旌,三品已上长九尺,五品已上长八尺,六品已下长七尺。皆书云,某官封姓名之柩。

"铭"是表示死者身份、封爵的旗帜,按照《大唐开元礼》凶礼,其规格为:三品以上长九尺,五品以上长八尺,这与《丧葬令》吻合。但六品以下长为七尺,则与《丧葬令》不符。我们不能就此认为依照《大唐开元礼》,《丧葬令》第 18 条是错误的。是《大唐开元礼》将其与前揭"重"六品以下规格"长六尺"相混淆,因此《丧葬令》的叙述是正确的。

第三,《大唐开元礼》与《丧葬令》也有互相矛盾的地方。《丧葬令》第 21 条,对使用除厄的"方相"和"魌头"规定:

> 诸四品以上用方相,七品以上用魌头。方相四目,魌头两目,并玄衣朱裳,执戈扬盾,载于车。

方相和魃头都被载于去往墓地的葬仪车上,但据《大唐开元礼》"器行序",三品以上丧,四品、五品丧用方相,六品以下丧用魃头,与令的规定不吻合。

然而从整体来看,即使有这样的例子,仍可以说《丧葬令》的规定以凶礼为大前提,是基于凶礼而制定的。

第四节　传递丧葬礼仪真实情况的墓志史料

上面是对丧葬礼仪及相关令的规定进行的分析,换句话说,是王朝所规定的官僚凶礼的应有规范。然而,虽然是王朝的指导性规定,但在当时是否在官僚阶层中得到实际应用又是另一回事。在最后,笔者想通过墓志史料探讨这一问题。

目前公开的唐代墓志史料约有七千余方,因其中包含许多史书中没有的珍贵信息,近年来备受东洋史学界瞩目。这些墓志绝大多数是有官品的官员墓志,且与凶礼直接相关,所以对于本章具有极大的参考价值。遍览墓志后,发现除"敕使吊""赗赙"外,与丧葬礼仪相关的还有以下几点。

1. 关于"卜宅兆"

"卜宅兆"是以龟、筮占卜墓地(宅兆)吉凶的仪式。相关事例在许多墓志中都可见到,如:

(a) 以天宝九载三月,卜葬于县东北二里千龄乡平原。(天宝九载〔750〕,《李经墓志》,《唐代墓志汇编》天宝 153)

(b) 改卜神域,合葬于邙山之北阜。(开元十七年〔729〕,《庞敬夫妻墓志》,《唐代墓志汇编》开元 283)

(c) 其月既望,藁窆于洛阳县北部乡之原。从龟兆也。(开元十三年〔725〕,《郑元璲墓志》,《唐代墓志汇编》开元 219)

这样的例子不胜枚举。可以说,这种用语是墓志所特有的惯用说法,或许并不一定在实际中进行过卜宅兆。但也有如下的事例:

(d) 遘疾终于原州平高县招远里。春秋七十有二。时以卜远未从,权殡于私第。(固原出土,麟德元年〔664〕,《史索严夫人安

娘墓志》,《原州古墓集成》图108)

在《大唐开元礼》卜宅兆的仪式中,如果占卜结果为吉,卜师、筮师称:"占曰:从。"①本墓志中有"卜远未从",也就是说未出现"吉"。

2. 关于"监护丧事"

在《天圣令》开元二十五年《丧葬令》第7条中有:

> 诸百官在职薨卒者,当司分番会丧。其诏葬大臣,一品则鸿胪卿监护丧事,二品则少卿,三品丞一人往,皆命司仪令以示礼制。

这个规定一般被称作"监护丧事",是一种对葬礼的监督行为。虎尾达哉列举了隋唐史料中所见"监护丧事"的100件事例,并据此提出:①薨去者的官品基本都是三品以上;②监护使的官职是鸿胪寺官员或摄鸿胪卿、摄鸿胪少卿;③监护使原则上为一人,因此唐《丧葬令》的监护丧事规定在实际中得到了应用②。这一结论在唐代三品以上官员的墓志中也可以得到印证。例如:

(a)差京官四品一人,摄鸿胪少卿监护,仪仗鼓吹,送至墓所往还。(调露元年〔679〕,《泉男生墓志》,正二品,《唐代墓志汇编》调露22)

(b)丧事所资,随由官给,鼓吹仪仗,送至墓所,五品一人监护。(麟德元年〔664〕,《郑广墓志》,正三品,《唐代墓志汇编》麟德18)

(c)仍令司刑太常伯源直心,摄同文正卿监护,奉常丞张文收为副。(麟德二年〔665〕,《郑知节墓志》,从一品,《唐代墓志汇编续集》麟德19)

(d)葬事所须,并宜官给,仍令京官五品一人检校葬事。(麟德二年〔665〕,《李震墓志》,从三品,《唐代墓志汇编续集》麟德20)

---

① 参见拙稿《唐代凶礼的结构——以〈大唐开元礼〉官僚丧葬礼仪为中心》(福井文雅博士古稀纪念论集《亚洲文化的思想与礼仪》第123页,春秋社,2005年)。

② 虎尾达哉《上代监丧使考——唐令监丧规定的继承及其实态》(《史林》第68卷第6号,1985年)。

(e)赠左骁卫大将军,赐物一百段,米一百石,粟一百石,内使监护葬事,缘葬所须,务从优厚。(开元十二年〔724〕,《阿史那毗伽特勤墓志》,正三品,《唐代墓志汇编续集》开元56)

这里的监护丧事是指在三品官以上的葬仪中派遣鸿胪寺官员,并按照凶礼仪式的规定对葬仪进行监督的行为,同时也具有显示唐朝廷恩威的作用。

3. 关于改葬礼仪

在唐代墓志中,经常有进行改葬的内容。而事实上,唐代墓志也多是改葬时镌刻的。

人死之后,亲属最先面对的问题就是对遗体的处理。在世界各地存在许多对遗体的处理方式,大致可分为两大类,一是对遗体的保存,二是对遗体的破坏。前者以木乃伊为代表,后者则分为火葬、风葬、鸟葬等。中国的改葬属于后者,是破坏的一种方式,等肉体的柔软部分在临时墓地腐败后,再一次埋葬遗骨。由于过渡到这种形态需要很长时间,因此,在此期间会进行小祥祭、大祥祭、禫祭等仪式,通过祔庙将灵合配于祖庙后,再正式实施改葬,整个过程需要约三年的时间。因此,丧葬礼仪是由对遗体的破坏处理等一系列礼仪过程所构成的。

在《旧唐书》卷八十一《李义琰传》中,有一则关于改葬的轶事(《资治通鉴》卷二百零三将此事记载于"弘道元年二月"条):

(李)义琰,后改葬父母,使舅氏移其旧茔。高宗知而怒曰:"岂以身在枢要,凌蔑外家。此人不可更知政事。"义琰闻而不自安。以足疾上疏乞骸骨。

高宗朝太子右庶子、同中书门下三品官李义琰让舅舅迁移父母的坟茔,被高宗知晓而大怒,不得不辞官。这种行为被认为有悖于礼,是作为官员不应有之事。

在最后,介绍一则刻于墓志的改葬轶事。即乾符四年(877)的《崔璘墓志》,在其左侧有九行以下文字(拓本据《北京图书馆藏中国历代石刻拓本汇编》第33册145页。录文据《唐代墓志汇编》乾符6,《全唐文补遗》第4册第259页,《全唐文新编》第15册10039页)。

【录文】

博陵崔氏改卜志　　　　　　　　外甥彭城刘峻书
　　孤子崔钵泣血谨言。伏自奄钟偏罚，未终丧纪。断手之痛，俄及长兄。又二年，不孝招祸，丁先考府君忧。又二年，季弟倾丧。冤哀既甚，行路皆伤。于是中外亲族俱来省慰。退而谓钵曰："《孝经》云：卜其宅兆而安厝之。子之恃怙并失，昆弟俱丧，得非松柏陷于不善之地乎？有杨均者，居在东平，子能迓之，必有所益。"钵曰唯唯。及杨生至汝上，目先夫人之茔，乃告钵曰："子角姓耳。艮为福德，地不欲卑。坤为鬼贼，势不欲盛。斯地也，皆反于经，须求改卜，或冀安宁。余闻邙山之上，可置子之先灵。地曰尹村，乡曰金谷。北背瀍水，东接魏陵。属洛京之河南县界。如神道获安，则子亦安矣。"钵曰："且惧灭姓，岂敢望安。教命敬依，果决营办。"乃用乾符四年三月廿六日，自汝州梁县启护先考府君、先妣夫人，葬于此地。即四月二日也。长兄讳铢，比祔葬于汝坟，今亦改卜，去大茔东南七十七步。弟讳镡，自有铭志。粗纪迁移之礼，盖忧陵谷之更。名讳家风，备于前说。罪逆苍天，不孝苍天。谨志。

这条史料里，博陵崔氏一家接连遭遇不幸，因此再次进行占卜，将崔璘一族墓地迁至洛阳河南县。由此可见，死者的遗体如"陷于不善之地"，则会为家族亲属招致不幸。

结　语

本章结论如下：
（1）唐代官僚的丧葬礼仪是以死后的灵（吉）与尸（凶）为对象，将尸委于后土神，灵则配于祖灵进行处理的仪式，基本上遵守了《仪礼》中的士丧礼、既夕礼、士虞礼。
（2）将礼仪规定与《丧葬令》相比较，《丧葬令》的条文多数是对礼仪中使用道具的规格、数量进行的规定，从这里可以看出，两者是互相补充的关系。但在性质上，礼为主，令为从。

（3）改葬是对遗体破坏处理的一种方式,在破坏处理期间要完成小祥祭、大祥祭、禫祭、祔庙等一系列仪式。

（4）将丧葬礼仪与墓志史料加以对比,墓志中记载了敕使吊进行的赗赙、卜宅兆、监护丧事、改葬等事例,可以确认礼仪在实际中施行的具体状况。

唐代官员的丧葬礼仪可以分为,灵(吉)与尸(凶)的分离,将灵归于尸旁加以安抚,把尸体委于后土神的礼仪阶段(初终、殡、埋葬),以及祭祀灵并将其配于祖灵的阶段(小祥祭至改葬)。虽然均是对于死者的礼仪,但前者是对遗体,后者是对灵;前者是官方的,后者是个人(族内礼仪)的。监护丧事为官僚阶层提供了社交与重组社会关系的机会,同时也向外界传达朝廷的威严与王权。

前往墓所的葬仪的排列顺序,按照《大唐开元礼》器行序如图6。其中,方相车是乘载除厄的四目之神"方相氏"像的车①,灵柩则载于最后面的辒车之上,辒车将把灵柩降于墓圹内。和编纂史书、出土文书并列成为唐史研究重要史料的墓志则被置于志石车之上运送。按照《大唐开元礼》中规定,墓志在启殡之前由志石车运往墓所,置于圹门内侧。《大唐开元礼》中之所以对墓志记载较少,是因为凶礼所遵循的是古礼,而墓志则是后来的文化形式。

相信在现场目睹了这种丧葬礼仪的普通百姓一定会震惊且愕然。葬礼队列依次通过道路,群众所感受到的更多的是国家与官僚所带来的威严感。现场的群众与队列中的人们同处于这一仪式空间下,从而扩大了他们之间的共通认知。所谓权威,正是这样通过多数人不断感知,使他们对权力更加自愿地服从和支持。官僚的丧葬礼仪之所以事无巨细地做出如此详细的规定,或许也是出于这一

图6 凶礼器行序图

----

① 泷川政次郎《令的丧制与方相氏》(《日本上古史研究》第4卷第1号,1960年)。方相氏见于《周礼·夏官》,据泷川政次郎的研究,方相氏用于葬仪似乎开始于六朝时期,在朝鲜半岛,其应用一直续到二十世纪末。

目的。

最后，想在此对丧葬礼仪的意义及其与墓志的关系进行阐述。唐代的大多数墓志，佛教色彩并不浓厚，同时也感受不到强烈的道教属性。墓志的志文中经常引用五经，尤其是《诗经》的内容，略微呈现出儒家的特性；结合经常引用《文选》或汉、魏、晋故事，可以看出唐代墓志对《诗经》等进行引用的目的是为了提高文章格调。也就是说，唐代墓志的文章不是基于儒释道倾向，而是在当时诗文的常识范围内书写的。

但是，从本章所选取的唐代官僚阶层的丧葬礼仪结构来看，可以说它还是主要由以儒家思想为基础的仪式群所构成的。从仪式的流程来看，首先联想到的就是《仪礼》中的士丧礼、既夕礼、士虞礼。《大唐开元礼》从初终到初葬的仪式结构与《仪礼》的对应内容几乎一样。"卜宅兆"除了祭祀后土氏外，也基本沿袭了士丧礼中的"筮宅兆"[①]。从其他丧葬仪式来看，其中没有对佛教、道教经典的诵读，所用道具中也几乎看不出佛教、道教的影子。可以说，唐代官僚的丧葬礼仪是在儒家礼仪的基础上形成的。墓志的制作属于该礼仪的一部分，认识到这一点，就能以更加现实的眼光，加深对墓志志文中所描述葬礼部分的理解。

[①] 后土神是儒家经典中的土地神。《周礼·春官·大宗伯》中有："王大封，则先告后土（注：后土，土神也）。"《礼记·月令》"季夏之月"条载："是月也…中央土。其日戊巳，其帝黄帝，其神后土（注：土官之神也）。"《尚书·武成》载："予小子其承厥志，底商之罪，告于皇天后土（注：后土，社也）。"在道教中，后土是主宰大地山川的女尊神。在《山海经·海内经》中，后土是共工之子，因而作为原始信仰，其神格被儒教、道教双方吸收采纳，因而不应据此将祭祀后土看作道教的礼仪。

第十章

概观唐代墓志史料
——以唐前半期官撰墓志、志石规格及墓志与行状的关系为对象

绪 论

在唐史研究中,墓志等石刻史料与正史、制度书、类书等史书以及敦煌、吐鲁番出土文书史料并列,是现今可供参考的重要史料。目前已知的唐代墓志7000多方[①],其中含有大量普通史书中所没有的珍贵信息。

将墓志作为历史学史料加以应用,往往可以弥补传统史料的不足,但今人对于撰写墓志的程序以及撰写时所依据的资料等,即作为史料的石刻文字的性质本身,反而并不十分明确。如正史的编纂,会在皇帝驾崩后,根据起居注和史馆收集的资料编纂"实录",再将一个个实录合起来编为国史,以这些为基础,在王朝灭亡后编纂正史。我们现在阅读这些正史,对其加以应用从而形成共通的理解。如果是文书的话,则需要清楚是哪个机构出于何种目的制作的,此后又经由谁手,经历了什么样的过程才成为今天我们看到的样子,然后在此基础上作为史料对其加以应用。然而,关于墓志等石刻史料,目前尚未形成这种共通的认识。

要究明唐代数量庞大的墓志史料群的制作经过并非易事,而且每方墓志的产生都不相同。但即便如此,在历史学研究中,不允许对尚未解明性质的史料作为依据使用。因此,从事相关研究的人员很有必要从各个角度对墓志史料加以分析,并尽快确立这种共通认识。本章拟对此做一些基础性分析。

---

① 气贺泽保规编《新版唐代墓志所在综合目录》(明治大学文学部东洋史研究室,2004年)中所采录墓志(包含仅有志盖的),共6828方。如果再加上中国各地研究所、博物馆等所藏未发表的墓志,总数会更多。

第一节　官撰墓志
　　——以亡宫、亡尼墓志为例

　　首先,为了比较唐宋两代墓志,列举与宋代墓志在性质上相异的唐代墓志如下①:

1. 亡宫三品墓志铭
2. 亡宫者,不知何许人。以良家之选,
3. 充后庭之职。且贤且明,有典有礼。
4. 肃勤　　中,荣秩斯崇,与善无假
5. 歼良永叹。以开元廿二载六月日,
6. 遇疾奄逝。以其年七月二日,葬于
7. 亡宫之茔。礼也。书懿不朽,纪铭贞
8. 石。其词曰:
9. 徽仪淑质,秉德凝芳。列在彤管,茔
10. 兹紫裳。百年奄忽,万古栖凉。式铭
11. 贞琰,永空玄堂。

（以下2行空白）

　　这是一方刻有开元二十二年(734)纪年的三品宫人(女官)墓志。开头的"亡宫者,不知何许人"中表明志文对于逝者信息的了解程度几乎为零。

　　像这样的亡宫墓志或亡尼墓志(多数为皇帝驾崩后进入尼姑庵的前女官),出土数量众多,其中有的墓志甚至只刻有一半文字,另一半则完全是

---

①　墓志拓本选自《北京图书馆藏中国历代石刻拓本汇编》23,第130页(中州古籍出版社,1989年),《洛阳出土历代墓志辑绳》510(中国社会科学出版社,1991年);录文为《唐代墓志汇编》开元403(上海古籍出版社,1992年),《全唐文新编》22,第15109页(吉林文史出版社,2000年)。关于宋代墓志的委托制作、撰者、读者等,参见近藤一成《读王安石撰墓志——地域、人脉、党争》(《中国史学》7,1997年)。

空白。试举一例如下①：

1. 亡宫者,不知何许人也。早茂兰仪,
2. 驰芳椒掖。奉鸡鸣之雅训,朝日增
3. 辉;肃鱼贯之清规,夜川俄徙。粤以调
4. 露元年七月五日卒,葬于城北。礼
5. 也。有司备礼而为铭曰:
6. 薄室词藻,昭阳恩顾。方挺艳于
7. 椒风,遽销魂于草露。

（以下7行空白）

该墓志中也有"亡宫者,不知何许人也"这样的句式。事实上,在这种墓志中,这样的表述是十分常见的惯用句。志文第5行有"有司备礼而为铭",表明该墓志属于官撰墓志。

如前列举的两方墓志那样,信息量很少的墓志在已知官撰墓志中占大多数,但也有天宝三载(744)《九姓突厥契苾李中郎墓志》这种信息丰富、史料价值较高的墓志②。

1. 故九姓突厥契苾李中郎、赠右领军卫
2. 大将军墓志文
3. 大唐故九姓突厥、赠右领军卫大将军李
4. 中郎者,西北蕃突厥渠帅之子也。家承声
5. 朔之教,身奉朝宗之礼。解其左衽,万里入
6. 臣。由余事秦,彼有惭色;日䃅归汉,何能如

---

① 墓志拓片是《北京图书馆藏中国历代石刻拓本汇编》16,第100页,《千唐志斋藏志》316(文物出版社,1984年),《隋唐五代墓志汇编》洛阳卷6,第36页(天津古籍出版社,1991年),《唐代墓志铭汇编附考》9-877(台湾"中央"研究院历史语言研究所,1987年);录文除《唐代墓志铭汇编附考》外,还有《全唐文补遗》5,第455页(三秦出版社,1998年),《唐代墓志汇编续集》调露1(上海古籍出版社,2001年),《全唐文新编》21,第14406页。

② 墓志拓本是《隋唐五代墓志汇编》陕西卷1,第127页,《新中国出土墓志》陕西二、上册110(文物出版社,2003年);录文是同书下册110,《唐代墓志汇编续集》天宝18,《全唐文补遗》5,第374页,《全唐文新编》22,第15199页。

7. 此。天宝三载九月廿二日,遘疾终于藁街。
8. 圣恩轸悼,赠右领军卫大将军。以其载十
9. 一月七日,安厝于长乐原,礼也。鸿胪护葬,
10. 庶事官给。著作司铭,遗芬是记。哀荣之礼,
11. 国典存焉。其词曰:
12. 怀音展诚,宠三申命。夷夏哀荣,于兹为盛。
13. 厚赠朝赐,长阡官卜。纪铭芳珉,敢告陵谷。

(以下3行空白)

这是一方突厥人墓志,通过志文可知,天宝三载(744)突厥第二可汗国解体后,墓主趁乱逃离突厥并内附于唐,于当年逝于迎宾馆(志文第7行的"藁街"是指汉长安城中的外国人居住区,在唐代则指鸿胪客馆)①。该墓志志文的第9行至第10行中"鸿胪护葬,庶事官给。著作司铭,遗芬是记",这里的"著作"是指著作局,在《唐六典》卷十"秘书省著作局"条中载:

著作郎,掌修撰碑、志、祝文、祭文。与佐郎分判局事。

唐代碑、志、祝文、祭文均由著作局撰写。也就是说,墓主突厥契苾李中郎内附唐王朝并死于长安,所以由秘书省著作局以官撰形式制作了其墓志。前揭"亡宫墓志"也应该是由著作局所制作。

隋代已有由官撰墓志的先例。作于隋炀帝大业二年(606)的《宫人朱氏墓志》第1行有:

宫人朱氏墓志铭　著作郎诸葛颖制

另一方作于大业十一年(615)的《王衮墓志》第1行有:

隋故桃林县令王府君墓志　著作佐郎摄起居舍人事济阳蔡
允恭撰

明确写明墓志由著作郎、著作佐郎所撰②。可以说,唐代沿袭了隋代官撰墓

---

① 详情参见拙稿《天宝三载〈九姓突厥契苾李中郎墓志〉》(收入拙著《唐的北方问题与国际秩序》)。
② 《宫人朱氏墓志》参见《北京图书馆藏中国历代石刻拓本汇编》10,第7页;《王衮墓志》参见同书119页。获知这两方墓志是高桥继男(东洋大学)所指教。

志的制度。

因为宋代并无官撰亡宫、亡尼墓志,因此这也可以说是唐代墓志史料的一个特色,此类墓志的撰写镌刻一直持续到唐代的什么时候呢？笔者对唐代亡宫、亡尼墓志进行统计后,如表5①,共125方,全部集中在唐前半期。太宗朝有两方,是贞观五年(631)镌刻的《宫人何氏墓志》和《宫人定氏墓志》,均刻有姓与原籍②。也就是说,所谓"亡宫者,不知何许人也"这样内容的墓志在唐代集中于高宗至玄宗时期,即七世纪后半期到八世纪前半期。

表5　亡宫、亡尼类墓志时代统计

年代	数量
618—650	2
651—675	24
676—700	52
701—725	34
726—750	13

接下来,以亡宫、亡尼墓志为例,将墓志品阶与志石尺寸加以对照如表6。共计91方,这是因为有一些墓志品阶不明。从表中内容看不出品阶越高的宫人,其志石就越大这一倾向,应该说志石的大小与品阶没有关系。

在唐《丧葬令》中,有对碑碣的规定,即据品阶高下决定立石的尺寸大小,其在《唐令拾遗》第二十条中被作为开元七年令、开元二十五年令进行了复原,见于天一阁藏《天圣令》《丧葬令》宋二十六条中③。其规定:五品

---

① 据气贺泽保规编《新版唐代墓志所在综合目录》统计。
② 《宫人何氏墓志》拓本是《新中国出土墓志》陕西二,上册15;录文是同书下册15,《唐代墓志汇编》贞观18,《全唐文补遗》3,第313页(1996年),《全唐文新编》20,第13750页。《宫人丁氏墓志》拓本是《新中国出土墓志》陕西二,上册16;录文是同书下册16,《唐代墓志汇编续集》贞观3,《全唐文补遗》3,第313页,《全唐文新编》20,第13750页。
③ 天一阁博物馆、中国社会科学院历史研究所天圣令整理课题班《天一阁藏明钞本天圣令校证》(中华书局,2006年)上册第207—208页,下册第356、425、693、711—712页。

表6　亡官、亡尼类墓志石规模、品阶对照表　　　单位：cm

品阶	30	35	40	45	50	55	60
一品							
二品				●			
三品							●
四品							
五品				●			
六品		●		●		●	
七品	●	● ●	● ●	● ●	● ●		
八品	● ●	● ●		●	●		
九品	● ●	● ●		●	● ●		

以上用螭首龟趺立碑,高九尺以下。七品以上用龟首方趺立碑,高四尺,石兽之数,三品以上为六个,五品以上为四个。但是,墓志则没有这样的规定,根据表6可以看出所用志石的大小与墓主的品阶间没有任何关系,形式上并不受任何拘束。在唐《丧葬令》中应该不存在对墓志规格的规定。

如果观察前引开元二十二年《亡宫三品墓志》的拓片,志文明显是从格子上面开始、无视格子的存在镌刻上去的。其他的亡宫、亡尼墓志或者志石左边空白部分明显有格子划线,这说明当时是先准备好各种尺寸的刻有格子划线的志石,在需要时再镌刻上墓志文以之作为墓志。

以上通过对亡宫、亡尼墓志的分析,可见唐代墓志中,志石的尺寸与墓主品阶没有明确对应关系,其志石是提前刻划好格子的石头。接下来通过考察其他的普通墓志来证明笔者这两个观点。

第二节　志文与志石
——以三代突厥人墓志为例

首先进一步来看墓志志文与划线格子的问题,在此所介绍的三方墓志志主均为突厥人,此三人为祖孙三代的关系。

在三人中最年长者为阿史那摸末,其墓志录文如下:

《阿史那摸末及妻李氏墓志》(贞观二十三年〔649〕,长宽均为60厘米①)

1. 故右屯卫将军阿史那公墓志之铭
2. 公讳摸末漠北人也盖大禹之后焉夏政陵夷世居荒
3. 服奄宅金微之地傍羁珠阙之民距月支以开疆指天
4. 街以分域曾祖阿波设祖启民可汗父啜罗可汗可汗
5. 者则古之单于也公禀卢山之逸气韫昴宿之雄芒抗
6. 节与寒松比贞致果共晨风竞爽英略远震才武绝伦

---

① 拓本是《隋唐五代墓志汇编》陕西卷3,第29页;录文是《唐代墓志汇编续集》贞观66,《全唐文补遗》3,第345页,《全唐文新编》20,第13857页。

7. 夷落仰其指麾名王笮其咸烈既而　　皇唐驭宇至德
8. 遐通公乃觇风雨以来仪逾沙漠而款塞爰降纶玺用
9. 奖忠诚即授上大将军寻迁右屯卫将军肃奉宸居典
10. 司禁旅绩随事显忠以行彰虽复由余入秦日碑在汉
11. 永言前载亦何以加兹方将东岳告成庶陪礼于日观；
12. 不图西光遽谢奄游神于夜台春秋卌三以贞观廿三
13. 年二月十六日薨于宣阳之里第呜呼哀哉夫人李氏
14. 平夷县主先以贞观九年正月八日薨于宣阳里粤以
15. 大唐贞观廿三年岁次己酉三月乙巳朔十七日辛酉
16. 同葬于万年龙首乡礼也恐日月逾迈海田贸易庶徽
17. 风之永传勒妙词于兹石铭曰
18. 奕奕重基英英雄俊命心仰泽回首思顺位惣爪牙名
19. 超廉蔺鸿私庶答隙光何迅其一灼灼夫人显显令德左
20. 右君子系仰中国宠命载加荣声充塞刊兹懿范畅于
21. 无极

本墓志从第 18 行开始为铭文,第 19 行虽然有"其一",但无"其二"。然而这并不是因为铭文在中间中断。从第 13 行至第 16 行可以看出,这是一方夫妻合葬墓志,铭文的"其一"展示了丈夫阿史那摸末的一生行迹,后半相当于"其二"的部分则是对其夫人的介绍及埋葬的过程。也就是说,志文到此就结束了。一般来说,唐代墓志的铭文分为四个段落,本墓志则强行以两段落完结,或许是因没有足够空间书写四个段落铭文,才成为现在所见到的情形。

接下来看阿史那摸末之子(阿史那施)及其孙(施之子,阿史那哲)墓志。《阿史那施及妻赵氏墓志》(开元十一年〔723〕,长宽均为 31 厘米①)

1. 大唐故右屯卫翊府右郎将阿史那勿施墓志铭并序
2. <u>君讳施字勿施</u>淳维之后夏禹之苗云中郡人也曾祖

---

① 拓本是《新中国出土墓志》陕西二,上册 82;录文是同书下册 82《唐代墓志铭汇编附考》17 - 1700(1994 年),《全唐文补遗》2,第 455 页(1995 年),《全唐文新编》22,第 14998 页。

3. 染干北蕃单于启人可汗大业初随尚义成公主赞拜不
4. 名位在诸侯王上　《大唐实录》具载祖奚纯单于处罗
5. 可汗随拜左光禄大夫赐婚李夫人正二品属隋季板荡
6. 鹿走秦郊　　大唐运开　　龙飞晋野　　太上破宋
7. 金刚处罗可汗遣弟步利设帅师来与官军会其后处罗
8. 可汗率兵马助起义至并州留兵助镇而去父摸末单于
9. 郁射设即处罗可汗嫡子也　　唐初所部万余家归附
10. 处部河南之地以灵州为境授右屯卫大将军　　　太
11. 宗敕书慰问曰突厥郁射设可怜公主是朕亲旧情同一
12. 家随日初婚之时在朕家内成礼朕亦亲见追忆此事无
13. 时暂忘勿施立节忠诚起家蒙任郎将然君立性骁雄自
14. 然特秀心神爽悟识用明远鸿鹄将飞便怀四海之志骥
15. 骤方聘已有千里之心奄归魂于幽窆以神功元年八月
16. 十七日寝疾薨于河南府新安里之官舍春秋六十有二
17. 夫人赵氏琼柯吐秀宝务含姿攸闻女口无遗贤克□以
18. 神功二年十月十九日薨于京兆府华原里之官舍镜前
19. 弯影初暂兴悲剑彩蛟分终同赴水即以开元十一年十
20. 月十七日合葬于京兆龙首原礼也其丧欤嗣子哲任左
21. 骁卫翊府中郎芝兰发秀共柱阶庭永积号咷长□鄠杜
22. 寂寂广宵遥遥大薹何岁何年

《阿史那哲墓志》(开元十一年〔723〕,长宽均为59厘米①)

1. 大唐故□武将军行左骁卫翊府中郎将阿史那哲墓志并序
2. 君讳白奴字哲淳维之后夏禹之苗云中郡人也高祖染干北
3. 蕃单于启人可汗大业初随尚义成公主赞拜不名位在诸侯
4. 王上　　《大唐实录》具载曾祖奚纯单于处罗可汗随拜
左光

---

① 拓本是《隋唐五代墓志汇编》陕西卷1,第101页,《新中国出土墓志》陕西二,上册83;录文是同书下册83,《唐代墓志汇编续集》开元57,《全唐文补遗》5,第338页,《全唐文新编》22,第15000页。

5. <u>禄大夫赐婚李夫人正二品属隋季板荡鹿走秦郊</u>　　　大唐
6. 运开　　龙飞晋野　太上破宋金刚处罗可汗遣弟步利
7. 设帅师来与官军会其后处罗可汗率兵马助起义至并州留
8. <u>兵助镇而去祖摸末单于郁射设即处罗可汗嫡子也</u>　　　唐
9. <u>初率所部万余家归附处部河南之地以灵州为境授右屯卫</u>
10. <u>大将军　　太宗敕书慰问曰突厥郁射设可怜公主是朕亲</u>
11. <u>旧情同一家随日初婚之时在朕家内成礼朕亦亲见追忆此</u>
12. <u>事无时暂忘父勿施立节忠诚起家蒙授郎将然君立性骁雄</u>
13. <u>自然特秀心神爽悟识用明远鸿鹄将飞便怀四海之志骥骡</u>
14. <u>方骋已有千里之心起家蒙任取将以君干略东麾伐罪位居</u>
15. 副将借紫金鱼功成勋著蒙除授左骁卫翊府中郎将上柱国
16. 仍充幽州北道经略军副使岂谓一朝奄随化□以开元十年
17. 十月廿六日于河南府当上宿卫终卒春秋六十有九<u>以开元</u>
18. <u>十一年十月十七日</u>葬于京延兴门外五里龙首之原其丧欤
19. 嗣子大臣次子彦臣次子帝臣次子名臣次子谏臣等悲深陟
20. 岵痛结闻雷乃作铭曰珠称明月玉号夜光虎生自晌兰秀而
21. 芳天道苍芒川流日夜永皈丘墓长去城□霜凝蔓草风响丛
　　榛幽明永隔无岁无年

首先看《阿史那施及妻赵氏墓志》，该墓志并没有铭文。而《阿史那哲墓志》在第 20 行有"乃作铭曰"，此处铭文并非如一般墓志铭文那样由四个段落组成，而是在末尾处如同小注一样，将两行紧缩为一行镌刻，这也当是因为没有足够空间的缘故。

对两方墓志加以对比，可以看出下划线部分内容基本一样。因为阿史那施是父亲，所以《阿史那施及妻赵氏墓志》中"父亲"的部分，在《阿史那哲墓志》中被写作"祖父"，埋葬日期完全相同，写作"开元十一年十月十七日"。《阿史那哲墓志》第 12 行中写作"父勿施"的部分在《阿史那施及妻赵氏墓志》第 13 行没有"父"字，而写作"勿施"，"勿施"应为墓主本人，在该行之后的行文中，墓主则被称作"君"。或许可以认为最先镌刻了《阿史那哲墓志》，后在此基础上镌刻了《阿史那施及妻赵氏墓志》。

也就是说，这两方墓志中，儿子阿史那哲的墓志先被制作出来，因当日要与父母合葬，因此以《阿史那哲墓志》为基础，制作了《阿史那施及妻赵氏墓志》。因为《阿史那哲墓志》的铭文没有写完，所以在《阿史那施及妻赵氏墓志》中将铭文删除了。这样一来可以看出，不仅是前述"亡宫""亡尼"这样的官撰墓志，一般的墓志也是结合墓志志文字数来选择志石，而且在此之前，志石上已提前刻有格子划线，从中挑选合适的志石制作墓志。

第三节 志石的规格

接下来看一般墓志的官品与志石尺寸之间的关系。

如前表一样，后面的表7、表8显示了从正一品到从九品官之间官阶与墓志志石尺寸的对应关系。有几点需要说明。其一，两个表都是根据《隋唐五代墓志汇编（陕西卷）》制作，而且仅限于西安郊区出土墓志。也就是说带有唐长安文化倾向。第二，不只是"亡宫""亡尼"墓志，女性或没有官品的墓志也一样未纳入统计，甚至连夫妇合葬墓志也没有列入（因年代久远痕迹不清而无法判断官品也未列入统计）。唐代墓志中虽然也有无官职的情况，但属于极少的个例，其余几乎均有官职。夫妻合葬墓志的志石，随着时代推移有逐渐变大的倾向，因本书中主要考察官品与所使用志石大小的关系，因此未将夫妻合葬墓志纳入统计样本。

表7主要以高祖、太宗、高宗、则天时期（约为公元七世纪）为对象，表8则以玄宗朝（约为公元八世纪前半期）为对象。首先看表7，虽然不够明显，但仍能大致看出高官往往使用较大尺寸志石这一倾向。常年关注并从事墓志研究的赵超对唐代墓志中墓主品阶与志石规格的关系，指出"三品以下的中下层官员多使用边长为45厘米到60厘米左右的墓志石，因此五品以上、三品以下的官员墓志受到一定尺度的限制"，从表7中能看到这一大致趋势。此外，赵超还指出"按照规定，五品以上级别的墓志右边长为54厘米或60厘米以上，即一尺八寸或两尺以上，九品以上（六品以下）级别则边长为42厘米或48厘米以上，即一尺四寸或一尺六寸以上"[①]，现实中也并不一定如

[①] 赵超《古代墓志通论》（紫禁城出版社，2003年），第151—152页。

表7 高祖至武则天时期墓志石规格、品阶对照表

表8 玄宗期墓志石规格、品阶对照表

此。应该说,按照社会上的一般想法,身份越高的人所用志石会越大。

接下来看表8玄宗朝的情况,虽然也有官品越高志石越大这一倾向,但却与表7呈现出不一样的面貌。志石多为边长45厘米、60厘米、75厘米的志石,也就是一尺半、两尺、两尺半。两表的志石尺寸以纵边为准,有时纵边为43厘米的志石,它的横边却有45厘米,因为石头并不一定能够准确切断,因此才有前后2厘米的误差,刻工更多用一尺半、两尺、两尺半来计算志石的纵边长度。对于墓志而言,并没有如同前述对墓碑、墓碣的规格规定。也就是说,虽然社会一般观念是品阶高下与志石大小在一定程度上相对应,但到玄宗朝,石工们的意识里基本上是以一尺半、两尺、两尺半的尺寸来制作志石的。

妹尾达彦在分析《李娃传》时曾经指出,在唐代长安城东市、西市中存在凶肆①。在凶肆及前述秘书省著作局中,任何时候都应该会为制作墓志而提前预备好刻有划线格子的各种尺寸的志石与志盖。唐代前半期的墓志正是从中按照需要挑选制作的。镌刻墓志时,刻工会尽力将格子都填满,但有时并不尽如人意,会存在空出一两行或刻不下全部内容的情况。在已出土的墓志中,志盖与志石在尺寸上相当不协调的例子并不罕见,这应该是由于将提前准备好的志盖和志石加以组合制作而产生的问题。

第四节　墓志志文与行状、列传

那么,墓志文章是如何撰写出来的呢?

在《唐会要》卷六十三"诸司应送史馆事例"条中,列记了诸司必须向史馆报告的事项,同时还记载了这些事项是由哪个官署通过何种手续向史馆提出记录的。这些事项包括:①祥瑞,②天文祥异,③蕃国朝贡,④蕃夷入寇及来降,⑤变改音律及新造曲调,⑥州县废置及孝义旌表,⑦法令更改及断狱新议,⑧饥馑并水、旱、虫、霜、风、雹灾及地震,⑨诸色封建,⑩京诸司

---

① 妹尾达彦《唐代后半期的长安与传奇小说——以对〈李娃传〉的分析为中心》(日野开三郎博士颂寿纪念论集《中国社会、制度、文化史的诸问题》,中国书店出版社,1987年)。

长官及刺史、都督、都护、行军大总管、副总管除授、⑪刺史、县令善政异迹、⑫硕学异能、高人逸士、义夫节妇、⑬京诸司长官薨卒、⑭刺史、都督、都护及行军副大总管以下薨、⑮公主、百官定谥、⑯诸王来朝。

如此一来，史馆所储存的记录与起居郎所撰"起居注"成为史料，在皇帝驾崩后编纂"实录"，"实录"汇聚成国史，再后来被编纂为正史。在《唐会要》所列事项中，关于⑬京诸司长官薨卒，规定：

> 本司责由历状迹送（史馆）。

关于⑭刺史、都督、都护及行军副大总管以下薨，则规定：

> 本州本军责由历状。附便使送。

这里的"状"是记录此人一生业绩的文书，一般被称作"行状"，在"实录"中，编于此人死去的记事之后，并最终成为正史中的"列传"。由于唐代墓志基本都是官员的，因此很有必要审视行状和墓志志文之间的关系。

在《文苑英华》卷九百七十一至九百七十七中收录有二十三条唐代行状，将其与两《唐书》列传以及现存墓志加以对比如表9。唐代行状与墓志均现存的只有四人。由于本章的探讨时段限定在唐前半期，所以先对表9中(1)薛振的行状、墓志志文及《旧唐书》列传加以比较，虽然文章较长，但仍有必要将墓志志文、行状、列传三种史料引用如下（墓志作"薛震"，在列传中则以其字"薛元超"叙述，为同一人）。

表9　唐代"行状""列传""墓志"对照表

《文苑英华》行状		撰者	列传	墓志拓本、录文
卷971	(1)薛振	杨炯	旧73，新98	A陕西1·P65，B陕西一·90，D(续)垂拱3，E1·P69
	(2)崔献	杨炯		
	(3)某（常州刺史）	王勃		
卷972	(4)郭震	张说		
	(5)裴积	独孤及	新108	C24·P134，A北京1·P177，D开元522，F7·P4563
	(6)独孤及	梁肃	新162	

续表

《文苑英华》行状		撰者	列传	墓志拓本、录文
卷973	(7)韩滉	顾况	旧129,新126	
	(8)卢迈	权德舆	旧136,新150	
	(9)韩洄	权德舆	旧129,新126	
卷974	(10)马燧	权德舆	旧134,新155	
	(11)马汇	韩愈		
卷975	(12)陈京	柳宗元	新200	
	(13)段太尉	柳宗元		
	(14)柳浑	柳宗元	旧125,新142	
卷976	(15)董晋	韩愈	旧145,新151	
	(16)徐申	李翱	新143	F9·P5904
	(17)韩愈	李翱	旧160,新176	F12·P7780
	(18)白锽	白居易		
	(19)白季庚	白居易		
卷977	(20)崔倧	吕温		
	(21)柳晟	沈亚之	旧183,新159	
	(22)崔隁	杜牧	旧155,新163	
	(23)沈傅师	杜牧	旧149,新132	

略称:旧、新,《旧唐书》《新唐书》卷数;A.《隋唐五代墓志汇编》;B.《新中国出土墓志》;C.《北京图书馆藏中国历代石刻拓本汇编》;D.《唐代墓志汇编》;E.《全唐文补遗》;F.《全唐文新编》。

薛震墓志

大唐故中书令、兼检校太子左庶子、户部尚书、汾阴男、赠光禄大夫、使持节都督秦、成、武、渭四州诸军事,秦州刺史薛公墓志并序

天之纲者日月,其道可以烛大纮。地之纪者河海,其才可以营中国。然则和上下,燮阴阳,三阶平,四方晏,非贤臣孰能为此哉?公讳震,字符超,河东汾阴人也。高祖聪,魏给事黄门侍郎、御史中尉、散骑常侍、直阁、辅国二将军,都督齐州诸军事、齐州刺

史、赠车骑将军、仪同三司,谥曰简懿。曾祖孝通,中书、黄门二侍郎、银青光禄大夫、散骑常侍、关西道大行台右丞、常山太守、汾阴侯、赠车骑将军、仪同三司,青、郑二州刺史。祖道衡,齐中书、黄门二侍郎,隋吏部、内史二侍郎,上开府仪同三司,都督陵、邘、裕、里四州诸军事,四州刺史,襄州总管,司隶大夫。皇朝赠上开府、临河公。父收,上开府兼陕东道大行台金部郎中、天策上将府记室、文学馆学士、上柱国、汾阴男、赠定州刺史、太常卿,谥曰敏。勋高事夏,道盛匡殷。鲁国来朝,滕侯共薛侯争长;魏君请见,薛公与毛公并游。能传其业,谋孙而翼子;不陨其名,象贤而种德。尊官厚禄,熏灼宇内;盛族高门,荣耀天下。公藉祖宗之休烈,禀岳渎之胜灵,含淳光,吸元气。邹人之里,夫子幼孤;汉相之家,少翁初袭。六岁,袭汾阴男。(a)<u>受《左传》于同郡韩文汪,便质大义。闻天王狩于河阳,乃叹曰:"周朝岂无良相,何得以臣召君?"文汪异焉。</u>宰辅之器,基于此矣。八岁,善属文,时房玄龄、虞世南试公咏竹,援毫立就,卒章云:"别有邻人笛,偏伤怀旧情。"玄龄等即公之父党,深所感叹。名流竦动,始揖王公之孙;明主殷勤,俄称耀卿之子。九岁,以幕府子弟,太宗召见与语。<u>十一,弘文馆读书,一览不遗,万言咸讽。</u>通人谓之颜、丹,识者知其管、乐。<u>十六,补神尧皇帝挽郎。</u>十九,尚和静县主。衣冠之秀,公子为郎;车服之仪,王姬作配。<u>廿一,除太子通事舍人,仍为学士,修《晋史》。</u>太宗尝夜宴王公于玄武内殿,诏公咏烛,赏彩卅段。他日,赋公泛鹢金塘诗成,谓高宗曰:"元超父事我,雅杖名节。我今元超事汝,汝宜重之。"廿二,迁太子舍人。永徽纂历,加朝散大夫,<u>迁给事中,时年廿六。寻迁中书舍人、弘文馆学士兼修国史。</u>仍与上官仪同入阁供奉,从容诏制,肃穆图书。清晨入龙凤之池,薄暮下麒麟之阁。东京辞赋,孟坚共武仲齐名;西国文儒,刘向与王褒并进。(b)<u>中书内省旧有磐石,相传云内史府君常踞以草诏。公每游于斯,未尝不潸然下泣。</u>时高宗初违谅闇,庶政唯新,公抗疏言社稷安危,君臣得失。帝登召赐坐曰:"得卿疏,若处暗室睹三光,览明镜,见万象,能长如此,台铉而谁?"(c)<u>公之姑河东夫</u>

人,神尧之婕妤也。博学知礼,常侍帝翰墨。帝每谓曰:"不见婕妤侄一日,即疑社稷不安。"卅二,丁太夫人忧,哭辄呕血。有敕慰喻,起为黄门侍郎,累表后拜。帝见公过礼,泣而言曰:"朕殆不识卿。遂至毁灭。"曾是为孝。邻居辍事,怆吴隐之哀号;天子相忧,叹何曾之毁瘠。修东殿新书成,进爵为侯,赐物七百段,敕与许敬宗润色玄奘法师所译经论。(d)疏荐高智周、任希古、王义方、顾胤、郭正一、孟利贞等有材干。河东夫人谓所亲曰:"元超为黄门虽早,方高祖适晚二年。"以居丧羸疾,多不视事。卅四,出为饶州刺史。在职以仁恩简惠称,有芝草生鄱阳县。卅,帝梦公,追授右成务。卅一,复为东台侍郎。献《封禅书》《平东夷策》。以事复出为简州刺史。岁余,上官仪伏法,以公尝词翰往复,放于越巂之邛都。耽味易象,以诗酒为事。有《醉后集》三卷行于时。五十三,上元赦还,诣洛阳,帝召见,拜正谏大夫。孝敬崩,诏公为哀策。时闻谠议,初求贡禹之言;朝有大文,即命王珣之笔。五十四,拜守中书侍郎,寻同中书门下三品。(e)此后得知国政者五年,诏敕日占数百。帝曰:"得卿一人足矣。"赐良田甲第,恩礼甚隆。(f)驾幸汝,观射猛兽。公上疏以为不宜亲临,手敕答曰:"忠诚显著,深纳至言。"加中大夫、守中书侍郎、兼检校太子左庶子。绿绨苍佩,下西掖而生光;乌仗黄麾,入东朝而动色。诏公河北道安抚大使。公状荐才宜文武者二千余人。帝尝机务余,语及人间盛衰事,不觉凄然,(g)顾谓公曰:"忆昔我在春宫,髭犹未出,卿初事我,须亦未长,倏忽光阴卅余载,畴日良臣名将,并成灰土,唯我与卿白首相见。卿历观书记,君臣偕老者几人。我看卿事我大忠赤,我托卿亦甚厚。"公感咽稽首,谢曰:"先臣攀附文帝,委之心膂。微臣多幸,天皇任以股肱。父子承恩,荣被幽显。誓期终身奉国,致一人于尧舜。窃观天仪贬损,良以旰食宵衣。唯愿遵黄老之术,养生卫寿,则天下幸甚。"赐黄金二百镒。明年,诏公知内外百官考。(h)驾幸九成宫,尝急召太子赴行所在,帝于箭括岭帐殿候之。及至,置酒张乐会王公等,有诏酣谑尽欢。即目各言一事,时太子、英王、今上侍。公曰:天皇正合易象,臣闻乾将三男震坎艮,今日是也。帝大悦,群臣称万岁,声溢岩谷间,传闻数十里。赐物百段及银镂钟一枚。(i)时吐蕃作梗河源,诏英王为之率。公赋出征诗一首,帝览而嘉之,亲纡圣笔,代王为和。天文烂烂,月合而星连;睿思飘飘,云飞而风起。君臣之际,朝野称荣。(j)大理尝奏疑狱,理官请论以死,公对御诘之,吏不能应。帝凛然改容曰:"向不得元超在,几令我杀无辜。"百僚震肃。(k)时北胡未静,公亟请塞垣备兵。俄而伏念南侵,适会王师北首,不日戡殄,朝廷赖之。(l)疏荐郑祖玄、贺敳、沈伯仪、郑玄挺、颜强学、杨炯、崔融等十人为崇文学士。帝可其奏。五十九,加正议大夫,守中书令,余如故。驾幸洛阳,诏公兼户部尚书,留侍太子,居守清警,(m)后丹凤门外,倾都拜辞,特诏公乘。谓公曰:"朕留卿,若去一目,断一臂。关西之事,悉以委卿。"赐物一百段。公数上书谏太子,手敕褒谕,赐绢百匹。时方有事中岳,诏公草封禅碑。岁余,忽风疾不言,中使相望于道,赐绢百匹。太子会医药就第,赐绢百匹。帝崩,公如丧考妣,舆疾赴神都。寻加汾阴男,食邑三百户。痾恙久,公意若曰辞位。县主抗表,至于再三,优诏加金紫光禄大夫,致仕。天之将丧,祷河岳而无征;人之云亡,托星辰而忽远。以光宅元年十二月二日薨于洛阳之丰财里,春秋六十有二。呜呼哀哉。秦亡蹇叔,郑殒国侨,知与不知,莫不流涕。有敕赐殓衣一袭,诏赠光禄大夫,使持节都督秦、成、武、渭四州诸军事,秦州刺史,赐物四百段,米粟四百石,赐东园秘器,凶事葬事所须,并宜官给,仪杖送至墓所往还,京官四品一人摄司宾卿监护,并赍玺书吊祭。还京之日,为造灵輀,给传递发遣。以垂拱元年岁次乙酉四月景子朔廿二日丁酉,诏陪葬于乾陵。礼也。唯公享阴德,承大名,渐之者甘露醴泉,训之者辒车乘马。杜称武库,积庆高于五岳;崔号文宗,宏材掩于三代。天下人谓公为地矣。唯公秀眉目,(n)伟须髯,长七尺四寸,神明如也。定容止,齐颜色,龙章凤姿,瑶林琼树,皎若开云而望月,廓若披雾而观山,天下之人谓公为貌矣。唯公神韵潇洒,天才磊落,陈琳许其大巫,阮籍称其王佐。立辞比事,润色太平之业;述礼正乐,歌咏先王之道。擅一时之羽仪,光百代之宗匠,天下之人谓公为文矣。唯公下帷帐,列缣缃,覃思研精,赅通博极。三皇五帝之坟典,指于掌内;四海九州之图籍,吞若胸中。献替王公之言,谋猷庙堂之议,天下之人谓公为学矣。唯公鸟有凤,鱼有鲲,陂澄万顷,壁立千仞,穷达不易其心,喜愠不形其色,山纳海受,物疏道亲。天下之人谓公为量矣。唯公善词令,美声姿,莫见旗鼓,自闻琴瑟,苟非利社稷、安国家、感神明、动天地,则未尝论人物、辨是非。天下之人谓公为言矣。唯公备九德,兼百行,立天之道,曰阴与阳,立地之道,曰柔与刚,立人之道,曰仁与义。始于事亲,捧檄而干禄;中于事君,悬车而谢病;终于立身,既没而不朽。天下之人谓公为贤矣。唯公居守太子,有相国之任;会计群吏,有冢宰之托;澄清天下,有使臣之誉;弼谐君上,有谏臣之名。平狱称允,有于公之断;举才得宜,有山公之启;天规地典,有力牧之用;君歌臣诚,有咎繇之德。运动兵略,其当周之太公乎;考核政事,其当轩之天老乎;梦公形象,其当殷之傅说乎;得卿一足,其当尧之后夔乎。天下之人谓公为相矣。长子曜,中子毅,少子俊,朝暮假息,柴毁不容,至性无改于三年,淳心有加于一等,高宗敕书一轴,《孝子忠臣传》两、《周易》一部、明镜一匣送终焉。十里开茔,三河聚卒。苍苍松竹,居然孝子之坟;郁郁樵苏,还作名臣之陇。铭曰:

  于铄我祖,系自中古。作相于殷,来朝于鲁。既开其国,亦胙其土。涉河而东,家汾之浦。我家存存,道义之门。地望人杰,名高德尊。言满当代,庆流后昆。丞相有子,伯侯有孙。天资卓荦,随珠下璞。日用精灵,上仁先觉。道合经纬,文成礼乐。泉海富才,丘山积学。佩玉锵锵,将翱将翔。青襟齿胄,素帻为郎。地列金牓,宫开画堂。上天有命,前辉后光。圣皇继作,贤臣纵壑。鸾渚四游,凤池三跃。二典州郡,再升台阁。时和物阜,政调人乐。光照六合,官成两宫。已陟元宰,言登上公。葛龚少气,满奋疑风。乘星忽远,梦日俄穷。山河一望,冢茔相向。皇轩既终,国侨且丧。生也同德,没而陪葬。千载游魂,一陵之上。

  崔融撰,曜骆缜书序,颜俊书铭。 万三奴镌,万元抗镌。

薛振行状

中书令、汾阴公薛振行状　　　杨炯

高祖德,魏给事中、黄门侍郎、御史中尉、散骑常侍、直阁、辅国二将军、齐州刺史,赠车骑将军、仪同三司、华州刺史,谥曰简懿。曾祖孝通,魏中书、黄门二侍郎,银青光禄大夫、散骑常侍、关西道大行台右丞、常山太守、汾阴侯,赠车骑将军、仪同三司,齐郑二州刺史。祖道衡,齐中书、黄门二侍郎,隋吏部、内史二侍郎,上开府、仪同三司,陵、邛、潘、襄四州刺史,襄州总管、司隶大夫、皇朝赠上开府、临河县开国公。父收,皇朝上开府、兼陕东道大行台、金部郎中、天策上将军府记室参军、文学馆学士、上柱国、汾阴县开国男,赠定州刺史、太常寺卿,谥曰献。河东郡汾阴县薛振,年六十二,字元超。状,昔者,唐尧之协和万邦也,有若四岳之敬顺昊天,历象日月;虞舜之慎徽五典也,有若八元之忠肃恭懿,宣慈惠和;夏禹之分别九州也,有若咎繇之谟明弼谐,允迪厥德;殷汤之南征北怨也,有若伊尹之格于皇天;姬文之受命作周也,有若虢叔之闻于上帝。自唐虞而列考,及秦汉而无讥,元首必藉于股肱,方隆太平之化;贤者必待于明主,克致崇高之业。若夫骖驾六龙,驱驰七圣,斟酌元气,财成天道者,其唯圣人乎?弘阐大猷,发挥神化,匡正八极,阜成兆人,其唯良宰乎?我大唐之建国也,粤若神尧,明扬侧陋,文王叶于朕卜,迎太公于渭水;高宗求于朕梦,得良弼于傅岩。若岁大旱以为霖雨,若济巨川以为舟楫者也。公,含天地之间气,依日月之末光,能备九德,兼资百行。探赜索隐,极深研几,龆龄之际,羞言霸道,词赋之间,已成王佐。年六岁,袭爵汾阴男。十一,太宗召见,敕弘文馆读书。十六,为神尧皇帝挽郎。十九,尚和静县主。高宗升储之日也,敕公为太子通事舍人。二十二,除太子舍人。高宗践位,诏迁朝散大夫,守给事中。年二十六,寻拜中书舍人,弘文馆学士。三十二,丁太夫人忧去职,起为黄门侍郎,固辞不许。修东殿新书毕,进爵为侯。公毁瘠过礼,多不视事。出为饶州刺史,上梦公,征为右戎务。四十,复为东台侍郎。是岁也,放李义府于巂笮,旧制流人禁乘马,公为之言,左迁简州刺史。岁余,上官仪伏诛,坐词翰往来,徙居越巂。五十三,赦还,拜正谏大夫。五十四,迁中书侍郎,寻同中书门下三品,兼检太子左庶子。五十九,迁中书令。车驾幸洛阳,诏公兼户部尚书,与皇太子居守。俄以风疾不视事。高宗崩,舆疾往神都,抗表辞位,至于再,至于三。诏加金紫光禄大夫,仍听致仕。以光宅元年季冬旁死魄,薨于洛阳丰财里之私第。呜呼哀哉。公地藉膏腴,姻连咸里。鼎湖长往,拜卿子而为郎;金榜洞开,征列侯而尚主。遂乃弹冠筮仕,策名委质。叩天门于画阙,攀凤翼于紫林。凡升右辖者一年,居外台者两部,四迁门下,二入中书。用能燮理我阴阳,经纬我天地,盐梅我宝鼎,梁栋我宸极。理百官而察万人,平邦国而和上下。借如风后天老,左右轩皇,萧何、曹参,谋犹汉室。未有一心事主,四十余年,参两宫而出入,历三台而陟降。合其道也,大壑纵其鲲鹏;遇其时也,名山出其云雨。功成辅弼,德迈机深。星象不愆,方践中台之位;山川并走,竟游东岱之魂。天不慭遗,民将安仰。越翼日。诏赠光禄大夫,使持节都督秦、成、武、渭四州诸军事,秦州刺史,余如故。赐物四百段,米粟四百石,东园秘器凶事,给仪仗至墓所往还,司宾卿监护,玺书吊祭。别降中使,赐殓衣一袭,杂物百段。又诏陪葬乾陵,依故事也。公袭封之年也,(a)受《左传》于同郡韩文汪。至天王狩河阳,乃废书而叹曰:"周朝岂无良相,何得以臣召君。"文汪异焉。(c)神尧皇帝婕妤,河东郡夫人,公之姑也。每侍高祖词翰,高祖尝顾曰:"不见婕妤侄数日,便谓社稷不安。"其见重如此。(f)上幸温泉,射猛兽,公奏疏极谏,上深纳焉。后因闲居,(g)谓公曰:"我昔在春宫,与卿俱少壮。光阴倏忽,已三十年。往日贤臣良将,索然俱尽,我与卿白首相见。卿历观书传,君臣共终白首者几人。我观卿大怜我,我亦记卿深。"公感咽,稽首谢曰:"老臣早参麾盖,文帝委之以心膂。臣又多幸,天皇任之以股肱。誓期杀身报国,致一人于尧舜。伏愿天皇遵黄老之术,养生卫寿,则天下幸甚。"赐金二百镒。公有事君之节也,不亦忠乎。每读孝子忠臣传,未尝不慷慨流涕。以为帝舜非孝子,朱虚非忠臣,客有讥之者。公曰:

"宁有扬君父之过,而称忠孝哉?"太夫人薨,公每哭呕血,杖而后起。上见公柴毁,泣曰:"朕遂不识卿,卿事朕,君父一致,遂至于灭性,可谓孝乎?"(b)<u>中书省有一磐石,隋内史府君常踞而草诏。及公挥翰跃鳞,每见此石,未尝不泫然流涕。公有至性之道也,不亦孝乎</u>?其年修《晋史》,笔削之美,为当时最。孝敬崩,诏公为哀册。(h)<u>上幸九成宫,敕皇太子赴行在所,置酒别殿,享王公以下。时太子、英王侍皇帝,酒酣。公献寿曰:"天皇合易象,乾将三男,震,坎,艮,今日是也。"上大悦,百官舞蹈称万岁,赐杂物百段,银镂钟一枚</u>。(i)<u>吐蕃不庭,诏英王为元帅,总戎西讨。公赋西征诗一首,上称善,嗟叹者久之。因代英王属和,御笔缮写,朝以为荣。公有属词之美也,不亦文乎</u>?(授)黄门侍郎,(d)<u>上疏荐高智周、任希古、郭正一、王义方、顾彻、孟利贞等,后皆有重名</u>,历登清贯。及兼左庶子,(l)<u>又表郑祖玄、沈伯仪、贺敳、邓玄挺、颜强学、崔融等十人为学士</u>,天下服其知人。公为右成务,献《封禅书》及《平夷策》,上深纳焉。(j)<u>或有抵罪者,同类数百,经赦令狱官评,经年不决,竟以死论。公上疏陈其滥。诏百寮廷议,狱官及诸宰臣,未有所决。公酬对如响,众咸服焉。上叹息曰:"几令我杀无辜之人。"百僚莫不震惧</u>。(k)<u>后上疏陈情备塞垣,未几而匈奴背诞。公有神通之鉴也,不亦明乎</u>?仪表魁杰,(n)<u>鬓眉若画,身长七尺四寸</u>。望之煦然,喜愠不形于色。虽至于近习左右,胥徒仆妾,莫不待之以礼。公有行己之方也,不亦恭乎?在饶州六年,以仁明驭下。鄱阳北冈上,忽生芝草一株。郡人以为善政所感,共起一舍,号曰芝亭,因立碑颂德。公有驭人之术也,不亦惠乎?在卭都十余载,沉研易象,韦编三绝。赋诗纵酒,以乐当年,有《醉后集》三卷行于世。公有安和之德也,不亦康乎?上初览万机,公上疏论社稷安危,君臣得失。上大惊,即日召见,不觉膝之前席。叹曰:"览卿疏,若暗室而照天光,临明镜而睹万象。"此后宠遇日隆。每军国大事,必参谋帷幄。(e)<u>在中书独掌机务者五年,出纳帝命,口占数百。上曰:使卿长在中书,一夔足矣</u>。(m)<u>大驾东巡,诏公骖乘。上曰:"朕之留卿,若去一目,若断一臂。关西事重,一以</u>

委卿。"因赐物百段。公有社稷之勋也,不亦重乎?若夫有官功者,赐其官族,有大行者,受其大名。公叔列国之陪臣,犹安社稷;黔娄匹夫之介节,不忘仁义。古今以为通训,书籍以为美谈。况乎辅佐明主,宁济天下,生死无二,始终若一。业高于六相,道贯于五臣。其生也荣,同心比于周、召;其死也哀,陪葬均于卫、霍。岂使易名之典,不及于会同;赐谥之文,不传于终古。门生故吏,愿述德音;博士礼官,伫闻清议。是则钟繇之策,降于皇魏之年;王导之疏,寝于中兴之日。谨状。垂拱元年四月四日,故中书令、汾阴公府功曹姓名谨状。文昌台考功:窃闻,生为贵臣,车服昭其令德;死而不朽,谥号光其大名。今谨按,故府主、中书令、汾阴公、赠秦州都督薛元超,以王佐之才,逢太平之会。抚绥万国,康济兆人。力牧辅轩皇,未为尽善;皋陶佐大禹,犹有惭德。名遂身退,生荣死哀。羽父之请鲁君,抑惟旧典;卫侯之谥文子,庶几前列。谨上。

薛元超传(《旧唐书》卷七十三)

收子元超。元超早孤,九岁袭爵汾阴男。及长,好学善属文。太宗甚重之,令尚巢刺王女和静县主,累授太子舍人,预撰《晋书》。高宗即位,擢拜给事中,时年二十六。数上书陈君臣政体及时事得失,高宗皆嘉纳之。俄转中书舍人,加弘文馆学士,兼修国史。(b)中书省有一磐石,初,道衡为内史侍郎,尝踞而草制,元超每见此石,未尝不泫然流涕。

永徽五年,丁母忧解。明年,起授黄门侍郎,兼检校太子左庶子。元超既擅文辞,兼好引寒俊。(d)尝表荐任希古、高智周、郭正一、王义方、孟利贞等十余人,由是时论称美。后以疾出为饶州刺史。

三年,拜东台侍郎。右相李义府以罪配流巂州,旧制流人禁乘马,元超奏请给之,坐贬为简州刺史。岁余,西台侍郎上官仪伏诛,又坐与文章款密,配流巂州。上元初,遇赦还,拜正谏大夫。三年,迁中书侍郎,寻同中书门下三品。(f)时高宗幸温泉校猎,诸蕃酋长亦持弓矢而从。元超以为既非族类,深可为虞,上疏切谏,帝纳焉。时元超特承恩遇,常召入与诸王同预私宴。(e)又重其文学政理之才,曾谓元超曰:"长得卿在中书,固不藉多人也。"

永隆二年,拜中书令,兼太子左庶子。(m)高宗幸东都,太子于京师监国,因留元超以侍太子。帝临行谓元超曰:"朕之留卿,如去一臂。但吾子未闲庶务,关西之事,悉以委卿。所寄既深,不得默尔。"(l)于是,元超表荐郑祖玄、邓玄挺、崔融为崇文馆学士。又数上疏谏太子,高宗知而称善,遣使慰谕,赐物百段。弘道元年,以疾乞骸,加金紫光禄大夫,听致仕。其年冬卒,年六十二。赠光禄大夫、秦州都督,陪葬乾陵。文集四十卷。

在这三种史料中,①带波浪线的部分是三者共通的,为记录薛振祖先及薛振本人仕途经历部分;②直线部分则为薛振一生轶事部分,三段材料中的英文字母则分别对应每段材料中内容相同的部分;③虚线部分则是相同内容的轶事以其他方式进行描述的部分。

首先将行状与列传加以比较,可以明显看出列传的史料来源是行状。问题在于墓志志文中相当一部分内容与行状完全重合。行状从一开始就记录该人物的任职经历,在其后集中记录其相关轶事。而墓志志文则是在叙述任职经历之中夹杂着各时期的轶事。显然在撰写墓志时,是以行状为参考的。

但是在墓志志文接近末尾的地方,也有与行状不同的内容。自"天下人谓公为地矣"之后,有同样的"为貌""为文""为学""为量""为言""为贤""为相",分数段对墓主的为人进行描述。一般来说唐前半期的墓志,大致可分志题、志序、铭文,铭文则一般分为四章①。其中,占据了大半篇幅的志序通常内容有:①发起之辞,②关于先祖或家系的叙述,③墓主的一生经历(主要是任职经历),④墓主之死,⑤如果是夫妻合葬墓,则是对夫人的介绍,⑥回顾墓主官场生涯及为人,⑦表达哀伤的语句(以及子女的悲伤或葬礼的叙述)。薛振墓志中,行状与内容不重合的文章相当于这里面的⑥。

---

① 如果是单人的墓志,通常由墓主门第、墓主的任官经历、墓主的为人、对其死亡的哀悼四章构成,如果是夫妻合葬墓志,则由丈夫的门第、丈夫的一生、夫人的一生、对其死亡的哀悼构成。

笔者曾思索过为何墓志志文中要有⑥这一部分,因为墓主的一生前文已简单陈述过。从本墓志来看,其他部分都是参考行状写成的,只有⑥这一部分与铭文才是显示墓志撰写者才华的地方。

在薛振墓志中,由于墓主是高官,墓志撰写者基本能够抓住志文与行状之间的关系,各有侧重,几无重合,但这并不代表所有志文与行状间的关系都是这样。在唐前半期,裴稹的墓志、行状、列传也并存,即表9的(5),现将其列举如下:

裴稹墓志

大唐故朝议郎、行尚书祠部员外郎裴君墓志铭并序　　族叔礼部员外郎朏撰兼书

君讳稹,字道安,河东闻喜人也。自桐川建封,敦煌为郡,魏分三祖,晋方八王,奕代嘉其美□,□年载其令德。高祖定,周大将军、冯翊太守、袭琅琊公,绩茂戎昭,化成郡国。曾祖仁基,隋左光禄大夫兼河南道讨捕大使。以阴图王充,义扶旧主,遭时不利,玉折名扬。皇朝追赠原州都督,命谥曰忠。祖行俭,礼部尚书兼定襄道行军大总管、闻喜公,赠太尉,谥曰献。既明且哲,经文纬武,故事宗于礼闱,大勋炳于云阁。考光庭,侍中兼吏部尚书,赠太师,谥忠献。器识宏远,墙宇高深,亮采天阶,丹青神化。君二川淑灵,三事鸿烈。植贞固之性,抱经济之才。生而聪敏,幼而颖悟,仁和孝友,君子之德日新;文学吏能,贤人之业□盛。开元初,举孝廉,高第,弱冠敕授左千牛。备身秩满,转太子通事舍人。丹宸捧日,青禁朝春,词令可观,风仪有裕。岁余,调补太常寺主簿,□□寺署,辨□礼法,按验伏藏,动盈累万。卿韦韬欲以升闻,期于显擢。君不求苟禄,固让厥功,□□京兆府司录,未上。丁太师忧,柴毁骨立,殆将灭性,杖而后起。□日戒期,□□屡闻,宠光是冀,爰纡圣札,用勒丰碑,仍命宰臣,俾令护□,此乃显□千古,哀荣九原者也。太师公直道不回,存亡交变,明主优□,恩礼时列,害其公忠,定谥之辰,将沮其美。君昼夜泣血,号诉闻天,特降□言,以雪其实。诏改谥曰忠献。岂非孝感之至,以发皇□;报应之□,有如影响。忧制缺,主上永言念旧,方议赏延,命执事与五品

官。时宰以君□量清通，不欲处之散地，请授史官，是日拜起居郎。君衰服外除，心丧内疚，中议今职，远□先碑，敷奏上感于冕旒，情礼近伤于冠佩。自武德之始，迄于兹日，注□所阙四百余卷。南史直笔，东掞记言，孝古而行，怡然理顺。俄迁尚书祠部郎。君才兼□□，□典郊庙，续祖讷之清言，循樊准之儒术，明光伏奏，闻望攸归。呜呼，天不假年，神爽其善，视事累月，卧疾弥旬。以开元廿八年十二月十九日，终于长安光德里私第，春秋卅。其先葬于闻喜之东凉原也。即以辛巳岁二月癸丑廿日壬申，旋窆于长安万春乡神和原。礼也。初，日者有言曰："且有横厄，愿禳之。"君曰："苟无负于神明，亦何禳之有？"生死有命，诚性已齐，此则达人之用心也。君博识多闻，含光育德，志希宏济，心镜无为。尝览太一之书，黄公之略，每怀远大，自比范张。及我官成，期于身退，挂冠投绂，卧壑栖林。青云始阶，黄埃溘至。海内豪俊，孰不惋惜。嗣子倩等，异才动俗，纯孝通神，永慕寒泉，式刊贞石。其词曰：

全晋旧国，彼汾一方。宗门贵仕，代有烈光。鼎铉袭懿，兰菊垂芳。地灵世德，之子含章。含章伊何，载挺时哲。□服教义，遐绍忠烈。词煜春葩，操贞暮雪。珪璧内润，鼓钟外彻。肃祗一命，趋侍两宫。奉常典礼，左掞记功。清辉就日，逸翮搏风。高选郎署，公议攸同。建礼休浣，漳滨移疾。方奏丹墀，遽辞白日。隐嶙前嶂，微茫此室。勒铭幽泉，永识芳实。

裴积行状

尚书祠部员外郎、赠陕州刺史裴公行状　　　独孤及

曾祖仁基，隋光禄大夫、行左光禄大夫、皇朝赠使持节都督原州诸军事、原州刺史，谥曰忠。祖行俭，皇朝银青光禄大夫、守礼部尚书、闻喜县开国公、赠太尉、扬州大都督，谥曰献。父光庭，皇朝光禄大夫，侍中兼吏部尚书，正平县开国公，赠太师，谥曰忠献。绛州闻喜县崇唐乡太平里裴积，年若干，行状。公天姿英拔，德宇宏旷，禺昂公器，磊砢高节，武库森戟，玉山照人。起家以门，调补千牛备身，历太子通事舍人、太常寺主簿。是时万邦方义，献公当

国。天子垂衣穆清,以有天下,而衮职之阙,畴咨之府。公入则竭力,出则匪躬,外询舆人,以备过庭之问;阴荐多士,用弘审官之选。既而济济俊义,烂盈东阁,邦之得贤,于斯为盛。画一之诗作,而嘉鱼之颂兴,公之干蛊也。转京兆府司录事参军,辇毂之大,纲辖之剧,牒诉浩穰,文墨填委。公游刃余地,而大邻斯批。若纲在条,而众目不紊。谈笑之隙,簿领肃如。论者知逸骥之足,方自此始。开元二十一年,忠献公捐馆,茕然在疚,哀越乎礼,会执事者丑正作福,怙宠匿怨。乃因丧乘衅,将逞憾于我,言之如簧,上亦投杼。公乃衔恤进牍,叫阍抗愤,危言自明,至诚旁感。由是宗祐垂祉,高天听回,恩方照微,寻亦悔祸,卒令臧孙有加等之葬,公业有不亡之叹,公之克家也。服阕授起居郎,载笔丹墀,书法不隐。开元二十四年,三庶人以罪废,事出宫闱,变生飞语。时寿王以母宠子爱,议者颇有夺宗之嫌,道路悯默,朝野疑惧。公乃从容请间,慷慨献谏,上述新城之殷鉴,下陈戾园之元龟。谓兴亡之由,在废立之地。天子感悟,改容以谢。因命诏以给事中授公。公曰:"陛下绝招谏之路,为日故久。今臣一言,而荷殊宠,则言者众矣。何以锡之?"上善其敏而多其让,乃止不拜。寻除尚书祠部员外郎,恪居礼闱,休问惟穆,弘济之略,因为己任。于时缙绅高义,方以青云期公,不吊昊天,降此短历。开元二十九年某月日,薨于私第,春秋若干。君子谓,公貂蝉之叶,瑚琏之器,寿不及黄耇,名不登明堂,天其未亡狐赵之勋、成宣之德也。非昌其身,必大于后,果介繁祉。有才子四人,长曰倩,尚书驾部员外郎兼殿中侍御史,江西道租庸盐铁等使。次日儆,尚书司勋员外郎兼殿中侍御史,参中军元帅雍王军事。次曰倚,殿中侍御史,试守万年县令。次曰侑,太原府榆次县尉。构厦环材,切玉利器,价敌三虎,族拟八王。朝廷褒之,方倚以戎务。元年春建辰月,肆大眚,因命有司,录勋追旧。于是诏赠公谏议大夫,犹以礼未超伦,位不充德。秋八月下诏曰:"赠谏大夫裴某,操履贞纯,器能温敏,素推令望,尝践清班。志业屈于当时,风犹悲于既往。顾其胤嗣,久在周行。虽礼及前修,已申追远,而恩沾后命,宜有赠荣。俾高列岳之班,更表重泉之饰。可赠使持节陕州诸军事、陕州刺史。"礼也。公天机超迈,雅有大略,气直而温,性扰而毅。贞可干事,善足救物,外坦荡豪举,朗然不羁;内敦敏纯固,忠而能力。至若轻死重义,贵身贱名,视钱刀如粪土,戏公卿若草芥。其于履危险、临大节,则气冠贲育,劲俸风霜,未尝以得丧夷险蛊芥于胸臆。诗云:"昭明有融,高朗令终。"公实有焉。谓宜荷天之休,俾炽而大。龙泉未试,隙驷先往。天乎斯才,而有斯寿。今宠优八命,泽及九原,已申追远之恩,请遵易名之典。

宝应二年某月日　故吏官某谨状。上尚书省考功。夫存以行观,其志没以谥表。其德则宾,实不亏美,恶知劝谨。按,故尚书祠部员外郎,赠使持节陕州诸军事、陕州刺史,裴稹鼎铉公,族珪璋令名,孝克负荷,忠能匡谏,宏图方壮,利涉未息,舟壑遽迁,音徽已昧,命官褒德,宠荷令章,考行饬终,敢征前典。谨上。

裴稹传(《新唐书》卷一百零八)

<u>子稹,以阴仕累迁起居郎。开元末,寿王瑁以母宠,欲立为太子,稹陈申生、戾园祸以谏。玄宗改容谢之,诏授给事中。稹曰:陛下绝招谏之路,为日滋久。今臣一言而荷殊宠,则言者将众,何以锡之。帝善其让,止不拜。俄授祠部员外郎</u>,卒。

将裴稹的墓志、行状、列传加以比较,列传的史料来源明显是行状。但是,行状与墓志志文几乎不重合。可以说,这方墓志在制作时基本上没有参考行状。本墓志的撰写者没有通过行状获取墓主信息,应该是从其亲友故旧处得到的,志文题下撰者为其"族叔",可见撰者本身便比较了解墓主。

结　语

读唐代墓志志文,经常可以看到一些固定词句。比如"卜宅""卜兆""卜葬"等,是指《大唐开元礼》卷一百三十八凶礼"三品以上丧"仪式次第中的"卜宅兆"仪式①,"监护仪仗""检校葬事""护丧"等则意味着三品官以上的葬仪中鸿胪寺派遣官员进行"监护丧事"这一礼仪规定②。三品以上官员葬仪的队列在前面有灵车、方相车(载有四只眼睛的方相氏雕像)、志石车、大棺车、辖车(将大棺和灵柩卸至墓室的大车)、舆(明器、下账、米、酒脯、苞牲、食)、铭旌、纛、铎,其后为辖车(柩)及丧主等(《大唐开元礼》卷一百三十九《器行序》),之后为载有墓志的志石车。唐代(特别是前半期)丧葬礼仪的特点都十分鲜明,而墓志亦能如实记载下来。这是因为墓志主人几乎都是官员,所以基本都忠实地实践了凶礼仪式。

墓志志文中还经常出现以下常用词语:

  移舟、迁舟、夜壑等,指遭受噩运,人不幸离世。(《庄子·内篇·大宗师》)

  隙马、隙驹、隙驷等,指光阴似箭,时光飞逝。(《庄子·外篇·知北游》)

  马鬣、滕公、马局等,指决定墓地所在。(《蒙求》滕公佳城的故事)

  蓼莪,多为无法尽孝的孝子所发的感慨。(《诗经·小雅·蓼莪》)

  风树,同上。(《韩诗外传》卷九)

这些惯用词语多化用典籍,逐渐固化为墓志志文中的用语。

  唐代早期的墓志多为官员墓志,志文多由志主的亲旧同僚或秘书省著作局撰写,然后选出提前刻好划线格子的志石、志盖,将志文镌刻上去。从这个意义上来说,其与"墓志虽然深埋于地下,但在宋代只要撰写完成志文便立即扩散至街巷,成为同时期人们的共同话题,从而形成争议"这种宋代墓志文化的不同之处在于,唐前半期的墓志具有更为强烈的官方性质。

---

① 参见拙稿《唐代凶礼的结构——以〈大唐开元礼〉官僚丧葬礼仪为中心》(福井文雅博士古稀纪念论集《亚洲文化的思想与礼仪》,春秋社,2005年)。

② 《唐令拾遗》丧葬令第7条;《天圣令》丧葬令宋第5条;虎尾达哉《上代监丧使考——唐令监丧规定的继承与实态》(《史林》第68卷第6号,1985年)。

第十一章

从唐史研究的角度看入唐日本人井真成墓志的性质

绪 论

2004年10月11日,日本各大纸媒都以整版报道了在中国发现日本遣唐使墓志的重大消息,引发全日本的广泛关注。墓志的最初发现地为西安市(唐长安)的一处建筑工地,后由西北大学博物馆从私人手中征到。由于这是首次在中国发现日本人墓志,而且其中所刻"日本"国号也是现存最早的一例,因而得以占据各大纸媒头版。

根据墓志所镌刻内容可知,墓主享年三十六,应该是与阿倍仲麻吕、吉备真备、玄昉等一同入唐的,其内心充满了日中交流的梦想。但在日、唐史料中遍寻不见关于墓主姓名"井真成"的任何记载,有人推测墓主是"井上氏",也有人认为是"葛井氏",种种说法不一而足。

墓志志文记载,墓主井真成被追赠为"尚衣奉御"。所谓"尚衣奉御",是负责管理皇帝冕服的殿中省尚衣局长官,官品从五品上,相当于日本的"从五位上"。因此在日本的报道中,经常可以见到诸如当时的皇帝(唐玄宗)痛悼日本留学生,并给予超乎寻常的厚遇,或者唐政府用不同寻常的方式隆重厚葬了井真成这样的内容。但是,是否果真如此呢?

第一节 对墓志志文的解读

首先,需要对该墓志的志文进行解读。根据媒体刊载的墓志拓片照片,试将志文内容复原如下(笔者为论述方便进行了断句):

1. 赠尚衣奉御井公墓志文并序
2. 公姓井,字真成。国号日本,才称天纵。故能
3. □命远邦,驰骋上国。蹈礼乐,袭衣冠,束带
4. □朝,难与俦矣。岂图强学不倦,问道未终,
5. □遇移舟,隙逢奔驷。以开元廿二年正月
6. □日,乃终于官第。春秋卅六。　　皇上
7. □伤,追崇有典。　诏赠尚衣奉御,葬令官
8. □。即以其年二月四日,窆于万年县浐水
9. □原。礼也。呜呼,素车晓引,丹旐行哀。嗟远
10. □兮颓暮日,指穷郊兮悲夜台。其辞曰:
11. □乃天常,哀兹远方。形既埋于异土,魂庶
12. 归于故乡。

志石长宽均约40厘米,高约10厘米,每行16字,共12行,以楷书书写,左侧有四行空白。第3至第11行的起首因磨损无法判读。第2行的"号"字虽然未被刻成繁体字的"號",但这样的情况在已出土唐代墓志中并非孤例,从照片来看,该墓志整体上具有唐代墓志的风格。在"皇上""诏"等字前面留下空格也是常见的格式。整个志文里,第1行是志题,第2至10行是志序,第11行到末尾则是志铭。志盖上刻有"赠尚衣奉御井府君墓志之铭"十二字。

【语释】(数字为行数)

2. 天纵:天所放任,引申为天生优秀之意。出自《论语·子罕》。

3. 上国:春秋时期周王朝首都附近地区,后指代中国。

驰骋:前去访问。

束带:整束冕服的带子,引申为朝服。此处依据的应该是《论语·公冶长》中"束带立于朝"的记载。据此,第四行开头无法判读的字当为"立"字。

4. 俦:同类、相比。

强学:勤勉学习。

问道:《晏子·内篇问上》:"臣闻,问道者更正。"

5. 移舟:"藏舟"的反义词。《庄子·内篇·大宗师》载:"夫藏舟于壑,藏山(汕)于泽,谓之固矣。然而夜半有力者负之而走,昧者不知也。"意思是,人生在真理前往往是

197

无力的。《南华真经》郭象注有"方言生死变化之不可逃",如同《正义》所云"言生必有死,譬诸藏物之遁。并不自觉"。比喻万物变化,死亡无可避免。骆宾王《乐大夫挽歌》(第一首)有"居然同物化,何处欲藏舟"。此外,他的《丹阳刺史挽词》(第一首)"自有藏舟处,谁怜隙驷过"。(均收录于《文苑英华》卷三百一十)本墓志将"藏舟"写作"移舟",表达了身体状况急剧恶化直至死亡的状况。唐代墓志中也有相似的例子,如贞观二十一年刻《康婆墓志》(《唐代墓志汇编》贞观139)中有"恐舟壑移改,铭志不传"。乾封元年(666)刻《史伯龙墓志》(《唐代墓志汇编续集》乾封004)中有"逝川不息,隙驹俄景,舟移夜壑,桐露晓晞"。开元十年(722)刻《曹公墓志》(《唐代墓志汇编续集》开元048)中有"壑舟一徙,阅水无留"等。据此,第五行一开头无法判读的字应为"夜"或者"壑(谷)",考虑到与后面的"隙"相对,则后者显然更加合适。

  隙逢奔驷:奔驷是由四匹奔驰的骏马牵引的马车。通过从缝隙观看奔驰的马车来表达时间飞速逝去。在唐代墓志中常用于悼念死者。如前引骆宾王的诗以及《史伯龙墓志》。

  7. 追崇:对死者追加尊号,也作追尊。

  8. 万年县浐水:万年县的管辖范围是长安城东半部及城东。浐水在城东,向北流。

  9. 素车:用于凶礼的车,以白土涂刷,无修饰。

  丹旐:引导灵柩的红旗。

  10. 颓:崩溃、倾斜。此处"暮日"与后面的"夜台"相对,为日暮将斜之意。

  穷郊:荒凉的郊外。此处是指墓地所在的长安东郊。

  夜台:墓地、坟墓。夜台单指墓,而非夜墓。之所以不将墓称作"茔""陵谷""幽壤"等,而称夜台,是为了与"暮日"对仗。

  11. 天常:天的常理、常道。

【译文】

赠尚衣奉御井公墓志文

  墓主姓井,字真成。出生的国家名为日本,井真成的才能被认为是天所授予。因而,得以赴遥远的国家,前往参谒中国。在中国遵循、践行礼乐,继承、沿袭衣冠所带来的身份,身着朝服(立于)朝廷之上的身姿无人能比。他持续勤勉学习,却在尚问道求学之时遽然而逝。于开元二十二年(734年)正月某日,在官舍死去,享年三十六岁。

  皇帝陛下哀痛不已,根据礼典对墓主予以追赠。发诏赠他尚衣奉御身份,并令官方主持实施葬礼。其年二月四日,墓主被埋葬于万年县浐水旁边的原上。

载着灵柩的素车在清晨被牵引出发,前行的先导旗帜也充满哀伤。嗟叹路途遥远,夕阳倾斜,朝着荒凉的郊外,哀伤孤坟。追悼辞为:

……是上天的常理,哀叹墓主来自遥远的国度。他的肉体虽然埋于异国他乡,但灵魂却期望回到故乡。

第二节　墓志的特征

站在唐史研究的立场上重新审视本墓志,可以看出以下几个特征:

第一,如前所述,本墓志是尺寸为边长39.5厘米的正方形志石,这在唐代墓志中属于小尺寸。唐代墓志多为边长40厘米至60厘米的正方形,超过80厘米的也并不鲜见。从整体来看,本墓志无疑可以被划归为最小那一类之中。

第二,不仅志石如此,本墓志的志文也很短,为12行,每行16字,共刻有171字。唐代墓志的行数一般在20行以上,每行约为30字。所以,只有12行的井真成墓志可以说是一方篇幅短小的墓志。

第三,志面左侧有四行空白。中国古代的墓志一般都会刻字到志面最后一行,也有的墓志在左侧留一行(极少有两行)空白。此外,作为极少的一种情况,也有因行数不够,而不得不将铭文以小注形式,在一行内挤着写成两行。但像本墓志这样,左侧四行都空下来的墓志并不多见。然而本墓志也绝不是未完的作品,因为在末尾刻有铭文,以此作为完结收尾。

第四,通过志序,我们几乎得不到有关墓主生前情况的信息。志序大致可分为前后两段,前半部分为墓主情况简介,后半部分则是对其死后葬礼的描述。唐代墓志中描述葬礼内容很寻常,问题是前半部分墓主信息如此虚无缥缈。墓志通常都会对先祖的谱系、墓主本人的为人秉性、仕途晋升及吏治状况进行具体介绍。而本墓志对这些信息一概没有提及。相信凡是接触过些许唐代墓志的人,在看到本墓志时都难免会有上面这些感受。

接下来,笔者将对本墓志的性质做进一步探讨。

第三节　与相似墓志的比较

要想对本墓志做进一步探索,最为有效的方法就是选取与本墓志相近的墓志加以比较。作为最为理想的对比对象,一方面要与本墓志在年代上较接近,另一方面,要葬于长安周边,且在唐人眼里墓主身份为外国人。带着这一想法,我们选取了天宝三载(744)所刻《九姓突厥契苾李中郎墓志》①,其录文如下(附标点符号):

1. 故九姓突厥契苾李中郎、赠右领军卫
2. 大将军墓志文
3. 大唐故九姓突厥、赠右领军卫大将军李
4. 中郎者,西北蕃突厥渠帅之子也。家承声
5. 朔之教,身奉朝宗之礼。解其左衽,万里入
6. 臣。由余事秦,彼有惭色;日磾归汉,何能如
7. 此。天宝三载九月廿二日,遘疾终于蕢街。
8. 圣恩轸悼,赠右领军卫大将军。以其载十
9. 一月七日,安厝于长乐原。礼也。鸿胪护葬,
10. 庶事官给。著作司铭,遗芬是记。哀荣之礼,
11. 国典存焉。其词曰:
12. 怀音展诚,宠亡申命。夷夏哀荣,于兹为盛。
13. 厚赠朝赐,长阡官卜。纪铭芳珉,敢告陵谷。

（以下为三行空白）

墓主出身于隋唐时期分布在蒙古高原北部的突厥系(突厥是 Türk 的汉字音译)契苾部,从第四行"渠帅之子"可以看出,墓主具有部族长级别的家世背景。"李中郎"显然不是名讳,"李"应是唐朝对他的赐姓,"中郎"是中

---

① 《隋唐五代墓志汇编》(天津古籍出版社)陕西卷 1,第 127 页;《唐代墓志汇编续集》(上海古籍出版社)天宝 018;《新中国出土墓志》(文物出版社,2003 年)陕西二 110;拙稿《天宝三载〈九姓突厥契苾李中郎墓志〉》(汲古书院,1998 年)。

郎将(正四品下)的简称。志石长宽约为54厘米,这和《井真成墓志》在尺寸上的差别,正反映出两者身份的差别(李中郎赠官"右领军卫大将军"为正三品)。刻文时间为天宝三载(744),在《井真成墓志》刻成十年后。第九行中的"长乐原"距离井真成埋葬地很近,位于长安东郊外七里之处,浐河自原下流过。

志文每行16字,共13行,以楷体书写,志石左侧留有3行空白。每行字数与《井真成墓志》相同,行数虽较之多一行,但考虑到志题占据了两行,可以说无论是志序、铭文行数或是左边空白部分,都与《井真成墓志》完全一样。

不仅如此,两方墓志都在志序的中间部分叙述了墓主的死亡,以此为分界点,此前为墓主生前情况简述,此后为葬礼的实施情况简述。而且,在描述墓主生前情况时,《契苾李中郎墓志》第六行引用了春秋时期西戎的由余归顺秦缪公,以及匈奴王子金日磾归顺汉武帝的故事,来比拟墓主契苾李中郎因仰慕中国之德追循先人足迹投奔而来。与《井真成墓志》一样,此墓志基本上没有涉及墓主生前具体情况的文字,因此可以说这两方墓志十分相似。

关于契苾李中郎死去的地点,墓志第七行说"遘疾终于藁街","藁街"是汉代长安城内的街名,是外国来朝使者居留的蛮夷邸所在地。唐代虽然没有藁街及蛮夷邸,但亦有类似性质的客馆,《汉书》卷九《元帝本纪》建昭三年秋与卷七十《陈汤传》中均记载有"藁街蛮夷邸",唐初硕学颜师古注云:"(蛮夷)邸,若今鸿胪客馆也。"可见唐代的鸿胪客馆正相当于此。该客馆作为迎宾馆,同时也是日本大宰府鸿胪馆名称的来源。墓主契苾李中郎死于唐代迎宾馆这一事实十分重要,因为这也反映出他是在尚未修筑(或者被赐予)宅邸之前死去的。换句话说,他的死是在内附于唐后不久的事情。

他死去的天宝三载(744)这一年,也正是北方突厥可汗国灭亡之年。在这一年里,由于游牧帝国的崩塌,蒙古高原陷入空前混乱。他从混乱中逃脱,或许当时并未率领大队人马,而是带着一小部分人内附于唐。也许是由于环境不适等原因,内附后不久就因身体原因死去,并由唐政府对其实施葬礼,这一点从志文第十行"庶事官给"可以看出。据此可以推断,《井真成墓志》第八行一开头无法判读的字也应该是"给"字。虽然唐政府为契苾李中郎制作了墓志,但对其生前事迹全无所知,因此才会出现我们今天所见到的颇为含糊的志文内容。

另外,关于这方墓志的制作地点,志文第十行载"著作司铭",所谓"著作"是指秘书省著作局,官撰碑文、志文、祝文、祭文由该机构撰述。

这些就是从《契苾李中郎墓志》中可以得到的信息,其中很多相似的内容也可见于《井真成墓志》。如果按照日本史学者在新闻报道中提出的井真成是乘坐遣唐使船入唐的话,只可能是养老元年(717)出发的这批遣唐使,但这样一来,井真成在唐朝共生活了16年,这一点与契苾李中郎完全不同。而且,从志文第三行后半段来看,墓主井真成也许曾有过在唐朝廷某处角落列席的机会,但他本人生前应该并未被授予任何官职,否则志文没理由不予记载。

在井真成死去的开元二十二年(734),他身边没有亲人,唐王朝追赠他从五品的官职,并令有关部门举行葬礼。在制作墓志时,由于志文撰写者极度缺乏墓主生前的相关情况,因而使得志文较短,内容也模糊不清。这一点与契苾李中郎的情况极为相似。《井真成墓志》的撰写者应该与《契苾李中郎墓志》撰者一样,都来自秘书省著作局,很有可能撰写者与墓主连面都未曾见过。在内附于唐的西北民族群体的墓志里,《契苾李中郎墓志》中所用的"由余""金日磾"故事是常见典故,《井真成墓志》中的"束带立朝"也一样。著作局在撰写墓志时有一套格式化的修辞和用语。因此,我们不能对志文内容选择盲从而将其作为事实对待,也不能真的认为唐朝廷对井真成给予了特殊的优待和礼遇。有人推测本墓志撰者为阿倍仲麻吕(《周刊朝日》2004年10月29日),这种可能性微乎其微。

2013年,在西安发现的《回鹘葛啜王子(Qarï Čor Tigin)墓志》内容被公开,该墓志作为第一方同时刻有汉文和突厥文的墓志而受到瞩目[①]。其中

---

① Luo Xin, Qarï Čor Tigin Yazïtïnın Çinceki ve Qarï Čor Tigin'in Şeceresi, International Journal of Turkish Literature Education 2-2,2013;张铁山《西安发现〈故回鹘葛啜王子墓志〉之突厥如尼文考释》("内陆欧亚历史文化"国际学术研讨会,锡林浩特,2013年);林俊雄《2013年西安发现回鹘王子墓志》(《创价大学人文论集》第26号,2014年);森安孝夫《突厥帝国葛啜王子墓志的新研究》(《史草》第56号,2015年)。

刻有16行汉字,在其左边空白处则刻有17行突厥文字。在汉文的第三行中写道:"给事郎、守秘书省著作郎、赐绯鱼袋崔述撰",表明该墓志文字内容是秘书省著作局所撰。2005年发现的《奚质子热瓌墓》是表明奚族曾送质子于长安的珍贵史料①。在志文左边有四行空白,志文内容中惯用语较多,对墓主情况的介绍比《井真成墓志》还要匮乏。在志文第十一行志序末尾处有:"词臣衔命,乃作铭云。""词臣"也无疑是秘书省著作局之人。

那么,对于《井真成墓志》志文左侧的大片空白部分该如何理解呢? 在玄宗朝时期,志面左侧留有三行以上空白的墓志,除井真成、契苾李中郎墓志外也并不稀见。这些墓志志主基本都是女官、夫人或下级官员,大部分志文关于墓主生前的情况都极为匮乏,不仅是出生地,许多连姓名都未写明。在一般女官墓志中,如仪凤三年(678)《亡宫墓志》中云:"亡宫者,不知何许人也。"刻文在志石中部处戛然而止,左半部为空白②,这种情况在亡宫墓志中经常可见,应该属于惯例。调露元年(679)《含元宫八品墓志》中有"亡宫讳字,不知何许人也"③。同样是根据惯用语句套用上去的。翻看唐代墓志拓片集,类似例子不胜枚举。如果是由墓主亲旧制作墓志的话,不至于出现这样的志文内容。

在最后,笔者想进一步强调,这些墓志即使只是从拓片照片中也能看出,直到空白处都刻有横竖划线。如果是先撰写志文,然后根据志文字数划线的话,应该只会刻至志文的最后一行截止。显然,这些空白不太可能是由于计算失误而产生的。比如开元二十二年(734)的《亡宫三品墓志》中很明显刻有划线④。也就是说,在撰述志文之前,已经准备好刻有划线的志石,但却因志文内容不足而产生了左半边空白的墓志,这类似于发给小学生一张固定字数的方格信纸令其写作文,由于能力有限而无法写至最后一行。因此,在撰者不了解墓主生前情况的墓志中,带有此种空白的墓志不在少数。

---

① 葛承雍《西安唐代奚族质子热瓌墓志解读》(《考古》2014年第10期);西安市文物保护考古研究院《西安市唐故奚质子热瓌墓》(同上)。
② 《隋唐五代墓志汇编》陕西卷1,第62页。
③ 《隋唐五代墓志汇编》陕西卷1,第63页。
④ 《隋唐五代墓志汇编》洛阳卷10,第92页。

结　语

如上所述,关于《井真成墓志》的制作经过可以总结如下：

第一,唐开元二十二年,一位名为井真成的日本人在滞留中国长安期间死去,唐政府追赠从五品官,并由官方举办葬礼,最后埋葬在浐水之畔(长乐原)。

第二,在制作井真成墓志时,秘书省著作局选择使用一行16字、共16行的刻有划线的较小志石。

第三,但著作局在着手撰写志文时,实在巧妇难为无米之炊,因缺乏对墓主生前事迹的了解,只得以官方惯用语来撰写。即便如此,依然空下了志文后四行。

第四,如此便产生了这样短小而缺乏实质性内容的"不寻常"的墓志,被埋于墓穴。

笔者在课堂上面对学生常谈及日本人缺乏对日本人、日本文化、日本历史在世界中的正确定位,或者不正视乃至忽视这一定位时,会以"岛国习性"称呼这一观点或态度。虽然有些刺耳,但却恰如其分。在分析《井真成墓志》时,也需要脱离这种"岛国习性"才能更接近真实。

第十二章

羁縻支配时期的唐与铁勒仆固部
——以《仆固乙突墓志》为中心

绪 论

2009年6月至7月,蒙古国、俄罗斯联合考古调查队在靠近蒙古国中央省扎马尔县(Zaamar Süm)土拉河东岸的地方(位于乌兰巴托西北约280公里处),对一处墓地进行了考古发掘。在该处有一块高约2.8米的坟丘,考古队自2002年起便制订了相关发掘计划。在坟丘深约6米处,发现了边长为3.5~3.6米的正方形墓室,顶部为拱形。墓室南侧有长约23米的墓道。墓室中不仅出土了大量的陶俑,在入口附近还出土有石制汉文墓志。经解读,墓主名叫"金微都督仆固乙突",唐高宗朝末期的仪凤三年(678)八月埋于此。

仆固(也作"仆骨")是属铁勒的部族名。铁勒是汉语里对组成阿史那氏突厥可汗国诸部之外的铁勒族的总称,也称"九姓铁勒"或"九姓"等。《唐会要》卷九十八"回纥"条云:

> 其九姓,一曰回纥,二曰仆固,三曰浑,四曰拔曳固,五曰同罗,六曰思结,七曰契苾。以上七姓部,自国初以来著在史传。八曰阿布思,九曰骨仑屋骨恐。

仆固族是九姓中强大的部族之一。虽然中国曾出土有唐代铁勒人墓志,在蒙古高原哈剌·巴尔嘎松西南也出土了刻有"阿史夫人壁记"墓表形状的小型汉文石刻[①],但有过都督经历者的墓志出土还是首次。本墓志的出现,

---

① 石见清裕、森安孝夫《大唐安西阿史夫人壁记的重读与考察》(《内亚语言研究》第13卷,1998年)。

为我们提供了铁勒诸部中仆固部领地的线索。2011 年，在仆固乙突墓西南土拉河西岸的布尔干省巴彦诺尔市又发现了一处墓葬，从中虽然没有出土墓志，但发现了许多陶俑以及充满中国风格的神兽壁画，显然是唐文化影响至该地区的明证①。

罗新对《仆固乙突墓志》进行过基础性考察②，杨富学也以志文为基础考察了唐代仆固世系③。但杨富学的录文只列举了约三分之二，罗新虽然对全文进行录文，但内容与杨富学有所不同，因此，对墓主仆固乙突尚有进一步研究的余地。目前日本尚未公开对该墓志的研究成果。该墓志现在与其他出土文物被保管在乌兰巴托的扎纳巴扎尔美术馆，展出的是墓志的等大复制品。幸运的是，2013 年 8 月，笔者在该美术馆的仓库看到了墓志原石，并进行了考察。以此为契机，笔者试将这方贵重的石刻史料进行录文，通过考察其中信息来深入了解墓主及仆固部。由于篇幅所限，仅于文末列出录文，暂不作译注。

第一节　从墓志、墓葬来看仆固乙突

志石长 75 厘米，宽 75.5 厘米，高 17 厘米，志盖右边长为 72.5 厘米，其余三边为 74.5 厘米，厚约 12.5 厘米。志石为黑色，而志盖为淡褐色，明显所用石材不同。志石和志盖侧面都未刻纹饰。

志盖上用篆书刻着"大唐金微都督仆固府君墓志"（四行，每行三字）。志石第一行志题写作"大唐故右骁卫大将军、金微州都督、上柱国、林中县开国公仆固府君墓志铭并序"，第二行开始处写作"公讳乙突，朔野金山人。

---

① 通过林俊雄先生（创价大学）阅读了 K. Sartkozhauly, A. Ochir, L. Erdenebold, Z. Karzhaubayuly, *Old Turkic underground mausoleum of the Early Middle Ages*（The preliminary short review）等未刊发于杂志的论文。

② 罗新《蒙古国出土的唐代仆固乙突墓志》（《中原与域外——庆祝张广达教授八十嵩寿研讨会论文集》，政治大学（台北）历史学系，2011 年）。

③ 杨富学《唐代仆固部世系考——以蒙古国新出仆固氏墓志铭为中心》（《西域研究》，2012 年第 1 期）；杨富等《唐代回鹘仆固部世系考——以蒙古国新出仆固氏墓志铭为中心》（收入白鑫编《高台魏晋墓与河西历史文化研究》，甘肃教育出版社，2012 年）。

盖铁勒之别部也"。这里的"铁勤"无疑就是铁勒,与史书中记载在唐的羁縻支配下,在铁勒仆固部设置了金微州相一致①。此处将"勒"写作"勤",也令人想起 tigin 的音译"特勤"在史料中有时被写作"特勒"。一直以来,大家都认为"特勒"是"特勤"的错误写法,但从本墓志可以看出,不能简单将其看作是抄写错误,应该说当时的人们已经将"勒"与"勤"混淆使用了。

志文镌刻有方格下划线,用楷体镌刻,共28行,每行31字,志面左侧有两行空白。全文由志题(第1行)、志序(第2~22行)、铭(第23行以后)组成。

铭分为五章,内容为:①西北地区风俗及墓主家世(4句),②墓主归于唐及对唐忠诚(4句),③作为武将建功立业(3句),④壮年早逝(3句),⑤家人在埋葬时的悲痛及墓志制作(3句)。

志序则由如下内容构成:①发辞(到第4行"代有人焉"),②祖先(对祖父、父亲事迹的记述,到第6行"本自知于稽颡"),③墓主的为人及世袭金微州都督(到第8行"倾心尽节"),④参加高宗泰山封禅(到第12行"贞心逾励"),⑥建立军功及升官(第15行"媲金石而同坚"),⑦死亡与葬礼(到第22行)。整体来说,志序和唐代普通墓志结构一样。

志文第16~17行记载了仆固乙突于仪凤三年(678)44岁时死去,也就是说,他生于635年(太宗贞观九年)。突厥第一可汗国的解体为贞观四年(630),此后虽然薛延陀在蒙古高原崛起,但很快便于贞观二十年(646)衰落。铁勒诸部在灵州向唐申请内附的时间是贞观二十年,唐于次年的贞观二十一年(647)在漠北设置羁縻州府。当时墓主大约十二三岁。在高宗调露元年(679)因受突厥复兴活动的波动,受单于都护府支配的突厥降户发生叛乱,墓主则死于此前一年。也就是说,仆固乙突正好生活在唐羁縻支配时期,特别是他的壮年期在唐高宗时期。

关于仆固乙突的死亡地,志文说是"遘疾终于部落",从前文⑥,也就是第11行"迈彼毡裘之乡,参兹缨冕之列",可以看出墓主往来于蒙古原籍所在地与唐之间。他死于仆固部的原籍地,埋葬之处"缬硇原"即为今天的

---

① 作为一个例子,《唐会要》卷七三"安北都护府"条载:"(贞观)二十一年正月九日,以铁勒、回纥等十三部内附,置六都督府(……仆骨部置金微都督府……)。"

蒙古国中央省扎马尔县土拉河东岸。

在第 18~20 行，记载了唐政府方面对其葬礼的应对。其中提到一名叫"麴昭"的人被任命为葬礼的监护使。《新唐书》卷二百二十一上《西域传》"高昌"条云：

> （麴）智湛，麟德中以左骁卫大将军为西州刺史。卒，赠凉州都督。有子昭，好学。……昭，历司膳卿，颇能辞章。

从中可知麴昭属于高昌国王系谱。他的父亲麴智湛实际上是高昌国末代王麴文泰之子，迁居至中国后被封为天山郡公（《新唐书·西域传》），麴昭是麴文泰之孙，本墓志志文中所见"天山郡开国公"（第 18 行）是他所承袭的父亲的爵位。由麴昭作为监护使无疑是最适合的人选。

从整体来看，本墓志具有十分鲜明的唐文化风格，在志文第 19~20 行记载"凡厥丧葬，并令官给，并为立碑（未发现墓碑）"。墓志志石应该是在唐制作完成后运至埋葬地的。

这样的外国人墓志在唐代通常由秘书省著作局撰文，葬礼则由鸿胪寺司仪署执行。如天宝三载（744）《九姓突厥契苾李中郎墓志》第 9~10 行记载[①]："鸿胪护葬，庶事官给。著作司铭，遗芬是记。"2013 年春发表的西安大唐西市博物馆征集的《回鹘葛啜王子墓志》（贞元十一年，795），因其志面左部空白部分刻有十七行鲁尼文，从而引起学术界讨论，其汉文第三行记载[②]："给事郎、守秘书省著作郎、赐绯鱼袋崔述撰。"《仆固乙突墓志》应该也同样出自著作局之手。只是相较这些墓志而言，仆固乙突墓志要气派得多，其志文信息量也十分大。这都充分说明著作局在撰述志文时，掌握了十分丰富的墓主生前事迹的相关材料。

不仅如此，仆固乙突墓中出土约 70 个陶俑、20 个木俑以及 50 个鸟兽像，其中一部分在扎纳巴扎尔美术馆公开展示，风格与中国出土唐代文物极为类似。还有武神像及镇墓兽，以及两枚开元通宝钱币（破损）。正方形

---

① 参见拙稿《天宝三载〈九姓突厥契苾李中郎墓志〉》（收入拙著《唐的北方问题与国际秩序》汲古书院，1998 年，第一次发表为 1990 年）。

② Luo Xin, Kari Çor Tigin Yazıtının Çincesi ve Kari Çor Tigin'in Şeceresi, International Journal of Turkish Literature Culture Education, 2-2, 2013, pp.62—78, Turkey.

格局的拱顶墓室和由南向北延伸的墓道结构，显然是中国风格的墓葬。或许本墓葬是唐鸿胪寺司仪署负责营建，墓志则在秘书省著作局所撰志文基础上制作完成，随后墓志与明器一同被运往蒙古。葬礼的监护使由高昌国王一脉系的麴昭担任，从中不难窥出唐政府对于仆固乙突葬礼给予了多么隆重的礼遇。这也折射出唐希望进一步密切与仆固部之间关系的意图。

关于墓主仆固乙突的姓名，未见于任何史书中，但在唐乾陵的蕃臣石像中却能看到。只是乾陵蕃臣石像背后所刻衔名，今天已经完全磨损无法辨识。幸运的是，宋人游师雄收藏了北宋以前的石像拓片，并摹刻了四方碑石，虽然其中一方已不存，但剩下三方内容则被收于元代李好文《长安志图》与清代叶奕苞《金石录补》中，经过校订、考证后流传至今。在第三方碑石"左第二碑十人"一开头有[①]：故左威卫大将军兼金徽都督仆固乞突。虽然衔名、名讳与本墓志有些不同，但仍可认定应该与墓主仆固乙突为同一人。这也是第一次发现乾陵蕃臣像中人物的墓志。

但是，如果说仆固乙突是去世于仪凤三年（678）的话，对在乾陵蕃臣石像中有他的形象这一点又该如何解释？毕竟仪凤三年高宗仍在世，高宗驾崩则是在五年后的弘道元年（683）。而且为什么要在乾陵立仆固乙突的石像。为解决这一问题，有必要对墓志中所载墓主生前事迹进行考察。

第二节 墓主及当时的仆固部

一、墓志中所见乙突的功绩

志文中记载墓主生前功业的是前文所列④⑤⑥。④的第8～9行载：

> 俄以贺鲁背诞，方事长羁。爰命熊黑之军，克剿犬羊之众。

[①] 杨富学《唐代仆固部世系考——以蒙古国新出仆固氏墓志铭为中心》（《西域研究》，2012年第1期，第72页）；《长安志图》卷中（经训堂丛书）；《金石录补》卷二二（《石刻史料新编》一二，新文丰出版公司，1982年，第9098页）。《金石录补》作"金微都督"。

> 公乃先鸣制胜,直践寇庭。无劳拔识之谋,即取搴旗之効。策勋
> 叙绩,方宠懋官。

其后则是关于叙勋的内容。这里的"贺鲁背诞"是指高宗永徽二年(651)爆发的西突厥阿史那贺鲁之乱。西域诸国均被卷入其中,庭州沦陷,虽然唐遣大军进行了镇压,但对于当时情形,《旧唐书》卷一百九十五《回纥传》载:

> 永徽二年,贺鲁破北庭。诏将军梁建方、契苾何力领兵二万,
> 取回纥五万骑,大破贺鲁,收复北庭。

回纥也参与到了讨伐军之中。《册府元龟》卷九百七十三《外臣部·助国讨伐》载:

> 高宗永徽二年,瑶池都督阿史那贺鲁叛,西据咄陆可汗之地,
> 进寇庭州。回纥婆闰等诸部属,请讨之。

从这里的"诸部属"可以看出,"五万骑"应该不全是回纥兵,讨伐军中还包含有其他铁勒诸部,其中也有仆固部,这些都记载于乙突墓志。但是,"直践寇庭""即取搴旗之効"则应该只是修辞手法,毕竟贺鲁作乱时,墓主年仅17岁,更多的可能只是作为仆固族族长家族中的一员参加了讨伐军而已。

墓志中记载的乙突另一个功绩是参加了高宗泰山封禅。在⑤第10~11行载:

> 至麟德二年,銮驾将巡岱岳。既言从塞北,非有滞周南。遂
> 以汗马之劳,预奉射牛之礼。

高宗进行泰山封禅的规模很大,《通典》卷一百九十八《边防典·突厥中》载:

> 高宗东封泰山,狼山都督葛逻禄吐利等首领三十余人,并从
> 至岳下,勒名于封禅之碑。自永徽以后二十余年,北鄙无事。

很多史书也记载了与此大致相同的内容。文中虽然只列举了葛逻禄吐利的名字,但却传递出乙突也作为仆固部首领参列其中。此时的他31岁。

在墓志⑥记载了墓主功绩,第12~13行载:

> 及东征靺羯(鞨),西讨吐蕃,并効忠勤,巫摧凶丑。

从泰山封禅的麟德二年(665)到墓主死去的仪凤三年(678)这十三年间,史书中有所记载的战事,在东边只有高句丽远征。665年,高句丽操实权者泉盖苏文死后,其长子男生与次子发生争斗,男生向唐请求援军,次年唐即派遣薛仁贵、契苾何力等率大军前往,至此两国战争进入最终阶段。《旧唐书》卷一百零九《契苾何力传》载:

> 高丽有众十五万,屯于辽水,又引靺鞨数万据南苏城。何力奋击,皆大破之,斩首万余级,乘胜而进,凡拔七城。

又,《册府元龟》卷一百一十七《帝王部·亲征》载:

> 行军总管契苾何力,率其种落,随机进讨。

可以看到契苾何力率领自己部落(置于凉州的内附契苾部羁縻州、贺兰州之兵)参战。如果志文内容可信,则仆固乙突也应该率领金微州兵参加了该战役吧。

前引《契苾何力传》中有"引靺鞨数万",虽然不能否认仆固乙突在对高句丽战局中讨伐靺鞨的可能性,但从志文含糊不清的写法来看,撰写者默认"靺鞨"为高句丽。长期以来,学界关于渤海国建国势力的族属问题,究竟是以高句丽系为主,还是以靺鞨系为主进行了大讨论,而本墓志则是一例将高句丽记载为"靺鞨"的史料。

再来看吐蕃,高宗后半期,由于吐蕃与吐谷浑的紧张关系,经常引发唐蕃战争。其中,突厥人《阿史那忠碑》记载有铁勒兵参战的例子[①]:

> 复以吐蕃蚁结……总章初,诏公为青海道行军大总管。甫临边服,克静妖□。

也就是总章初年的战役,以及《旧唐书》卷一百九十六上《吐蕃传上》中所见"左卫员外大将军阿史那道真"作为行军副总管的咸亨元年(670)四月的战役,仆固乙突应该也参与了其中的某场战役。

---

① 《金石萃编》卷五八(《石刻史料新编》二);《昭陵碑石》(三秦出版社,1993年)。在此选取《昭陵碑石》第191页的录文。

二、乙突之死与乾陵蕃臣像

如前所述,由于证实了以往史料中铁勒仆固部所参与的数次军事事件,从这个意义上来看,本墓志史料价值极高。但要据此就认为在高宗时期,金微州仆固部对唐政府采取了顺从的态度,恐怕事实也并非如此。《旧唐书·回纥传》载:

> 龙朔中,婆闰死,侄比粟毒主领回鹘,与同罗、仆固犯边。高宗命郑仁泰讨平仆固等。

在高宗朝龙朔年间,铁勒诸部也发生过叛乱。如果将两唐书所见唐与铁勒的纷争记事及《册府元龟》卷九百八十六《外臣部·征讨五》、《资治通鉴》卷二百至卷二百〇一等相关内容依时间顺序加以整理,则为:1. 显庆四年(659)十一月,铁勒思结反;2. 显庆五年(660)十月,唐郑仁泰征讨思结、拔也固、仆固、同罗四部并斩其首领;3. 龙朔元年(661),回纥、同罗、仆固犯边;4. 龙朔二年(662)三月,郑仁泰在天山破铁勒,契苾何力安抚铁勒诸部,诛伪叶护、设、特勤等;5. 龙朔三年(663)正月,平定铁勒[①]。

从显庆四年到龙朔三年,正值仆固乙突25岁至29岁之间。那么,上面的2或者4中被诛杀的仆固部首领可能正是墓志第5行所见乙突的父亲"思匐"。高宗进行泰山封禅则是结束这些混乱的龙朔三年以后两年的事。那么,当高宗以天下共主的身份君临天下时,刚刚修复关系的铁勒诸部的归附对唐来说无疑十分必要。

就在乙突死后第二年,单于都护府的突厥降户寻求自立,以仆固部为首的铁勒诸部再次对唐政府竖起了反旗。《资治通鉴》卷二百〇三"垂拱元年(685)六月"条载:

> 同罗、仆固等诸部叛。遣左豹韬卫将军刘敬同,发河西骑士

[①] 羽田亨《论九姓回鹘与ToquzOγuz的关系》(《羽田博士史学论文集》上,东洋史研究会,1957年,第335—337页,初次发表于1919年);小野川秀美《关于铁勒的一个考察》(《东洋史研究》五—二,1940年,第26—27页);薛宗正《仆固部的兴起及其与突厥、回鹘的关系》(《西域研究》,2000年第3期,第10—11页)。

出居延海,以讨之。同罗、仆固等皆败散。

垂拱元年也就是高宗驾崩后第二年,虽然从表面看,同罗、仆固等的反叛对象是武则天,但陈子昂《为乔补缺论突厥表》载①:

> 臣比在同城(居延海南、额济纳旗),接居延海,西逼近河南口。其碛北突厥来入者,莫不一一臣所委察。比者归化,首尾相仍,携幼扶老,已过数万。然而疮痍羸惫,皆无人色。饥饿道死,颇亦相继。先九姓中遭大旱,经今三年矣。野皆赤地,少有生草。以此羊马死耗,十至七八。今所来者,皆亦稍能胜致。……今者,同罗、仆固都督早已伏诛,为乱之元,其自丧灭。其余外小丑,徒侵暴自贼耳。

上表时间是垂拱二年八九月份②,而三年前即弘道元年(683),漠北遭遇大旱而致饥馑,高宗驾崩,弘道元年是仆固乙突死后第五年,此时乾陵应该尚未修成。

高宗在洛阳驾崩后,灵驾虽然向长安进发,但此时陈子昂依然诣阙上表希望不要将陵寝建于关中,而是建在形胜之地洛阳。他在反对营造陵寝于关中的表文中说道③:

> 陛下不料其难,贵从先意,遂欲长驱大驾,按节秦京(长安)。千乘万骑,何方取给。况山陵初制,穿复未央,土木工匠,必资徒役。今欲率疲弊之众,兴数万之军,征发近畿,鞭扑羸老,凿山采石,驱以就功。

从"山陵初制,穿复未央"可见,与太宗昭陵不同的是,乾陵的营建是在高宗死后才开始动工的④。那么,蕃臣石像的制作也应该不会是在高宗在位期

---

① 徐鹏校《陈子昂集》卷四(中华书局,1960年,第87—88页);《全唐文》卷二〇九(山西教育出版社,第1265页)。
② 岩佐精一郎《关于突厥的复兴》(《岩佐精一郎遗稿》岩佐传一刊,1936年,第125页),罗庸《陈子昂年谱》(《陈子昂集》附)也作垂拱二年(第328—330页)。
③ 《旧唐书》卷一九〇中《文苑传中·陈子昂传》;《陈子昂集》卷九(第198页);《全唐文》卷二一二(第1281页)《谏灵驾入京书》。
④ 来村多加史《唐代皇帝陵研究》(学生社,2001年,第48—50页)。

间,也就是说,在这些石像里,仆固部被选中的代表是于五年前便死去的前首领。在现任首领继位初期,蒙古遭受大旱,数年后仆固部又再次扯起反旗,自然而然,乙突的后继者不会被选为蕃臣像人选。选择乙突应该没有征求仆固部的意见,对唐而言,如果是置于高宗陵墓的话,生活于同时期的仆固乙突自然是最合适的人选。

但是,在《长安图志》《金石录补》中所收录的四十位蕃臣的衔名中,有的人在一开头带有"故"字,有的并未带"故"字。前者为:金微都督仆固乙突、燕然都督葛塞匐、洁山都督突骑施傍靳、颉利都督拔塞干蓝羡、双河都督摄舍提暾护斯、匐延都督阿史那盆路、俱兰都督阿悉吉那靳、昆陵都护阿史那弥射、龟兹王白素稽、龟兹王白回地罗徽、十姓衙官大首领吐屯社利,此十一人①。其中,只有阿史那弥射因《新唐书》卷三《高宗本纪》"龙朔二年(662)是岁"条中"右卫将军苏海政……杀昆陵都护阿史那弥射"的记载可以确定在营造乾陵时已死去②。"故"字正是"故去之人"的意思,《仆固乙突墓志》也是印证了这一点的同时期史料。

这样一来,对乾陵蕃臣石像身份所提出的"参加高宗葬礼的人",或者"协助营建乾陵的人"的说法都不正确③。唐政府选定了高宗时期维持唐朝世界帝国形象的理想人选,并据此制作了石像④。

---

① 《长安志图》与《金石录补》在个别文字上存在差异,在此选取陈国灿《唐乾陵石人像及其衔名的研究》(《文物集刊》二,1980年)的校订,并参照岑仲勉《隋唐史》(高等教育出版社,1957年,第141、142页)。

② 《金石录》卷二四(收入《石刻史料新编》一二,第8944页),《宝刻丛编》卷二〇(收入《石刻史料新编》二四,第18390页)中可见"唐兴昔亡单于阿史那弥射碑",但仅有目录,没有录文。

③ 关于此说法的例子有:足立喜六《长安史迹研究》(《东洋文库》,1933年,第259页);堀敏一《中国与古代东亚世界》(岩波书店,1993年,第181页)等。陈国灿已经通过衔名中的"故"字指出这种解释不成立(本页注①陈国灿论文),而且他推测仆固乙突应该也是"故去之人"(同第191页)。大津透《中华思想与诸民族的"统合"——堀敏一〈中国与古代东亚世界〉》(《思想》1995年第5期,第88页)也对"参加葬礼"的说法提出了反对。

④ 但是石像中有默啜使者二人(移力贪汗达干,葛暹□达干)以及吐蕃使者一人,可见其中一部分人应该是吊问使。默啜可汗即位是691年(高宗驾崩八年后),因此石像的最后制作时期可能是在此之后的事情。

第三节　铁勒诸部的地理分布

通过本墓志还可以了解到仆固部的另一个侧面。如果仆固部的据点位于今天扎马尔县(Zaamar Süm)一带的话,陵墓比较接近历史上铁勒诸部的地理分布区域。仆固部不可能在其他部族领域内建造首领的墓穴。当然,也需要考虑到游牧民据点的移动问题。有人指出,铁勒诸部在一段漫长时期内进行了部族融合,其分布地区有可能已经固化①。也不排除扎马尔一带是铁勒诸部所共有的墓葬圣地,如果是那样的话,应该会在附近存在其他坟丘,但至今都没有相关研究报告。现笔者以仆固乙突墓的位置为基础,对唐羁縻支配时期铁勒诸部的地理分布情况进行大致分析。

诸史料中对铁勒诸部的位置关系的记载可以梳理如下(出典为①《通典》卷一百九十九《边防典》,②同书卷二百《边防典》,③《唐会要》卷九十八《拔野古国》,④《新唐书》卷二百一十七上《回鹘传上》,⑤同书传下,⑥《太平寰宇记》卷一百九十八,⑦同书卷一百九十九):

仆骨……①在多滥葛东境。⑤在多滥葛之东。⑥在多滥东境。

同罗……①⑥在薛延陀之北。⑤在薛延陀北、多滥葛之东。

都波(都播)……①⑥南去回纥十三日行。⑤其地北濒小海、西坚昆、南回纥。

拔野古……①③⑥在仆骨东境。⑤直仆骨东,邻于靺鞨。

多滥葛……①在薛延陀东界。居近同罗水。⑤在薛延陀东,滨同罗水。⑥在延陀东界。

斛薛……①⑥在多滥葛北境。⑤处多滥葛北。

跋跌……①⑥在多滥葛西北。

契苾……①在多滥葛南。⑤在焉耆西北鹰婆川,多滥葛之南。⑥在多滥葛南境。

鞠国……①在拔野古东北五百里,六日行。

---

①　小野川秀美《关于铁勒的一个考察》。

俞枍……①在鞠国东十五日行。

大漠……①在鞠国北。

白霫……①⑥在拔野古东。⑤南契丹、北乌罗浑、东靺鞨、西拔野古。

回纥……②在薛延陀北境,居婆陵水。④居薛延陀北,婆陵水上。⑦在薛延陀北境,居近婆陵水。

将这些加以图示如图7①。谭其骧认为,在仆固部设置的金微都督府位于"鄂嫩河流域"②。岑仲勉将仆固部位置设定为蒙古东部,与俄罗斯交界处附近。岑仲勉将仆固放于旧土谢图汗部(东为肯特山,西为翁金河,北为

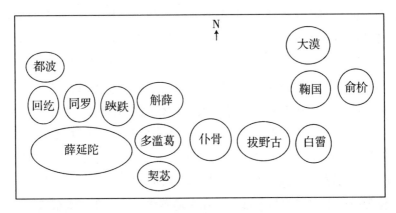

图 7　铁勒诸部分布示意图

色楞格河),但那是因为将仆固西邻的多滥葛设定在乌兰巴托与其东边的肯特山之间③,谭其骧也采取了此说。但是仆固乙突的埋葬地在乌兰巴托西北约280公里处,如果这里是仆固部领地的话,那么对一直以来仆固的位置就要重新探讨了④。

---

① 史料中仅同罗⑤"多滥葛之东"方位不合。另外,森安孝夫《藏语史料中的北方民族——DRU-GU 与 HOR》(《亚非语言文化研究》一四,一九七七年)中将"鞠国"定位在"都波(都播)"的北方(第22—25页)。该藏语史料中未记载铁勒诸部的位置关系。

② 谭其骧《唐北陲二都护府建置沿革与治所迁移》(《长水集》下,人民出版社,1987年,第264页);谭其骧主编《两唐书地理志汇释·金微都督府章》(安徽教育出版社,2002年,第290页)。

③ 岑仲勉《唐代漠北突厥诸部占地概说》(《突厥集史》下,中华书局,1958年,第771—772页)。

④ 罗新在《蒙古国出土的唐代仆固乙突墓志》一文中也就这一点提出了担忧。

图7中最西边的部族里有回纥,关于回纥可汗国成立之前的回纥部,《通典》云"居延婆陵水"(两《唐书》回纥、回鹘传有相同内容),而关于婆陵水,在回纥初期的《磨延啜碑》北面第二行有:

Ötükän eli ögräšeli ekin ara olurmïš. Suvï säläŋä ärmiš anta el.

(在于都斤及鄂古拉斯(ögräš)之间实施支配。其河流为色楞格河。)①

因此,回纥部故地应该位于色楞格河上游地区。

另一方面,岑仲勉认为仆固东侧相邻的拔野古住地应在蒙古东边国境附近的贝尔池(布雨尔池)周边。根据则是拔野古的原音 Bayïrqu 与 Puir-nor(Buir-nor)相通。因此,位于拔野古东方的白霫便位于贝尔池之东,大兴安岭西麓②。白霫被看作别种铁勒系,居住于现在中国东北地区,其东为长春,西为大兴安岭,南临西拉木伦地区③,其分布地应在大兴安岭以西。但是白霫的东北则存在有别种铁勒。

也就是说,一直以来对铁勒诸部地理分布的认识在整体上太过于偏东。从色楞格河上游的回纥部向东看,仆固部应该位于向北流并最终汇入鄂尔浑河的土拉河流域。现在的乌兰巴托在仆固部领域的东部、拔野古领域的西部。新出现的《仆固乙突墓志》为我们确定铁勒族的地理位置提供了新材料。

结语 墓主与仆固怀恩

说到唐代的仆固氏,唐史研究者首先会想起仆固怀恩。仆固怀恩在安史之乱时作为唐朝武将尽力讨伐叛军,但在平定后叛乱因受到怀疑,从而

---

① 在此采用最新的解读,即森安孝夫《希乃乌苏的遗迹与碑文》(森安孝夫、敖其尔编《蒙古国现存遗迹、碑文调查报告》中亚学研究会,1999年,第178、186页)。关于婆陵水即是色楞格河,可参见岑仲勉《突厥集史》下,第607页;护雅夫《骑马民族史2——正史北狄传》(平凡社《东洋文库》,1972年,第302—303页)等。

② 岑仲勉《唐代漠北突厥诸部占地概说》(《突厥史集》下,第772—773页)。

③ 白鸟库吉《东胡民族考》(《白鸟库吉全集》四,岩波书店,1970年,第184—195页,初次出版于1910—1913年);岛田好《奚、霫、白霫民族考》(《满洲学报》四,1936年)。此两文指出,前引《新唐书》白霫⑤的四至记事与霫相混淆。

拉起了反唐大旗,两年后在灵武病死①。在分析安史之乱的经过以及唐代蕃将的情况时,仆固怀恩是一个举足轻重的人物。本章将在最后对仆固怀恩与墓主的关系进行探讨。

《旧唐书》卷一百二十一《仆固怀恩传》中认为怀恩是仆固歌滥拔延的曾孙,其系谱为:

　　歌滥拔延—乙李啜拔—怀恩

《新唐书》卷二百二十四上《仆固怀恩传》的系谱中除了将"乙李啜拔"写作"乙李啜"外,其余与《旧唐书》相同。而根据本墓志第4至第5行所载仆固乙突的系谱为:

　　歌滥拔延—思匐—乙突

虽然三个史料中祖父的名字都为歌滥拔延,但仆固怀恩与仆固乙突不可能是同时代的人物。两者去世时间相距八十七年。贞观二十一年(647)铁勒诸部在内附于唐之际,仆固部的首领为歌滥拔延。因此列传或墓志中的系谱均以此人为开端进行书写。但列传中的系谱明显进行了省略。杨富学对歌滥拔延以后的系谱进行了如下复原(没有括号的为父子关系)②:

　　歌滥拔延—思匐—乙突—(姓名不明)—(弟?)设支—曳勒歌—(弟?)匀磨—(子?)乙李啜拔—怀恩

这个系谱将墓志所见乙突以前的血统与列传中乙李啜拔以后的血统进行了联系。杨富学认为这个系谱不仅是对金微州都督的世袭,也是血统上的承继。

《旧唐书·仆固怀恩传》对贞观年间仆固部的内附以及唐设置羁縻州记载如下:

　　贞观二十年,铁勒九姓大首领率其部落来降,分置瀚海、燕然、金微、幽陵等九都督府于夏州,别为蕃州以御边。授歌滥拔延为右武卫大将军、金微都督。

---

① 《资治通鉴》卷二二三"永泰元年(七六五)九月丁酉"条采用《实录》的说法,认为怀恩死于鸣沙。
② 杨富学《唐代仆固部世系考——以蒙古国新出仆固氏墓志铭为中心》。

但是,都督府从最初便"分置……于夏州(鄂尔多斯中部)"这样的表达并不准确。《旧唐书》卷一百九十九下《铁勒传》载:

> (贞观)二十一年①,契苾、回纥等十余部落,以薛延陀亡散殆尽,乃相继归国。太宗各因其地土,择其部落,置为州府。以回纥部为瀚海都督府,仆骨为金微都督府……

羁縻都督府原本是按"各其地土"设置的。仆固部在高宗朝初期,受燕然都护府管辖,此后燕然府移至碛北的回纥总部,改名为瀚海都护府,此后又改为安北都护府,管辖金微等都督府。因此,铁勒诸部的羁縻都督府当初设置于蒙古这已是学界的常识②。在此后,由于突厥第二可汗国建立,唐对蒙古的羁縻支配宣告破产,铁勒诸部也因与突厥的关系破裂而陷入混乱,为逃离这种混乱,他们当中一部分人南下进入华北,唐以他们为核心群体,将其安置于今鄂尔多斯及河西地区,并在那里重新设置了羁縻府州。

在前引杨富学复原的系谱中,"姓名不明"领导者时期处于安北都护府下羁縻体制破产时期,第二节(2)中垂拱元年(685)六月"同罗、仆固等诸部叛"的史料也是这个时期。《旧唐书·仆固怀恩传》的记载显然是将以上经过略过而直接将系谱上溯到歌滥拔延。

关于迁徙至鄂尔多斯的仆固部,《旧唐书》卷三十八《地理志一》"夏州都督府"条载:

> 仆固州都督府,寄在朔方县界。户一百二十二,口六百七十三。

《新唐书》卷四十三下《地理志七下·羁縻州》"右隶夏州都督府"条载:

> 仆固州都督府(侨治朔方)。

唐朝廷设置了仆固州都督府。《册府元龟》卷九百八十六《外臣部·征讨

---

① 诸本作"二十二年"。这里选取中华书局标点本(第5365页,校勘记〔八〕)。
② 岩佐精一郎《关于突厥的复兴》(《岩佐精一郎遗稿》第91—100页);岑仲勉《安北、单于两都护府领州考》(《突厥集史》下)等。另外,关于安北都护府的位置,首选应该是哈剌巴剌噶孙(Qara-balγasun)(参见森安孝夫《藏语史料中的北方民族—DRU-GO 与 HOR》,《亚非语言文化研究》一四,第109—110页)。

五》开元六年(718)二月《北伐突厥制》中有"仆固都督、左骁卫将军曳勒哥",《旧唐书》卷九十三《王畯传》载:

> 时突厥跌跌部落及仆固都督勺磨等,散在受降城左右居止……

其中的曳勒哥、勺磨均见于杨富学复原的系谱之中,他们担任的应该是夏州仆固州都督。

《旧唐书·仆固怀恩传》中有"世袭(金微)都督",《册府元龟》卷四百一十七《将帅部·不顾亲》载:

> 仆固怀恩为金微都督。肃宗即位于灵武,怀恩从郭子仪赴行在。

仆固怀恩有金微都督称号当无疑问。但自迁移至华北后,金微州都督府设置于何处似乎不见于史料。是迁至与仆固州不同派的仆固部领地,或是从仆固州分置、将金微州都督府设置在怀恩去世的灵州,还是将仆固州都督府改了称呼而已,这些都不得而知。

也就是说,蒙古时代的金微都督府、鄂尔多斯时代的仆固都督府及金微都督府的关系事实上并不明了。他们都是以仆固部为中心设置的羁縻州,因此其首领的远祖都能上溯至歌滥拔延。但其系谱也有可能是移居后的附会,即便不是如此,也不排除是其旁系。杨富学的考论虽然是经过精心收集史料、考察后进行时代设定,但将金微都督的系谱设定为血缘关系,即将新出土墓志志主仆固乙突设定为历史上有名的仆固怀恩的直系祖先,则需更加慎重。

仆固乙突墓志录文

1. 大唐故右骁卫大将军、金微州都督、上柱国、林中县开国公仆固府君墓志铭并序

2. 公讳乙突,朔野金山人。盖铁勤(勒)之别部也。原夫石纽开基,金峰列构。疏枝布叶,拥

3. 鹿塞而推雄;茂族豪宗,跨龙城而表盛。亦有日䃅纯孝,泣画像于汉宫;日逐输忠,

4. 委睠□于蛮邸。求诸史牒,代有人焉。祖歌滥拔延, 皇

朝左武卫大将军,金

5. 微州都督。父思匐,继袭金微州都督。并志识开敏,早归皇化。觇风请谒,匪

6. 独美于奇肱;候日虔诚,本自知于稽颡。公幼而骁勇,便习驰射。弯弧挺妙,得自乘

7. 羊之年;矫箭抽奇,见赏射雕之手。及父殁传嗣,还授本部都督。统率部落,遵奉

8. 声教。回首面内,倾心尽节。俄以贺鲁背诞,方事长羁。爰命熊黑之军,克剿犬羊之

9. 众。公乃先鸣制胜,直践寇庭。无劳拔帜之谋,即取搴旗之効。策勋叙绩,方宠懋官。

10. 诏授右武卫郎将,寻授护军,封林中县开国子。俄除左武卫大将军。至麟德二年,

11. 銮驾将巡岱岳,既言从塞北,非有滞周南。遂以汗马之劳,预奉射牛之礼。服既荣

12. 于饰玉,职且贵于衔珠。厚秩载隆,贞心逾励。及东征靺鞨,西讨吐蕃,并効忠勤,亟

13. 摧凶丑,衰录功绩,前后居多。寻除右骁卫大将军,依旧都督,加上柱国、林中县开

14. 国公,食邑一千户。频加宠授,载践崇班。迈彼毡裘之乡,参兹缨冕之列。光

15. 膺启国,既锡茅土之封;趋步升朝,且曳桃花之绶。方谓高情壮志,媲金石而同坚;

16. 岂图脆质小年,与风露而俱殒。奄辞白日,长归玄夜。以仪凤三年二月廿九日,遘

17. 疾终于部落。春秋卌有四。

18. 天子悼惜久之,敕朝散大夫、守都水使者、天山郡开国公鞠昭监护吊祭,

19. 赗物三百段,锦袍金装带,弓箭胡禄鞍鞯等各一具。凡厥丧葬,并令官给,并为立

20. 碑。即以其年岁次戊寅八月乙酉朔十八日壬寅,永窆于缅确原。礼也。生死长乖,

21. 哀荣毕备。深沈若雾,方结惨于松茔;飔飑悲风,独含凄于蕟铎。对祁连而可像,寄

22. □勒而有词。述德表功,乃为铭曰:

23. 西峙葱山,北临蒲海。土风是系,英杰攸在。叶贯箭锋,花分骑彩。孙谋有裕,祖袭无

24. 改。束发来仪,腰鞬入侍。

25. 天德斯溥,人胥以洎。献款毕同,输忠靡异。临危効节,致果为毅。畴庸启邑,疏爵命

26. 官。从军拥斾,拜将登坛。赫弈光显,荣名可观。方奉

27. 明时,遽归幽窆。壮志何在,瓌容共惜。鹤陇俄封,鸡田罢迹。月落无晓,云来自昏。鸟

28. 切响于鸿塞,人衔悲于雁门。庶清尘而不泯,纪玄石而长存。

第十三章

唐代墓志对古代经典的引用

绪　论

在考察唐代历史和思想时,除私撰、官修书籍外,也会用到政府档案及各地出土木简、竹简、纸质文书,还有各种形态的纪念碑刻等资料。在这些资料中,特别是在唐史研究领域,从墓地出土的石刻墓志尤受关注。

据气贺泽保规编《唐代墓志所在综合目录》[①],自1990年前后至该书出版,中国陆续出版刊行的新出土墓志的拓片、录文集,其中仅唐代墓志数量就达到了12000余方。但若考虑到该《目录》出版后新出土的或只收录在地方出版物的墓志,再加上各地博物馆、考古研究所等机构收藏的但未经整理发表的墓志,总数应不止这些。可以说,要把这些墓志全部通读一遍几乎是不大可能的事情。此前,笔者为了解唐代是如何形成多民族融合的国际社会这一问题,接触了许多唐代外国人(铁勒、粟特、高句丽、百济、新罗、日本等)墓志[②]。但是,读过墓志所镌刻文章后,发现其中蕴含着十分独特的墓志文化。即通过引用古代经典,采用四六句骈文描绘墓主一生[③]。如果对经典不了解,其中有不少内容就无法进行正确解读。如为表达遗属的哀伤,会使用"风树"或"蓼莪",这尚较容易理解。除此之外,还有许多惯用语。那么,这些语言在使用上具有何种倾向呢?通过考察志文引经据典

[①] 气贺泽保规编《新版唐代墓志所在综合目录(增订版)》(明治大学东亚石刻文物研究所,2009年)。本文引用的墓志出典以本目录所收墓志番号表示。

[②] 如粟特人墓志研究班《粟特人汉文墓志译注》(1)~(9)(《史滴》第26号—第34号,2004年—2012年)等。

[③] 对墓志志文出典加以整理的有徐志学《魏晋南北朝隋唐五代石刻用典研究》(上海交通大学出版社,2013年)等。墓志志石的雕刻、四神及十二神的位置、设计等则由美术史学者论述。

的出处,反过来也能了解到唐代文人对部分古典文献是如何解释和使用的。

第一节 唐代墓志的概况

早在魏晋时期,人们便已开始制作在方形石头上刻文字的墓记及神座,晋代墓志石的形态除方形外,还出现了头部为圆形或龟首(三角形)的小型碑①。自北魏迁都后,在正方形石头上进行镌刻的墓志急剧增加,并于唐代形成了正方形志石的墓志文化。

中国的墓志文化发源于华北地区,而学术界也大多持此看法。但2013年在扬州发现了隋炀帝陵墓,由于墓志材质是石灰岩,到今天几乎已经磨损殆尽。这样来看,有可能在六朝时期的江南也已经形成了墓志文化,只是因材质原因大多未能保留至今,其数量也远多于我们现在已知的数量。换句话说,我们并不能够完全否定正方形墓志文化发祥于南朝的可能性②。

唐代墓志的边长从三十多厘米至一米,规格多种多样,而且字数多少也各不相同。唐代丧葬令虽然规定根据官员品阶决定墓碑、墓碣的高低及螭首、龟趺的使用③,但对墓志却没有类似规定。多数时候,特别是唐代前半期的墓志基本都刻有横竖划线方格。志文左边留下数行空格的墓志也并不少见。反过来说,极少有写到无处可写,最后不得不在末尾像注释一样在一行刻两行小字的情形。这是因为在制作墓志时会事先准备好刻有横竖方格的志石,在上面誊写好志文再进行镌刻。唐后半期,特别是唐末,则出现了没有横竖格子,却能恰到好处镌刻志文的墓志。

正方形的墓志在盖好志盖后放入墓室。从侧面来看,志盖几乎呈梯

---

① 福原启郎《西晋墓志的意义》(收入其著作《魏晋政治社会史研究》,京都大学学术出版会,2012年);福原启郎《墓志铭的起源》(《月刊Sinica》第12卷第13号,2001年)。
② 中村圭尔《六朝江南地域史研究》(汲古书院,2006年)第三编第十章、补章。
③ 仁井田陞《唐令拾遗》丧葬令第二十条;《天圣令》丧葬令;宋令第二十六条(天一阁博物馆、中国社会科学院历史研究所天圣令整理课题组《天一阁藏明钞本天圣令考证——附唐令复原研究》,中华书局,2006年)。

形,通常在上面以篆书刻标题。虽然工匠在制作时试图让志盖和志石尺寸保持一致,但实际上却并非如此,有时甚至连两者所用石材都不一样。这是因为,无论是由秘书省著作局负责的官撰墓志,还是墓主遗属制作的私撰墓志,都是在凶肆进行适当斟酌后选择不同志盖与志石(撰文则委托于文人)制作而成。

唐代墓志的志文通常由"题""序""铭"三部分组成(也有带撰写人姓名、纪年的墓志)。"题"为一至两行,"铭"则在末尾以韵文镌刻。实际上,志文大部分内容都集中在"序"里,描述了逝者为官经历、业绩、一生事迹等。一般来说,"序"大致分为①家世、②祖先、③墓主天生资质、④生前事迹及官职经历、⑤墓主的人格及德行、⑥死去经过、⑦遗属的悲伤及埋葬经过。如果是夫妻合葬墓,则会在④和⑤之间,抑或在⑤和⑥之间加入记载夫人生平的内容。另外,有时会根据志石规模大小省略其中部分内容。前面提到的"风树""蓼莪"通常被用于⑦部分。但是,由于墓志必须要在葬礼当日完成,因此⑦部分是事先用惯用语写好的。

"铭"通常由四章构成,内容包括①墓主家世及人格、②事迹、③遗属的悲伤、④墓地所在等。各章以四字对仗,八字为一句,四句押韵,随章换韵。也有些"铭"受志石规模所限,而将①和②③④合并由两章构成。此外,在唐代墓志铭文中,还有使用楚辞的句式而以助词"兮"连接的体例。这些对于文学史而言也是十分重要的资料。

墓志与墓碑不同,最后会被放置于墓室之中,人们通常认为其内容不会为人所见。但实际上,志文有时会被收入撰写者的文集或一些文章总集之中。到了宋代,在文人之间也会互相探讨某名人墓志是由谁所撰,所撰志文甚至会在文化沙龙上受到无情批评[①]。这也让我们感到,被镌刻于墓志中的信息并非面向掌管死后世界的神祇发布的。试读唐代墓志,也几乎见不到诸如对冥界神祇的祝辞抑或祈祷冥福的语句。那么,墓志究竟是出于什么目的而被镌刻并放入墓室的呢?

在前面曾提到"序"段落⑦部分,关于遗属镌刻本墓志的理由,其中

[①] 近藤一成《读王安石所撰墓志——地域、人脉、党争》(《中国史学》第 7 卷,1997 年)。

记载：

> 金石永固，海变成田。
>
> 恐山移海变，勒此泉图。
>
> 惧陵谷之贸迁……勒铭旌业。

等内容。这些语句的背景是《神仙传》麻姑的故事以及《诗经·小雅·十月之交》天地变迁的思想。之所以制作墓志，原因是担心多年后，墓葬环境发生变化，导致被葬者身份无从得知，因此进行镌刻以传达被葬者的生前功绩并加以歌颂。换句话说，撰写者意识到在遥远的未来，会有人看到墓志，因而特意备好一手漂亮的文章。从这个角度来说，今天的研究人员将前近代墓志作为研究资料加以使用，也并不算违背墓志制作者的初衷。

第二节　唐代墓志志文的惯用句

那么，志文究竟采用了怎样的语句呢？首先列举几个频繁可见的惯用语。

在唐代墓志志文的"序"段落⑥的开头，为了表达死亡来临，经常使用：

> 岂知天不慭遗，歼良奄及，藏舟易往，隙马难留。〔九六四，麟德元年（六六四）《李文墓志》〕

意为"为什么命运骤然生变，岁月转瞬即逝"（"天不慭遗"的出典是《诗经·小雅·十月之交》中的"不慭遗一老，俾守我王"），通常在该语句后都会记载墓主死去：

> 修途方骋，奔驹已逝。夜壑迁舟，朝霜掩桂。〔三五六，贞观二十三年（六四九）《周仲隐墓志》〕

这些语句里出现的"藏舟""夜壑迁舟"，其出典是《庄子·内篇·大宗师》：

> 夫藏舟于壑，藏山（汕）于泽，谓之固矣。然而夜半有力者负之而走，昧者不知也。

意思是说人类的行为在伟大的真理面前极为苍白无力，伴随万物的变化，死亡无可避免。

另外,"隟(隙)马""奔驹"比喻通过缝隙来看骏马飞奔,以表现岁月转瞬即逝,典出《庄子·知北游》:

> 人生天地之间,若白驹之过隙,忽然而已。

《墨子·兼爱》载:

> 人之生乎地上之无几何也,譬之犹驷驰而过隙也。

2004年,作为首次发现的入唐日本人墓志,备受关注的《井真成墓志》中也有:

> 岂图强学不倦,闻道未终,□遇移舟,隙逢奔驷。

仍令人记忆犹新。值得注意的是,在这些表达手法中,所用语句并不统一,除了前面所用的"移舟"外,"夜舟""庄舟""夜壑"等词也常被使用,如①:

> 曾不知,有力者以负其舟。

除"隙马""奔驹"外,还有"隙驹""隙驷""隙逢奔驷"等词来表现时光飞逝。之所以产生这些变化,应该是由于志文撰写者并未事先确认原来出典,而是直接使用这种当时大家所共知的语句来撰写志文。

在同样是表现岁月流逝及悲伤袭来的语句中,在比井真成更早出现"日本"用例的百济人《祢军墓志》中有:

> 岂图曦驰易往,霜凋马陵之树。②

这里所用的"马陵"极为有趣。因为1972年发现的山东银雀山汉简中的《孙膑兵法》,一开始的"擒庞涓"记载了与《史记》孙膑列传中完全不同的齐、魏间的攻防③,对马陵之战只字未提。在《汉书·艺文志》中与《吴孙氏兵法》八十二篇并列记载的有《齐孙氏》八十九篇,显然在汉代便已存在孙

---

① 昭陵博物馆编《昭陵碑石》(三秦出版社,1993年)第84页拓本;第214页录文。
② 王连龙《百济人〈祢军墓志〉考论》(《社会科学战线》,2011年第7期)。
③ 郑泽宗《孙膑兵法注释》(解放军出版社,1986年);村山孚《孙膑兵法》(德间书店,1976年)。

膑兵书。但从本墓志可以看出,在唐代文人的意识中,并没有《孙膑兵法》而只有《史记》孙膑列传的马陵之战①。

在唐代墓志中,用来表现岁月流逝的语句还常见"居诸""逝水"等词。前者典出《诗经·邶风·柏舟》:

> 日居月诸,胡迭而微。

《邶风·日月》中有:

> 日居月诸,照临下土。

后者则出自《论语·子罕》:

> 子在川上曰:"逝者如斯夫,不舍昼夜。"

如显庆三年(658)《史道洛墓志》载②:

> 谁谓居诸易往,与善无征,逝水难留,寿仁遽爽。

神龙二年(706)《范夫人墓志》〔二三九九〕载:

> 岂谓逝川易往,隙驷难留。

而关于其中的"与善",《老子》第七十九章载:

> 天道无亲,恒与善人。

此外"寿仁"则来自《论语·雍也》:

> 子曰……知者乐,仁者寿。

由于是墓志,哀伤逝者故去的语句必不可少,用"不吊"来表达墓主没有得到上天的恩遇而去世。其出典为《诗经·小雅·节南山》:

> 不吊昊天,不宜空我师。

---

① 《隋书·经籍志》《旧唐书·经籍志》《新唐书·艺文志》中没有《齐孙子》《孙膑兵法》等书,应该是在唐代已佚。

② 原州联合考古队编《唐史道洛墓》(勉诚出版,2000年);粟特人墓志研究班《粟特人汉文墓志译注(3)固原出土〈史道洛夫妻墓志〉(唐·显庆三年)》(《史滴》第28号,2006年)。

此外,《诗经·秦风·黄鸟》原是哀悼为秦穆公殉葬的子车氏三子,后常借用"黄鸟"这一意象表达对死者的哀悼。如:

> 白骥局于山门,黄鸟吟于风树。〔一二五一,咸亨元年(六七〇)《史诃耽墓志》〕

"白骥"出自汉代滕公的故事,滕公所骑乘的马嘶鸣不前,掘地后发现了刻有"佳城郁郁,三千年见白日,吁嗟滕公居此室"文字的石棺,滕公遂在此修建了自己的墓地。《西京杂记》卷下《蒙求》收录了这段故事,题为"滕公佳城"①。此后,在墓志中常将墓穴称作"佳城""郁郁""郁郁佳城""郁城""滕城"等。

除此之外,前揭"序"段落①在表现墓主家世时,还喜欢使用"绵绵瓜瓞"(《诗经·大雅·绵》)、"克昌"(《诗经·周颂·雍》)、"积善余庆"(《易经·坤》"积善之家,必有余庆")等语句,段落⑤表现墓主人格、品德时则用"麟角"(《诗经·周南·麟之趾》)、"洵美且仁"(《诗经·郑风·叔于田》)、"令终有俶"(《诗经·大雅·既醉》)等来形容。

如果是夫妻合葬墓志,作为形容夫妻关系的语句,常用"瑟琴"(《诗经·小雅·常棣》),形容婚礼则用"百两"(《诗经·召南·鹊巢》)、"蘋藻"(《诗经·召南·采蘋》)。在女性墓志中,为表现其重视对子女的教育,则以"三徙""断机"的孟母故事来形容。

如果墓主是从他国移居中国的外国人,则常以套句借用春秋时期从戎投降至秦穆公的由余、从匈奴投降至汉武帝的金日䃅二人故事进行表达,体现"与公(墓主的)忠义相比,由余及金日䃅都会蒙羞"的寓意。又如《诗经·鲁颂·泮水》:

> 食我桑黮,怀我好音。

通过发恶声的枭吃了"我"的果实而回报给我好声音,以"怀音"二字体现异民族归顺。

可以说,这些都不是针对墓主去世的哀悼的语句,墓志的志文是一种文学作品,是体现撰写者古典文学素养的一个舞台。

---

① 晋代张华《博物志》卷七《异闻》则记载滕公葬礼时,拉着柩车的马嘶鸣不前。

第三节 关于《诗经》解释的例子

上面只是列举了在唐代墓志志文中出现的引古典诗文材料引用的事例。如果不掌握这些典故,也就无法了解志文的本意。在这些古典诗文材料中,《诗经》被引用的频率最高。然而,即便对《诗经》的典故有所掌握,有时也会遇见难解之处。

接下来,试举一些例子。

1. 陟岵

显庆三年(658)《史道洛墓志》中记载了逝者长子哀叹父亲之死:

> 长子(史)德,情切蓼莪,恸深陟岵。

在景龙三年(709)《安菩墓志》〔二四八四〕中有类似的语句:

> 嗣子游骑将军胡子、金刚等,罔极难追,屺岵兴恋。

这里的"陟岵""屺岵"都出自《诗经·魏风·陟岵》:

> 陟彼岵兮,瞻望父兮。……陟彼屺兮,瞻望母兮。……陟彼冈兮,瞻望兄兮。

无论使用岵、屺、冈中的任一字,意思基本都一样。

关于其中内容,《诗序》认为:

> 孝子行役,思念父母也。国迫而数侵削,役乎大国。父母兄弟离散,而作是诗也。

描述了赴远方服兵役的亡国孝子思念离散家庭的情感。该诗第一章为:

> 陟彼岵兮,瞻望父兮。父曰,嗟予子,行役夙夜无已。上慎旃哉,犹来无止。

第二章、第三章中,母亲、兄弟的话语也几乎一样。郑《笺》认为:

> 孝子行役,思其父母之戒。

对于"上慎旃"的"上",古人认为:

> 上者,谓在军事作部列时。

也就是说,"父曰"后的内容是父亲的劝诫,希望儿子努力服兵役,"陟岵"是指儿子因父亲的勉励而努力完成任务。《正义》中的孔《疏》也认可这一说法,认为:

> 父教戒我……又言"若至军中,在部列之上,当慎之哉。可来
> 乃来,无止军事而来。若止军事,当有刑诛"。故深戒之。

墓志志文中的"陟岵""屺岵",主要表达的是在外的儿子思念至亲的悲痛心情。

《集传》对"陟岵"诗则解释作:

> 孝子行役,不其忘亲。故登山,以望其父之所在。因想象其
> 父念己之言,曰……

父亲的话语不是劝诫,而是儿子想象父亲期待自己平安归来的样子,所以这首诗是抒发亲人离别的悲伤。

应该说唐代墓志所引"陟岵"更接近《集传》的说法。在咸亨元年《仵钦墓志》〔一二四四〕有:

> 驯车瑞雁,未展衔芦之恩;陟屺风枝,遽动鼻鱼之疾。

其中的"陟屺"与"风枝"(风树)均表达思念父母的心情。

唐代文人已经将"陟岵"如此加以使用。虽然有《正义》,但我们也能从中看出当时文人并未拘泥于古注的姿态。

2. 宵征

《诗经·召南·小星》载:

> 嘒彼小星,三五在东。肃肃宵征,夙夜在公。寔命不同。

对这首诗作解释并非易事。《诗序》云:

> 小星,惠及下也。夫人无妒忌之行,惠及贱妾。进御于君,知其命有贵贱,能尽其心矣。

郑《笺》也作:

> 众无名之星,随心嘱在天,犹诸妾随夫人,以次序进御于君也。

孔《疏》也认同这一说法。另外,《集传》则云:

> 南国夫人,承后妃之化,能不妒忌,以惠其下。故其众妾,美之如此。

虽然诸解释间存在微小差别,但均将其看作歌颂正妻与妾遵从妇德。

仪凤三年(678)《史道德墓志》〔一五〇四〕在叙述墓主辞官回归故乡过上悠游自在日子时记载:

> 公深知止足,逾诚宵征。五柳归来,不屈陶潜之节;三径长往,还符蒋诩之游。

与五柳先生陶潜相对应的蒋诩是西汉末年人,王莽当权时回归故乡,他在庭院中修了三条小径,与旧友在一起逍遥自在,这便是记载于《蒙求》中的"蒋诩三径"。

那么,对这之前的"宵征"该如何理解呢?关于这个词,李白《自金陵溯流,过白璧山玩月达天门,寄句容王主簿》诗中有:

> 幽人停宵征,贾客忘早发。

歌咏幽人在夜里止步凝望明月的情景。但在墓志中,"宵征"却无法做此理解,而应该是"小星"里的解释,那么从其中是否能读出赞美正妻和妾恪守妇德之意呢?在这里应该只是单纯意为入宫供职。

《韩诗外传》卷一在开始便以曾子为例叙述孝与忠:

> 故君子跼褐趋时,当务为急。传云:"不逢时而仕,任事而敦其虑,为之使而不入其谋。"贫焉故也。诗曰:"夙夜在公,实命不同。"

末尾虽然沿用了"小星",但在这里却感受不到在说正妻与妾的次序。倒不如说《韩诗外传》是为了描述职位卑微,却依然庄严肃穆地完成任务的低级官员的姿态而引用了"小星"。这一认识和上面的"宵征"极为接近。事实上,据墓志志文,墓主史道德是牧监(国营牧场的官员),辞官后选择了悠闲自在的生活。因此在这里才引用了陶潜及蒋诩的故事。

对于"小星",后世也有各种解释。如崔述在《读风偶识》(收入《崔东壁遗书》)卷二将这首诗与《召南·江有汜》一起,云:

> 在上者,不能惠恤其下,而在下者,能以义命自安之诗。

是与《诗序》及《集传》完全相反的解释[①]。姚际恒在《诗经通论》卷二对宋人章如愚(俊卿)的看法表示认同:

> 此章,章俊卿以为小臣行役之作,是也。

仰望星星与宫闱并不相称,疾行也不应是妇人所应有的步履,奔驰在道路上的词句并非来往于宫闱的词句[②]。近年来,境武男、石川忠久认为其是在宫里的祭祀诗[③]。

诸家虽然对于"小星"产生了很多不同解释,但在唐代文人的思维里,它是下级官员在宫廷供职的诗歌中常用的意象。

3. 常棣与唐棣

对《小雅·鹿鸣之什·常棣》,《诗序》载:

> 常棣,燕兄弟也。

《集传》也载:

> 此燕兄弟之乐歌。

[①] 关于崔述,参见村山吉广《崔述的〈诗经〉学——〈读风偶识〉的立场》(《诗经研究》第4号,1978年)。

[②] 关于姚际恒,参见村山吉广《姚际恒的学问(下)——关于〈诗经通论〉》(《汉文学研究》第9号,1961年)。

[③] 境武男《诗经全释》(境教授颂寿纪念会,1984年)第75—77页;石川忠久《诗经》上(明治书院,1997年)第60—62页。

被看作歌颂兄弟关系融洽的诗。在唐代墓志中,也经常以"常棣"表达兄弟情深。毛《传》、《集传》均作"常棣,棣也",所谓"常棣之华"是指"庭樱"。《小雅·采薇》中有"维常之华",毛《传》、《集传》均注作"常,常棣也"。

《召南·何彼秾矣》载:

> 何彼秾矣,唐棣之华。

毛《传》、《集传》均注云:"唐棣,栘也。"也就是说,常棣与唐棣是不同的花,而"何彼秾矣"是与兄弟融洽完全无关的诗句。

但在唐代墓志中,如圣历三年(700)《戴希晋墓志》〔二一六七〕载:

> 堂兄前魏王府西阁祭酒。名驰月旦,友极天伦。唐棣晔焉、方悦连枝之茂;鹡鸰飞矣,俄伤一翼之摧。

描述了堂兄悲悼堂弟早逝的感情。其中的"鹡鸰",源出《小雅·常棣》:

> 脊令在原,兄弟急难。①

即便如此,墓志仍然记作"唐棣"而不是"常棣"。之所以如此,虽然有可能是将花名混淆了,但或许更多是因为在唐代文人的意识中,无论常棣抑或唐棣,"棣"字本身就意味着兄弟情深。但"棣"一个字无法对仗,因此,只要是两个字,无论是"常棣"还是"唐棣"都可以拿来使用。通过这一点也可以看出,在制作墓志时,撰写者们并没有对原来的出典进行逐一确认。

结语 志文与《蒙求》的关系

虽然墓志文在撰写时会依据古代经典,但事实上这一做法在北魏至唐初期的墓志中并不明显,更多的则是对逝者事迹与官职经历的描述,志文引用古代经典使之成为华丽文体的做法似乎是在唐高宗至武则天时期迅速增多的。在所引故事中,许多事例均与《蒙求》多次重复。除前文所列举的"滕公佳城""蒋诩三径"外还有许多,现试列举如下:

---

① 用"鹡鸰"表示兄弟关系融洽的例子有垂拱元年(685)《柳侃墓志》〔一七〇〇〕的"鹡鸰兴叹,花萼陈诗。乡里归其德,僚友称其悌"。

表达自幼聪敏用"月岁"等词,用典:黄琬对日

表达纯粹的真心用"圯上""祯石"等词,用典:子房取履

表达墓主是有文才之人用"梦鸟"等词,用典:罗含吞鸟

志主被期待成才用"高阳"等词,用典:郦生长揖

志主有很高名望用"一诺"等词,用典:季布一诺

志主不炫耀功绩的谦虚用"大树"等词,用典:冯异大树

表达思念亡故母亲的心情用"仙鹤吊人"等词,用典:陶侃酒仙

表达思念朋友的心情用"树剑良朋"等词,用典:季札挂剑

表示志主是地方官中的"良吏"用"郭伋""竹马"等词,用典:郭伋竹马

叙述唐代建国局势用"鳌曲"等词,用典:女娲补天

表达志主怀有斩蛟的勇气用"截蛟"等词,用典:澹台毁璧

表达志主怀有高尚的品质用"落雁"等词,用典:苏武持节

上面所列举的仅仅是笔者记忆里的一些例子,在现存一万多方唐代墓志中,相信还有更多,只要细心留意,就会发现。

值得注意的是,即便是上面所列举的这些例子,也都在武则天朝以前,最迟至玄宗开元初期就已经出现。因此,墓志撰写者所依凭据不可能是《蒙求》。

《四库全书总目》中认为《蒙求》是五代后晋人李瀚撰写,但据饶州刺史李良的《荐蒙求表》及敦煌文献等记载,作者应该是玄宗时期寓居于饶州的李翰(李瀚)。即便如此,前面所列举的墓志引用事例仍然较早,因此,墓志中所使用的语句与《蒙求》标题不同。

唐前半期的文章逐渐开始热衷于这样基于故事的优美的文体,这一风潮也投射在文章体裁之一——墓志中。随后,便形成了制作墓志文章的指南手册,这样的风潮被李翰所汇总,成为针对知识较浅人士普及使用的《蒙求》。当时文坛的倾向同时反映在墓志文化及《蒙求》之中,从中可见两者共通的时代背景。

后　记

本书是从近十多年来笔者所撰写论文中遴选并汇集而成,原文语言为日语,刊载于日本国内学术杂志及著作中,各章节刊载情况具体如下:

第 1 章　专修大学《东亚世界史研究年报》第 1 号,2008 年。

第 2 章　《东洋史研究》第 68 卷第 1 号,2009 年。

第 3 章　唐代史研究会编《东亚史中的国家与地域》,刀水书房,1999 年。

第 4 章　《史学 125 周年研讨会 2:开拓东北史》,山川出版社,2015 年。

第 6 章　《东洋史研究》第 57 卷第 2 号,1998 年。

第 7 章　《日本研究》第 22 号,韩国外国语大学校,2004 年。

第 8 章　铃木靖民编《日本古代的王权与东亚》,吉川弘文馆,2012 年。

第 9 章　吾妻重二等编《东亚的仪礼与宗教》,雄松堂出版,2008 年。

第 10 章　《唐代史研究》第 10 号,2007 年。

第 11 章　《亚洲游学》第 70 号,2004 年。

第 12 章　《东方学》第 127 辑,2014 年。

第 13 章　《中国古典研究》第 57 号,2015 年。

各章所引先行研究均为撰写时所能见到的研究成果,其后虽有相关论文出现,但本书未补充采用。此外,文中对中文研究成果的引用尚不充分,敬请读者谅解。

在中国进入五胡十六国时代之际,欧洲发生了日耳曼民族大迁徙,这两个始于公元 4 世纪的东、西方的重大动向,也可以说是欧亚大陆大规模民族迁徙所引起的联动现象,隋唐王朝便诞生于该民族迁徙的滚滚浪潮中。事实上,我们现在已经知道早在唐建国之时,高祖李渊的太原元从军中便有不少移居中国的粟特人军团(王仲璋主编《汾阳市博物馆藏墓志选编》,三晋出版社,2010 年,第 2 页,唐永徽六年《曹怡墓志》),这一发现在我年轻时根本无法想象,可以说是相当令人震惊的史料。

本书第一部主要叙述了唐作为多民族复合国家的特性。第二部考察了唐进行外交活动的有关情况。第三部则围绕墓志进行探讨,前文所列《曹怡墓志》已体现出墓志是隋唐史研究中必须参考的重要史料,因此笔者尝试分析墓志作为史料的价值和意义。在第十一章中,日本人《井真成墓志》的发现在当时(2004年10月)引起轰动,占据了日本各大新闻媒体头条。其后不久,围绕该墓志,在日本出现了唐给予日本人特殊优待、墓志的撰写者或为其时居住于唐的日本人(阿倍仲麻吕、秦朝元等)等看法,笔者对此并不认同,并在文中进行了讨论。

本书各章节所探讨的许多问题仍存在进一步深入研究的余地,这也将是今后笔者坚持不懈探索的方向。

本书译者是我的学生,现供职于中国社会科学院古代史研究所魏晋南北朝隋唐史研究室的王博,在此向为本书尽心尽力的王博致以感谢与敬意。

也祝愿中日两国友好关系长久!

石见清裕
2016年5月1日

译后记

　　唐代作为中国历史上高度国际化的朝代,不仅是中国史,也是世界史研究中不可或缺的重要一环。本书作者石见清裕先生是日本早稻田大学教育综合科学学术院教授,研究领域为唐代政治史、国际关系史。全书分三部十三章,分别通过考察民族问题、各国间外交状况、在唐外国人相关史料等深刻剖析了多民族复合国家唐朝的特质。

　　石见先生是我留日攻读硕士与博士学位期间的导师,在此期间,我一直参加了他主持的"粟特人汉文墓志译注"研究班,时常感佩于先生精准独到地史料解读、开阔敏锐的学术视角。石见先生描述唐代外国人生活时语言生动风趣,唐代国际帝国的形象也于不觉中深植于我的内心深处。此次承蒙先生择我为其大作担任翻译工作,虽自知能力有限,深感惶恐,但正由于读书期间形成的对这一领域的浓厚兴趣,我仍愉快地应承下来。虽然其中部分内容我在求学时期曾拜读过日文版,但翻译毕竟与阅读不同,需要逐字逐句推敲理解,以尽最大可能地不失先生本意。通过这一过程,我加深了对唐代外国人形象的认识,收获极大,这也算是一次难得的再次向先生学习的良机。

　　译文中或有错谬不当之处,恳待方家批评指正。

　　最后,再次向我的恩师石见清裕先生致以诚挚谢意!

王　博

2019 年 2 月